最新最強の ’26年版

CAB・GAB
超速解法

成美堂出版

目次

言語

計数

IMAGES

C-GAB

性格検査OPQ

本書の特徴と使い方

■本書の特徴

本書は就職活動に成功するための、SHL社の適性検査CAB・GAB・C-CAB・C-GAB、IMAGESの対策ブックです。

CAB・GABは問題形式、問題数をできるだけ実際の検査に近くしています。実際の制限時間に合わせて問題を解くことで、どれくらいの解答スピードが要求されるのか、実感できるようになっています。

問題数と制限時間。制限時間は実際の検査に準じている（命令表は除く）。時間内に解く練習を

出題数、時間、解答方式など、各検査の概要を説明

よりすばやく正解を出すための攻略テクニック

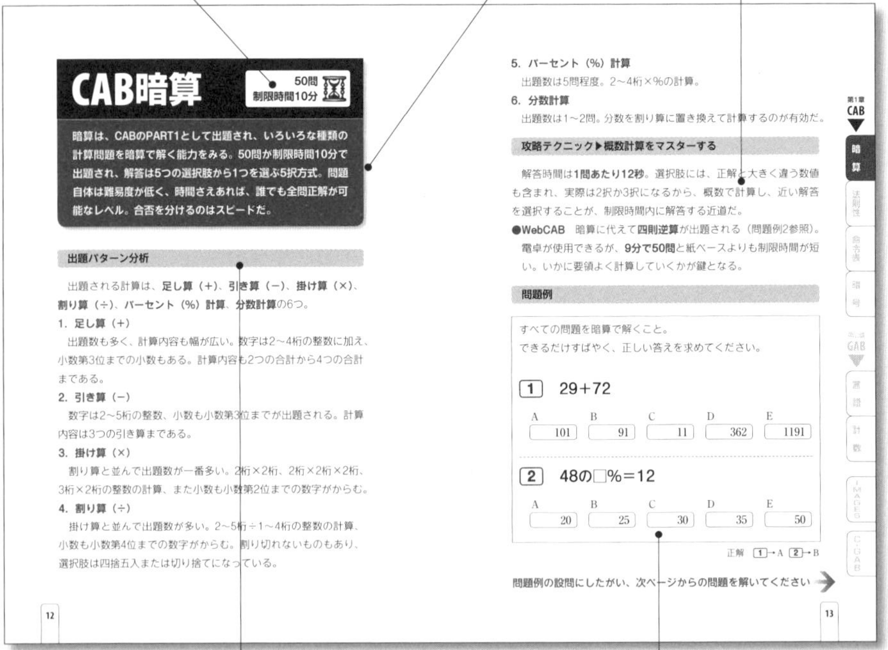

CAB暗算

50問 制限時間10分

暗算は、CABのPART1として出題され、いろいろな種類の計算問題を暗算で解く能力をみる。50問が制限時間10分で出題され、解答は5つの選択肢から1つを選ぶ5択方式。問題自体は難易度が低く、時間さえあれば、誰でも全問正解が可能なレベル。合否を分けるのはスピードだ。

出題パターン分析

出題される計算は、**足し算（+）**、**引き算（−）**、**掛け算（×）**、**割り算（÷）**、**パーセント（%）計算**、**分数計算**の6つ。

1. 足し算（+）

出題数も多く、計算内容も幅が広い。数字は2〜4桁の整数に加え、小数第3位までの小数もある。計算内容も2つの合計から4つの合計まである。

2. 引き算（−）

数字は2〜5桁の整数、小数も小数第3位までが出題される。計算内容は3つの引き算まである。

3. 掛け算（×）

割り算と並んで出題数が一番多い。2桁×2桁、2桁×2桁×2桁、3桁×2桁の整数の計算、また小数も小数第2位までの数字がからむ。

4. 割り算（÷）

掛け算と並んで出題数が多い。2〜5桁÷1〜4桁の整数の計算、小数も小数第4位までの数字がからむ。割り切れないものもあり、選択肢は四捨五入または切り捨てになっている。

12

5. パーセント（%）計算

出題数は5問程度。2〜4桁×%の計算。

6. 分数計算

出題数は1〜2問。分数を割り算に置き換えて計算するのが有効だ。

攻略テクニック▶概数計算をマスターする

解答時間は**1問あたり12秒**。選択肢には、正解と大きく違う数値も含まれ、実際は2択か3択になるから、概数で計算し、近い解答を選択することが、制限時間内に解答する近道だ。

●**WebCAB**　暗算に代えて**四則逆算**が出題される（問題例2参照）。電卓が使用できるが、**9分で50問**と紙ベースよりも制限時間が短い。いかに要領よく計算していくかが鍵となる。

問題例

すべての問題を暗算で解くこと。
できるだけすばやく、正しい答えを求めてください。

1　29+72

A	B	C	D	E
101	91	11	362	1191

2　48の□%=12

A	B	C	D	E
20	25	30	35	50

正解　1→A　2→B

問題例の設問にしたがい、次ページからの問題を解いてください →

13

第1章 CAB　暗算　法則性　命令表　暗号　GAB　言語　計数　IMAGES　C-GAB

どのような問題がどれくらいの割合で出題されるかを分析。対策をしっかりと

本書の出題形式。次ページからの問題の設問ともなっている

■本書の構成と使い方

本書は、CABとGAB、および両者に共通の性格検査をおもに解説しています。CAB・GABの各章は、知的能力テストの説明と問題・解答からなります。難易度の高いWebCAB、また、IMAGESとC-CAB・C-GAB（テストセンター形式）についてもふれています。

赤シートの使い方

本書には、赤シートが付属しています。付属の赤シートを使って解答や解法のポイントを隠すことで、問題に集中して解くことや、解法を効率的に覚えることができます。

問題ページ。実際の検査はマークシート方式だが、本書では正解を選ぶ形式にしてある

解答・解説ページ。問題の次のページにあるので、答え合わせがしやすい

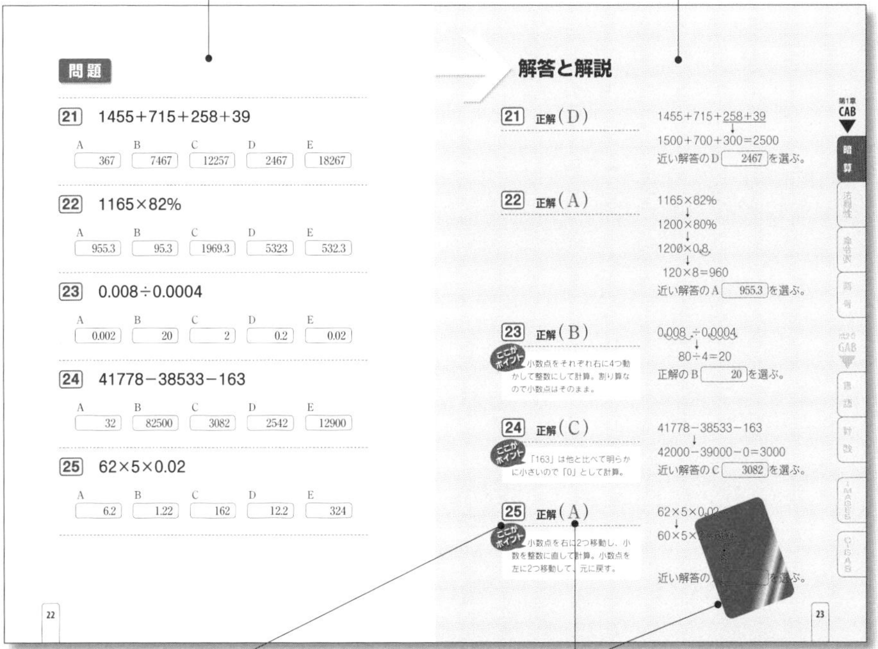

問題

21 1455＋715＋258＋39

A	B	C	D	E
367	7467	12257	2467	18267

22 1165×82%

A	B	C	D	E
955.3	95.3	1969.3	5323	532.3

23 0.008÷0.0004

A	B	C	D	E
0.002	20	2	0.2	0.02

24 41778－38533－163

A	B	C	D	E
32	82500	3082	2542	12900

25 62×5×0.02

A	B	C	D	E
6.2	1.22	162	12.2	324

22

解答と解説

21 正解（D）

1455＋715＋258＋39
↓
1500＋700＋300＝2500
近い解答のD 2467 を選ぶ。

22 正解（A）

1165×82%
↓
1200×80%
↓
1200×0.8
↓
120×8＝960
近い解答のA 955.3 を選ぶ。

23 正解（B）

ここがポイント 小数点をそれぞれ右に4つ動かして整数にして計算。割り算なので小数点はそのまま。

0.008÷0.0004
↓
80÷4＝20
正解のB 20 を選ぶ。

24 正解（C）

ここがポイント 「163」は他と比べて明らかに小さいので「0」として計算。

41778－38533－163
↓
42000－39000－0＝3000
近い解答のC 3082 を選ぶ。

25 正解（A）

ここがポイント 小数点を右に2つ移動し、小数を整数に直して計算。小数点を左に2つ移動して、元に戻す。

62×5×0.02
↓
60×5×
近い解答の を選ぶ。

第1章 CAB
暗算

23

攻略テクニックや別の解法など、スピードアップのポイントをあげた

正解は赤シートで隠すことができる。解けなかった問題は、赤シートを利用して解法のみをひとまずチェック

CAB《キャブ》・GAB《ギャブ》って何だ？

■就活中によく聞くCAB・GAB、SPI3とは

就職採用試験を受けた学生たちの話で、CABやGABという言葉がよく出てくる。**日本エス・エイチ・エル社（SHL社）**が実施している採用試験向けの適性検査のことだ。CAB（Computer Aptitude test Battery）はコンピュータ職として、GAB（Graduate Aptitude test Battery）は総合職としてのそれぞれ適性を診断する。Webベースで行うものと紙ベースで行うものがあり、著名な企業が採用しているため、実際に経験する機会も増えている。同社によれば、取引社数は**8500社**を超えている。一方、SPI3とは、**リクルートマネジメントソリューションズ**が実施している検査で、実績**15500社**をうたう。SHL社のテストは紙ベースではこのSPI3に次ぐ採用数があるといわれており、この両社が新卒採用試験の多くのシェアを占めている。

CAB・GABとSPI3では試験内容が大きく異なるため、就職採用試験を受けるにあたっては、両方の試験への対策が必要になってくる。本書は、本試験レベルの難易度の高い問題を多数掲載しており、また、実施企業が増え、難易度も高いWebベースの検査、**WebCABへも対応**している。

なお、WebGABには科目を1つ追加できるWebGAB Plus Oneも用意されている。また、**テストセンター対応**のものとして、**C-GAB**が2013年に**英語**も追加する形で、**C-CAB**が2018年に、それぞれリリースされている（C-GABは2021年にオンライン監視型Web会場を加えたC-GAB plusに移行。詳しくはP.258を参照）。

言語、非言語で構成され、どちらかといえば学力検査の延長線上といえるSPI3に比べ、CAB・GABは形式も内容も特徴的だ。何の

情報もなくテストを受けてしまっては、失敗する可能性が高いだろう。それだけに、**予備知識の有無が合否を左右**しかねない。

同じくSHL社から出ているIMAGESは、簡易版の総合適性テストだ。**出題数に対して制限時間が短い**ため、結果には差が出やすいといえる。おもに、応募者が多い企業を中心に採用されている。ほかに、営業職としての適性を診断するためのSABがあり、また、性格検査を含まない知的能力テストのみのパッケージも数種ある。

■SHL社のおもな検査種類（新卒対象）

検査形態	名称	検査対象	検査内容	検査時間
テストセンター	C-GAB plus	大卒	言語理解・計数理解・英語理解・パーソナリティ	65分
テストセンター	C-CAB	大卒	暗算・法則性・命令表・暗号・パーソナリティ	約60分
Webベース	WebGAB	大卒	言語理解・計数理解・パーソナリティ	80分
Webベース	WebCAB	大卒	暗算・法則性・命令表・暗号・パーソナリティ	72分
Webベース	玉手箱Ⅲ	大卒	計数・言語・英語・パーソナリティ	49分
紙ベース	GAB	大卒・短大卒	言語理解・計数理解・パーソナリティ	90分
紙ベース	IMAGES	大卒・短大卒・高卒	計数・言語・英語・パーソナリティ	60分
紙ベース	CAB	大卒	暗算・法則性・命令表・暗号・パーソナリティ	95分
紙ベース	SAB	大卒	言語理解・計数理解・パーソナリティ	62分

（SHL社のホームページより）

CABやGABについて詳しくは、次項と各章に掲載。また、Webテストの玉手箱については、『スピード攻略Webテスト　玉手箱』（成美堂出版刊）などに詳細を掲載しているので、参照してほしい。

■CAB・GABの特徴と対策

CAB・GABの知的能力テストの一番の特徴は、CABの法則性や命令表、GABの計数に代表されるように、学力や知識の量を検査するものではなく、**どのような職務能力を発揮できるか**測定するものだということだ。また、CABもGABも、**制限時間に対して出題数が多い**ことから、問題パターンをできるかぎり把握し、慣れていくことが必要である。

CABの法則性・命令表は与えられた図形の法則を展開していくもので、数学などの知識を問うものではない。とりわけ命令表においては、**ほとんどの問題に図形の並び替え命令が付随しており、難易度は高い**。暗号も**複雑**なものが多く、解読に慣れるまでは苦戦するかもしれない。また、GABの言語は多くの長文からその文章の趣旨を読み取らせる内容だが、いわゆる長文読解問題とはやや異なる内容だ。計数は各設問に合った図表を自ら選択し、その数値を導くものだが、これも難しい算式、数学の知識を必要としない内容になっている。

以上述べたように、知的能力テストは**問題をこなし、慣れていくこと**が何より重要となる。本書を利用して、すばやく正確に解く手順、問題のレベルを理解しておきたい。

なお、CAB・GABに共通した性格検査は、Webベースでは20分、紙ベースでは30分の回答時間で実施される（テストセンターで受験するC-GAB plus・C-CABは事前にWebで受験)。自分自身のパーソナリティの特徴を4つの選択肢から選ぶ内容で、同一検査の中に類問が用意されている。面接時の重要な参考資料になるので、回答内容の傾向が違うことがないように注意したい。

※本書は特に断りのない限り、2024年3月の情報にもとづき編集しています。また、掲載した問題中の数値等は、事実と必ずしも一致するものではありません。

第1章

CAB

暗算
法則性
命令表
暗号

CABの概要

CABは、「コンピュータ職適性テストCAB」という商品名でSHL社から販売されている適性検査だ。マークシート、Webテスト、テストセンター形式がある。SEおよびプログラマーの職務適性の診断とあわせて、バイタリティやチームワークなどの９特性を予測する。

従来はコンピュータ職採用の際に使われていたが、最近では、幅広い業種・職種での大卒者向けの採用試験に使われるようになり、Webテストでは、他のテストとあわせてCABの暗号が出題されているなど、出題も多い。

構成

CABは**知的能力テスト**、**性格検査**の2つに分かれる。性格検査はGABと共通、知的能力テストは、下表の4PARTからなる。

知的能力テストの種類	問題数	制限時間
PART1 ▶ 暗算	50問	10分
PART2 ▶ 法則性	40問	15分
PART3 ▶ 命令表	50問	20分
PART4 ▶ 暗号	39問	20分

特徴

CABの知的能力テストは、独特の形式をもつ。比較的わかりやすいのは「暗算」だが、それも「正解をいかにすばやく推測するか」にポイントがおかれ、計算能力を測るものとは異なる。他の3つはそれぞれ**論理的思考能力を測る**検査で、ルールを発見する、ルールにもとづいて問いに答えるという設問となっている。

どれもじっくり考えていけば解答にたどりつけるが、問題数に比べて制限時間が短く、全問を解答するのはかなり大変だ。

また、暗算以外はすべて図形がからむ問題であるため、とまどうことも多い。たとえば、ある図が左右反転した図をとっさに思い浮かべる、というようなことは、なかなか難しいだろう。

したがって、CABを突破するためには、**問題形式に慣れること**、**論理的にものごとを考えていく習慣をつけること**がポイントだ。またなんといっても**解答スピードを上げること**。特に**命令表**については、各出題における**図形の数と命令が多くなる傾向にある**ため、解答のスピードが求められる。論理的思考能力は一朝一夕で身につくものではないが、問題を数多く解いていけば、「こういう場合はこういう考え方をすればいい」という感覚がわかってくる。問題を解き、形式に慣れることで、解答スピードも必然的に上がるはずだ。

●WebCAB

インターネットを利用し、パソコン上で受験するもので、最近はWebCABを利用する企業が多い。マークシート方式と違う点も多いので、対策を別に練る必要がある（P.180コラム参照）。本書では**WebCABにも対応**し、WebCABの出題形式、難易度レベルの問題も含めた。

●C-CAB

2018年よりテストセンター形式のCABも行われている。性格検査を事前にWebで、知的能力テストをテストセンターで受験する。

CAB暗算

50問
制限時間10分

暗算は、CABのPART1として出題され、いろいろな種類の計算問題を暗算で解く能力をみる。50問が制限時間10分で出題され、解答は5つの選択肢から1つを選ぶ5択方式。問題自体は難易度が低く、時間さえあれば、誰でも全問正解が可能なレベル。合否を分けるのはスピードだ。

出題パターン分析

出題される計算は、**足し算（＋）**、**引き算（－）**、**掛け算（×）**、**割り算（÷）**、**パーセント（%）計算**、**分数計算**の6つ。

1．足し算（＋）

出題数も多く、計算内容も幅が広い。数字は2～4桁の整数に加え、小数第3位までの小数もある。計算内容も2つの合計から4つの合計まである。

2．引き算（－）

数字は2～5桁の整数、小数も小数第3位までが出題される。計算内容は3つの引き算まである。

3．掛け算（×）

割り算と並んで出題数が一番多い。2桁×2桁、2桁×2桁×2桁、3桁×2桁の整数の計算、また小数も小数第2位までの数字がからむ。

4．割り算（÷）

掛け算と並んで出題数が多い。2～5桁÷1～4桁の整数の計算、小数も小数第4位までの数字がからむ。割り切れないものもあり、選択肢は四捨五入または切り捨てになっている。

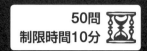

5. パーセント（%）計算

出題数は5問程度。2～4桁×%の計算。

6. 分数計算

出題数は1～2問。分数を割り算に置き換えて計算するのが有効だ。

攻略テクニック▶概数計算をマスターする

解答時間は**1問あたり12秒**。選択肢には、正解と大きく違う数値も含まれ、実際は2択か3択になるから、概数で計算し、近い解答を選択することが、制限時間内に解答する近道だ。

●**WebCAB**　暗算に代えて**四則逆算**が出題される（問題例2参照）。電卓が使用できるが、**9分で50問**と紙ベースよりも制限時間が短い。いかに要領よく計算していくかが鍵となる。

問題例

すべての問題を暗算で解くこと。
できるだけすばやく、正しい答えを求めてください。

1　29＋72

A	B	C	D	E
101	91	11	362	1191

2　48の□%＝12

A	B	C	D	E
20	25	30	35	50

正解　1→A　2→B

問題例の設問にしたがい、次ページからの問題を解いてください

問題

1 159＋84

A	B	C	D	E
13	133	33	843	243

2 42の1/8

A	B	C	D	E
8.3	18.25	5.25	16	24.5

3 78－37

A	B	C	D	E
41	23	131	71	63

4 824×35%

A	B	C	D	E
665.4	288.4	28	2864	456.4

5 631－154

A	B	C	D	E
37	94	477	787	587

解答と解説

1 正解（E）

ここがポイント　四捨五入できりのいい数値にして計算するのが概数計算の基本。足し算以外も同様に。

159＋84

↓

160＋80＝240

近い解答のE［243］を選ぶ。

2 正解（C）

ここがポイント　「1/8」を「÷8」に置き換えて計算。分子が1の場合、分母の数字で割ればよい。

42の1/8

↓

40÷8＝5

近い解答のC［5.25］を選ぶ。

3 正解（A）

78－37

↓

80－40＝40

近い解答のA［41］を選ぶ。

4 正解（B）

ここがポイント　「800」の小数点を左に1つ移動して「80」、「0.4」の小数点を右に1つ移動して「4」として計算。計算後に小数点を戻す。この場合は左1つ＋右1つで小数点位置は変わらない。

824×35%

↓

800×40%

↓

80~~0~~×0.4

↓

80×4＝320

近い解答のB［288.4］を選ぶ。

5 正解（C）

631－154

↓

630－150＝480

近い解答のC［477］を選ぶ。

問題

6 1.7×0.4

A	B	C	D	E
6.8	68	168	2.8	0.68

7 $684 \div 20$

A	B	C	D	E
3.24	342	34.2	56	862

8 $2685 + 32 + 152$

A	B	C	D	E
989	2869	764	2964	59

9 $4835 + 2156$

A	B	C	D	E
6991	7651	6471	4926	1526

10 $3863 \div 60$

A	B	C	D	E
84	64	240	644	24

解答と解説

6 正解（E）

ここがポイント　両方の数値の小数点を移動し、整数として計算してから、最後に小数点を戻す方法もある。

1.7×0.4

↓

2×0.4＝0.8

近い解答のE［0.68］を選ぶ。

7 正解（C）

ここがポイント　1の位を切り捨て、さらに両方の数値から「0」を1つずつとって桁を下げて計算。割り算の場合はとった「0」を戻さない。

684÷20

↓

68Ø÷2Ø

↓

68÷2＝34

近い解答のC［34.2］を選ぶ。

8 正解（B）

ここがポイント　きりのいい数字になるものがある場合は先に計算。Dとの判別は1の位を計算して確認。

2685＋32＋152

↓

2700＋200＝2900

近い解答のB［2869］を選ぶ。

9 正解（A）

4835＋2156

↓

5000＋2000＝7000

近い解答のA［6991］を選ぶ。

10 正解（B）

ここがポイント　割る数値が「60」なので、割られる数値を6の倍数に換算するのが簡単。選択肢は小数点以下を四捨五入している。

3863÷60

↓

360Ø÷6Ø

↓

360÷6＝60

近い解答のB［64］を選ぶ。

問題

11 5.13+23.4+9.8

A	B	C	D	E
36.8	62.93	38.33	566	48.93

12 1.8+0.008+0.9

A	B	C	D	E
2.708	17	27.8	2.6	3.708

13 665+6545+65

A	B	C	D	E
7895	8495	7275	11565	6595

14 331×23%

A	B	C	D	E
613	152.13	76.13	57	763

15 13.22+154.22+21.79

A	B	C	D	E
78.23	690.53	1925	960	189.23

解答と解説

11　正解（C）

ここがポイント　小数の足し算は問題の数値の小数点以下の桁数に注目。この場合、正解は小数第2位までの数値。

5.13＋23.4＋9.8
↓
5＋23＋10＝38

近い解答のC［38.33］を選ぶ。

12　正解（A）

ここがポイント　正解は小数第3位までの数値となる。また、「0.008」は、「0」として計算しても影響はない。

1.8＋0.008＋0.9
↓
1.8＋0＋0.9＝2.7

近い解答のA［2.708］を選ぶ。

13　正解（C）

665＋6545＋65
↓
700＋6500＋100＝7300

近い解答のC［7275］を選ぶ。

14　正解（C）

ここがポイント　掛ける数値が「23%」なので、解答には小数点以下の数値が出る。「25%＝1/4」を利用してもよい。

331×23%
↓
300×25%
↓
300×0.25
↓
3×25＝75

近い解答のC［76.13］を選ぶ。

15　正解（E）

ここがポイント　選択肢の数値が大きくばらついているため、1の位以下を切り捨てて計算しても大丈夫。

13.22＋154.22＋21.79
↓
10＋150＋20＝180

近い解答のE［189.23］を選ぶ。

問題

16 53.2−39.316

A	B	C	D	E
−0.76	13.884	−8.9	11.768	89

17 3458÷68

A	B	C	D	E
429	78.9	219	50.9	789

18 7741−521−13

A	B	C	D	E
5417	727	6627	2767	7207

19 676−3.8−225

A	B	C	D	E
166.2	86.2	497.2	447.2	1147.2

20 68338÷1162

A	B	C	D	E
188	79.2	662	58.8	5762

解答と解説

16 正解（B）

ここがポイント　正解は小数第3位までの数値。また、正解の小数第3位の数字は「4」となるので、Dは不正解。

53.2−39.316
↓
50−40=10
近い解答のB［13.884］を選ぶ。

17 正解（D）

ここがポイント　計算しやすい桁で四捨五入し、両方の数値から「0」を1つとって桁を下げる。選択肢は小数第2位を四捨五入してある。

3458÷68
↓
3500÷70
↓
350÷7=50
近い解答のD［50.9］を選ぶ。

18 正解（E）

ここがポイント　「13」は他の数値より明らかに小さいため、「0」とする。

7741−521−13
↓
7700−500−0=7200
近い解答のE［7207］を選ぶ。

19 正解（D）

ここがポイント　10の位で四捨五入すると700−0−200=500となり、Cと誤る。四捨五入する位に注意。

676−3.8−225
↓
680−0−230=450
近い解答のD［447.2］を選ぶ。

20 正解（D）

ここがポイント　それぞれの数値から「0」を3つとって計算。また、「68」を切り上げ、70÷1=70と考えると、正解は70以下とわかる。

68338÷1162
↓
68000÷1000
↓
68÷1=68
近い解答のD［58.8］を選ぶ。

問題

21 $1455+715+258+39$

A	B	C	D	E
367	7467	12257	2467	18267

22 $1165\times82\%$

A	B	C	D	E
955.3	95.3	1969.3	5323	532.3

23 $0.008\div0.0004$

A	B	C	D	E
0.002	20	2	0.2	0.02

24 $41778-38533-163$

A	B	C	D	E
32	82500	3082	2542	12900

25 $62\times5\times0.02$

A	B	C	D	E
6.2	1.22	162	12.2	324

解答と解説

21 正解（D）

1455＋715＋258＋39

↓

1500＋700＋300＝2500

近い解答のD 2467 を選ぶ。

22 正解（A）

1165×82%

↓

1200×80%

↓

1200×0.8

↓

120×8＝960

近い解答のA 955.3 を選ぶ。

23 正解（B）

ここがポイント 小数点をそれぞれ右に4つ動かして整数にして計算。割り算なので小数点はそのまま。

0.008÷0.0004

↓

80÷4＝20

正解のB 20 を選ぶ。

24 正解（C）

ここがポイント 「163」は他と比べて明らかに小さいので「0」として計算。

41778－38533－163

↓

42000－39000－0＝3000

近い解答のC 3082 を選ぶ。

25 正解（A）

ここがポイント 小数点を右に2つ移動し、小数を整数に直して計算。小数点を左に2つ移動して、元に戻す。

62×5×0.02

↓

60×5×2＝600

↓

6

近い解答のA 6.2 を選ぶ。

問題

26 $6 \times 3 = \square \times 2$

A	B	C	D	E
8	5	9	4	7

27 $\square - 5178 = 1459$

A	B	C	D	E
5446	7027	6637	5789	12317

28 $0.4 \div 0.02 = \square$

A	B	C	D	E
0.02	20	2000	0.2	200

29 $25 \times \square = 18.5 \times 4$

A	B	C	D	E
2.4	74	0.45	2.96	4.5

30 $\square \div 4 = 3 \times 7 \times 4$

A	B	C	D	E
96	36	21	112	336

解答と解説

この問題から□に数値を入れるWebCABの出題パターン。従来の概算で計算するより難しく思えるので、練習して慣れていこう。

26 正解（C）

6×3＝□×2

18＝□×2

□＝18÷2＝9

27 正解（C）

ここがポイント 移項する際プラスとマイナスが逆転することに注意。

－5178を右辺に移項する。

□＝1459＋5178＝6637

28 正解（B）

ここがポイント 小数点を移動して計算する。100を掛けると考えても同じ。

0.4 ÷0.02

↓

40÷2＝20

29 正解（D）

ここがポイント 「25×」を右辺に移項して「÷25」と考えてもよい。□＝18.5×4÷25＝2.96

先に右辺を計算して左辺の25で割る。

18.5×4＝74

74÷25＝2.96

30 正解（E）

ここがポイント 「÷4」を右辺に移項して「×4」と考えてもよい。□＝3×7×4×4＝336

先に右辺を計算。

3×7×4＝84

□÷4＝84

84×4＝□＝336

問題

31 $6 \times \square + 75 = 17 \times 9$

A	B	C	D	E
13	8	7	15	9

32 700の□%＝525

A	B	C	D	E
25	45	75	65	60

33 $0.3 \times \square = 30 \div 0.4$

A	B	C	D	E
125	250	100	25	22.5

34 $0.6 \div \square = 1/50$

A	B	C	D	E
60	30	25	50	25

35 $0.04 \times \square = 2 \div 400$

A	B	C	D	E
0.0125	12.5	0.125	125	1250

解答と解説

31 正解（A）

＋75を右辺に移項。

6×□＝17×9−75

6×□＝78

□＝78÷6＝13

32 正解（C）

700×□＝525

□＝525÷700＝0.75

0.75×100＝75%

ここがポイント 計算では%を小数に直して考える。%に戻すのを忘れずに。

33 正解（B）

0.3×を右辺に移項。

□＝30÷0.4÷0.3＝250

ここがポイント 続けて割り算をする場合、割る数同士を掛けた数で割ってもよい。ここでは「0.4×0.3＝0.12」で割る。

34 正解（B）

小数と分数が混ざっているので統一する。

1/50＝0.02

0.6÷□＝0.02

□＝0.6÷0.02＝30

ここがポイント 「÷□」を右辺に移項し、「0.6＝0.02×□」と考えてもよい。

35 正解（C）

0.04×を右辺に移項。

□＝2÷400÷0.04＝0.125

問題

36 64÷□＝8÷0.4÷5

A	B	C	D	E
8	128	52	24	16

37 0.7＋□＝1/4＋0.5

A	B	C	D	E
1/3	1/2	1/4	1/20	1/25

38 0.6÷20/3＝□×□（□には同じ数値が入る）

A	B	C	D	E
0.9	0.3	0.6	0.5	0.4

39 5/24＝1/4×□

A	B	C	D	E
8/5	5/3	3/5	5/6	2/3

40 0.2×□＝13.3÷19

A	B	C	D	E
3.5	0.3	3	0.35	1.4

解答と解説

36 正解（E）

先に右辺を計算。

8÷0.4÷5＝4

÷□を右辺に移項。

64＝4×□

□＝64÷4＝16

37 正解（D）

ここがポイント　分数の足し算・引き算は、通分して分母を共通にして計算する。

小数と分数があるので統一。

7/10＋□＝1/4＋1/2

7/10を右辺に移項。

□＝1/4＋1/2－7/10

□＝5/20＋10/20－14/20

＝1/20

38 正解（B）

ここがポイント　□に同数値が入る問題。分数の割り算は、逆数（分母と分子を入れかえた数）を掛ければよい。

分数の割り算を変形。

0.6÷20/3＝0.6×3/20

3/20＝0.15

0.6×0.15＝0.09

同数を掛け算して0.09になるのは0.3のみ。

39 正解（D）

1/4×を左辺に移項。

5/24÷1/4＝□

□＝5/24×4/1＝20/24＝5/6

40 正解（A）

ここがポイント　「19」を「20」と考えて、13.3÷（20×0.2）＝13.3÷4で概算計算してもよい。

0.2×を右辺に移項。

□＝13.3÷19÷0.2＝3.5

問題

41 $1/5+1/25=\square$

A	B	C	D	E
25%	22.5%	24%	25.5%	45.5%

42 $8\times\square=72\div\square$ （□には同じ数値が入る）

A	B	C	D	E
4	9	7	3	6

43 $1\div3+1/3=1/9\div\square$

A	B	C	D	E
18	1/6	1/18	6	1/3

44 $7\times(\square+0.7)=0.7\times12$

A	B	C	D	E
0.9	0.3	0.5	8.4	1.2

45 $3/2+4/5=\square+1/2$

A	B	C	D	E
3.6	0.5	5	1.8	2.4

解答と解説

41 正解（C）

ここがポイント　簡単な分数と小数の変換は頭に入れておく。「1/2＝0.5」、「1/4＝0.25」、「1/5＝0.2」

選択肢が%なので、小数に直して計算するのが簡単。

1/5＝0.2、1/25＝0.04

0.2＋0.04＝0.24→24%

42 正解（D）

ここがポイント　5つの選択肢を順に入れ、検証方式で解答するほうが効率的。

38と同様に同じ数値が入る問題。

□をxとすると$8x=72/x$

両辺にxを掛け$8x^2=72$

$x^2=9$、$x=3$

43 正解（B）

1÷3＝1/3と表せるので

左辺は1/3＋1/3＝2/3

□＝1/9÷2/3＝1/9×3/2

　＝3/18＝1/6

44 正解（C）

ここがポイント　右辺を「7×1.2」とし、「□＋0.7＝1.2」と考えてもよい。□＝1.2−0.7＝0.5

先に右辺を計算する。

0.7×12＝8.4

7×を右辺に移項。

□＋0.7＝8.4÷7＝1.2

□＝1.2−0.7＝0.5

45 正解（D）

先に左辺を計算する。

3/2＋4/5＝15/10＋8/10

　＝23/10＝2.3

右辺の1/2を小数に直す。

□＝2.3−0.5＝1.8

問題

46　$0.5 \times 17.5 = \square$

A	B	C	D	E
9　3/5	8　3/4	7　2/5	8　4/5	7　3/4

47　$0.4 \times \square = 1/5 + 1/25$

A	B	C	D	E
80%	60%	55%	35%	65%

48　$4/5 - 1/2 + 1/4 = \square$

A	B	C	D	E
55%	45%	50%	52.5%	75.5%

49　$86.8 \div \square = 31 \times 0.07$

A	B	C	D	E
4	400	40	0.4	0.04

50　$1/2 + 3/8 = \square + 1/8$

A	B	C	D	E
1/4	0.25	3/5	0.75	7/8

解答と解説

46　正解（B）

ここがポイント　単純計算のようだが選択肢が分数になっていることに注意する。

0.5×17.5＝8.75
これを分数に直す。
0.75＝3/4から、
8.75＝8　3/4

47　正解（B）

ここがポイント　選択肢が%なので小数に直して計算するのが簡単。

まず、右辺を計算する。
1/5＋1/25＝0.2＋0.04＝0.24
□＝0.24÷0.4＝0.6→60%

48　正解（A）

4/5－1/2＋1/4
　＝0.8－0.5＋0.25
　＝0.55→55%

49　正解（C）

ここがポイント　選択肢の桁数が異なる場合、概算でも正解にたどりつける。30×0.07＝2.1、80÷2＝40から、正解は整数部分が2桁の数値。

÷□を右辺に移項。
86.8＝31×0.07×□
86.8＝2.17×□
□＝86.8÷2.17＝40

50　正解（D）

ここがポイント　選択肢に小数と分数が混じっているため、小数に直して確認する。

＋1/8を左辺に移項。
1/2＋3/8－1/8＝1/2＋2/8
□＝1/2＋2/8＝4/8＋2/8
　＝6/8＝3/4＝0.75

CAB法則性

40問
制限時間15分

法則性は、CABのPART2として出題される。一群の図形の並び方から法則性を見つけ、空欄に入る図形を推測する能力をみる。40問が制限時間15分で出題され、解答は5つの選択肢から1つを選ぶ5択方式。ずらりと並ぶ図形に圧倒されず、一つひとつの図形の変化を的確につかむのがポイント。

出題パターン分析

法則の数としては、**問題のほぼ半分が2つの法則**。そのほかは法則が1つのもの、法則が3つ以上のものが半々というところだ。ただし、法則が1つだから簡単、複数だから難しいとは一概にはいえない。問題の並びは、やさしいものから難しいものへと進んでいく。

おもな法則には次のようなものがある。

回転▶一定の角度で図形が向きを変えていく。時計回りと反時計回りがあり、角度は45度、90度などが多い。複数の法則をもつものでは、回転が含まれることが多い。

移動▶図形が、右上→右下→左下→左上など、マスの中で位置を変えていく。

交互移動▶図形が上下または左右に交互に位置を変える。

増減▶直線、三角形や円など、図形の数が増減する。また、頂点や辺の数の増減で図形の形自体が変化していくものもある。まれに、面積の増減などが出題されることもある。

攻略テクニック▶図形が多い側から見る

問題の解答時間は**1問あたり22秒強**。すばやく法則を推測するために、空欄の左右のどちらに図形が多いかをまず見よう。図形が多いほうが法則の推測がしやすいからだ。図形の変化をメモし、シミュレーションしてみる。複雑な図形では、**図形を線分と円など、いくつかの要素に分解して見ていくとよい**。なお、解説では矢印と①、②…の数字で見ていく向きを示した。

●**WebCAB　30問を12分**で解答する。紙ベースのものと形式は同じだが、難易度がかなり高い。練習を重ねて難問に慣れておこう。

問題例

上の図形群はある論理的な順序で配列されています。そのうちの1つが空欄になっています。
空欄に入る、図形群の論理的な配列を満たす図形を1つ選びなさい。

1

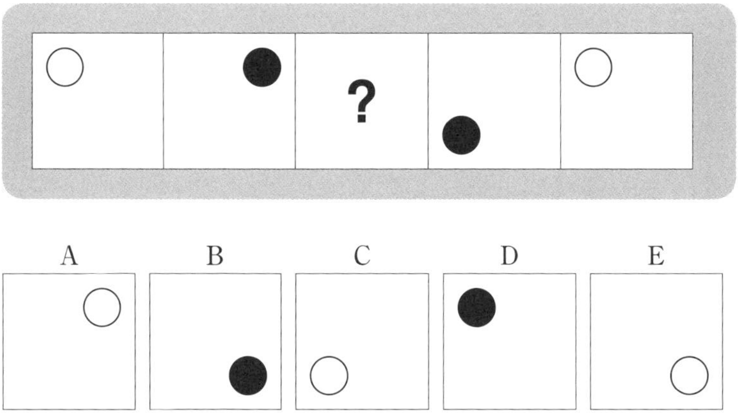

正解　1→E

問題例の設問にしたがい、次ページからの問題を解いてください

問題

1

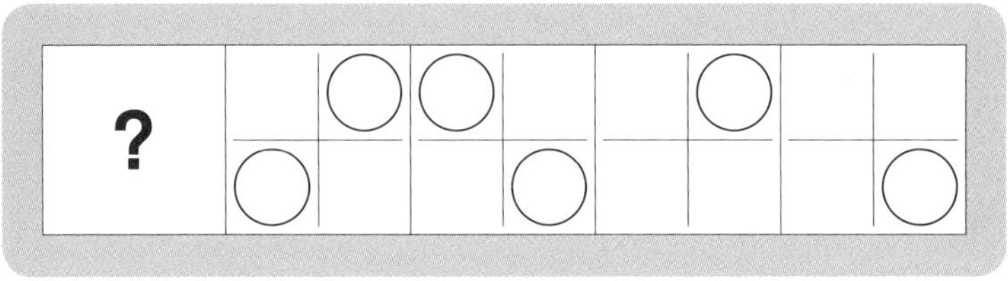

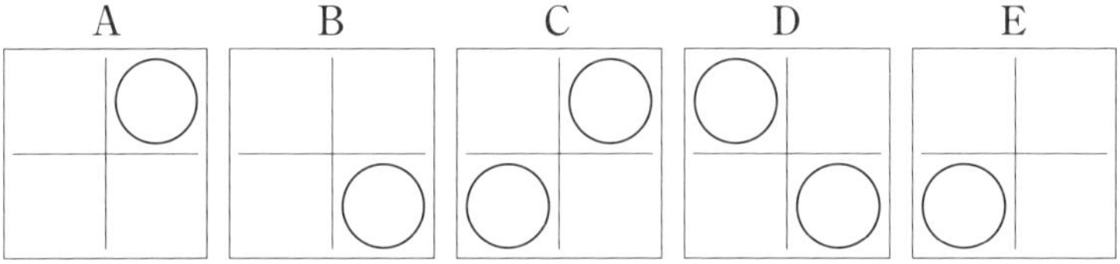

2

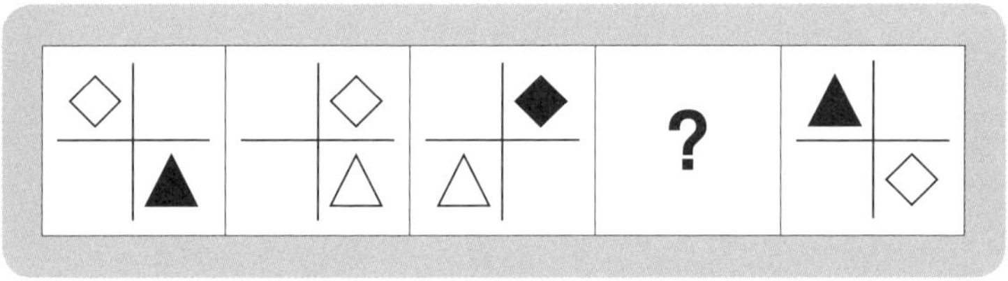

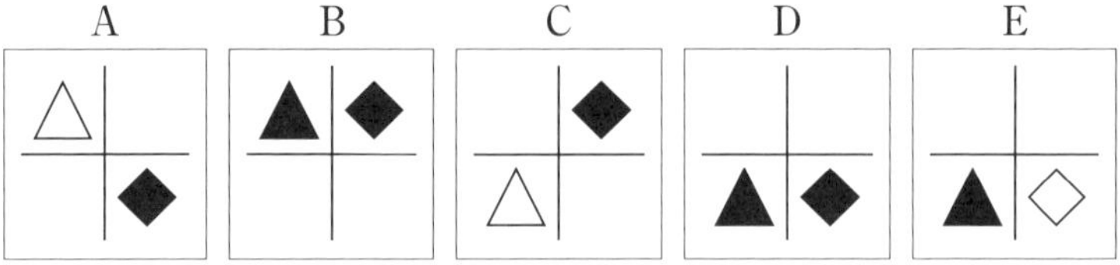

解答と解説

1　正解（B）

2つの法則がある。

法則1

1つの丸は上下に移動。

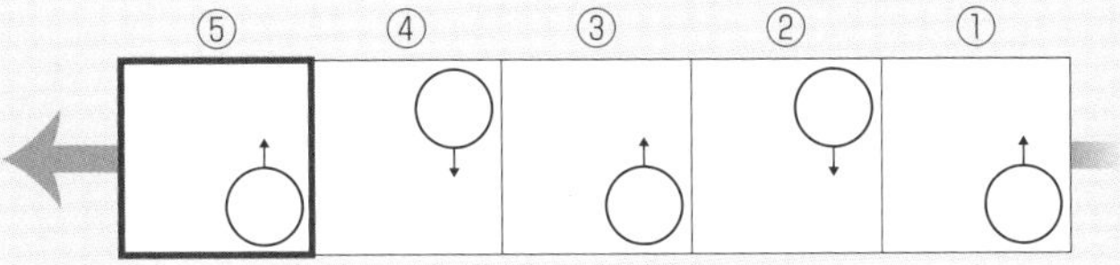

法則2

もう1つの丸は反時計回りに四隅を移動（①②⑤では法則1の丸と重なる）。

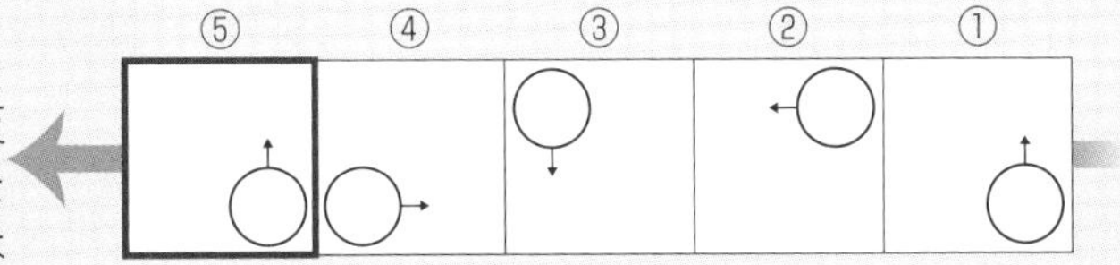

以上を合成すると正解はBとなる。→

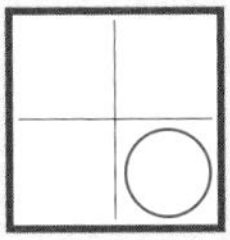

2　正解（D）

2つの法則がある。

法則1

ひし形が時計回りに移動、白黒反転を繰り返す。

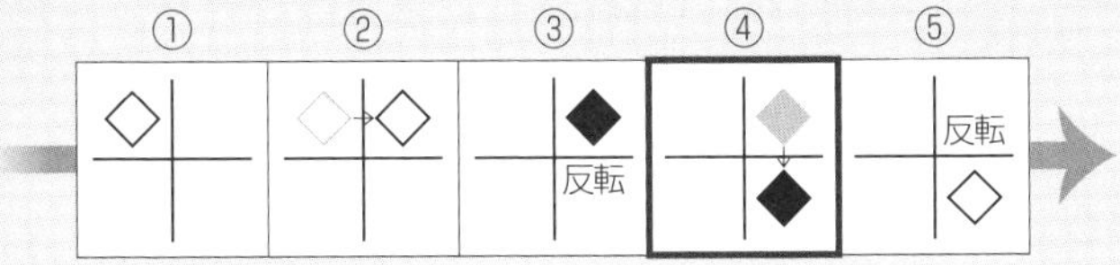

法則2

三角形が白黒反転、時計回りに移動を繰り返す。

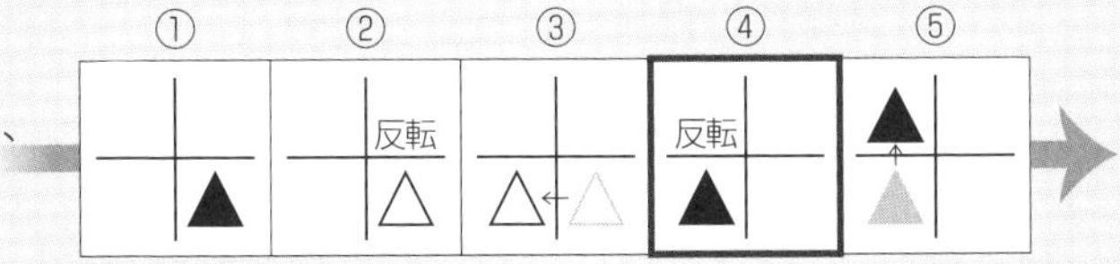

以上を合成すると正解はDとなる。→

問題

3

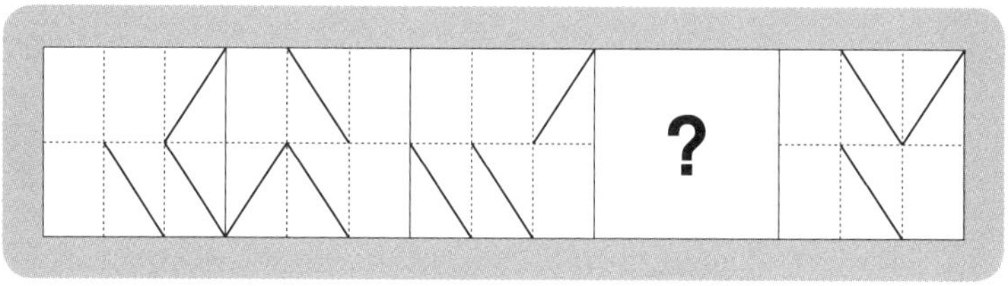

A　B　C　D　E

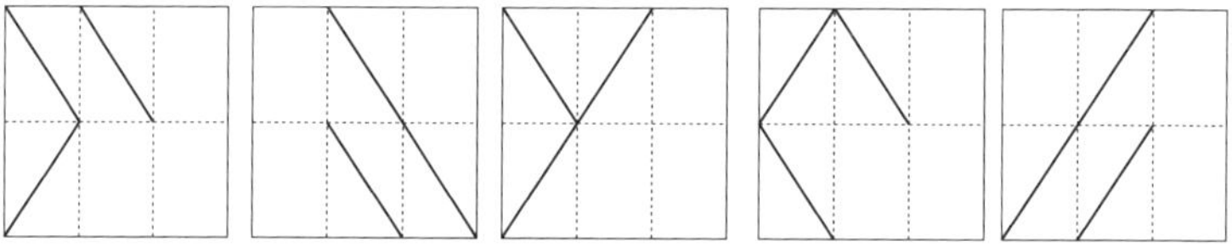

4

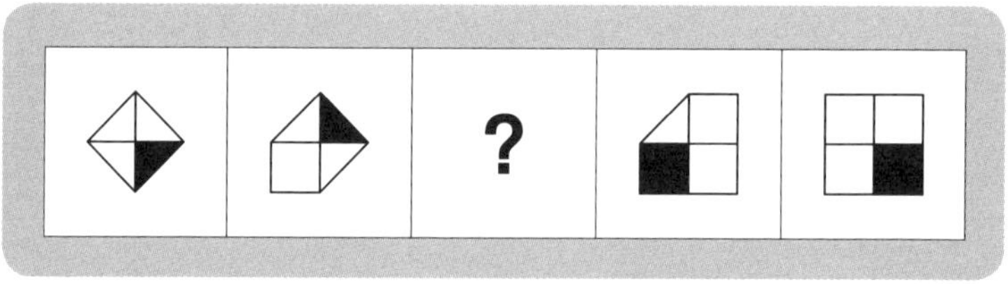

A　B　C　D　E

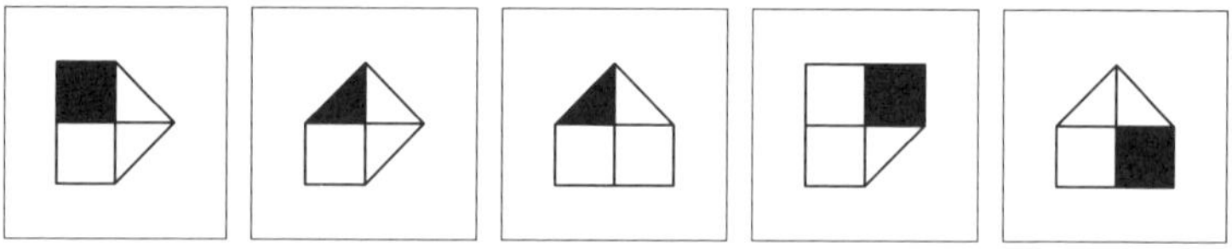

解答と解説

3 正解（A）

3つの法則がある。

法則1

直線アは下を支点にして振り子運動。

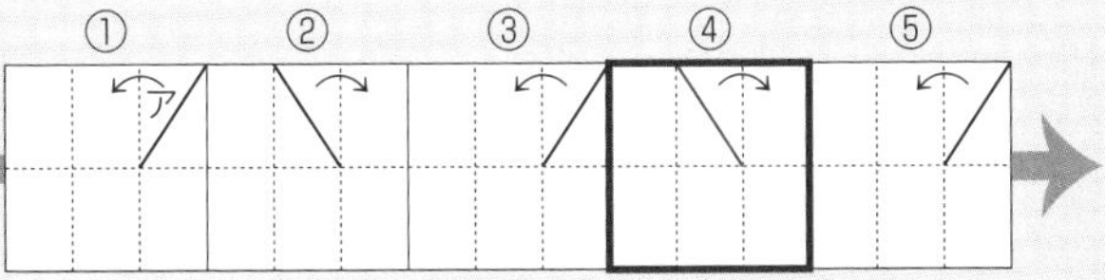

法則2

直線イは上を支点にして振り子運動。

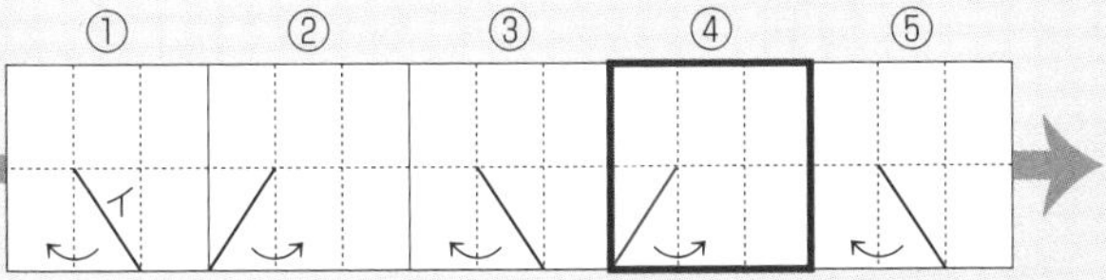

法則3

直線ウは時計回りにマスを1つずつ移動。

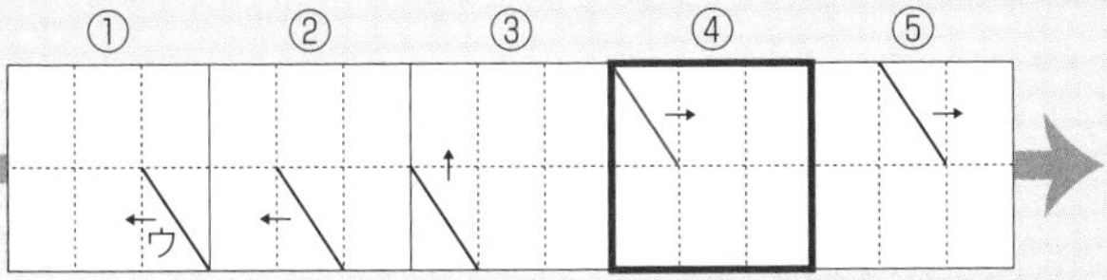

以上を合成すると正解はAとなる。→

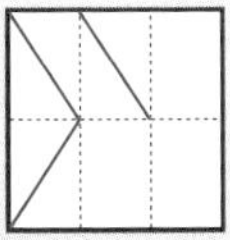

4 正解（C）

2つの法則がある。

法則1

黒塗り部分が反時計回りに移動。

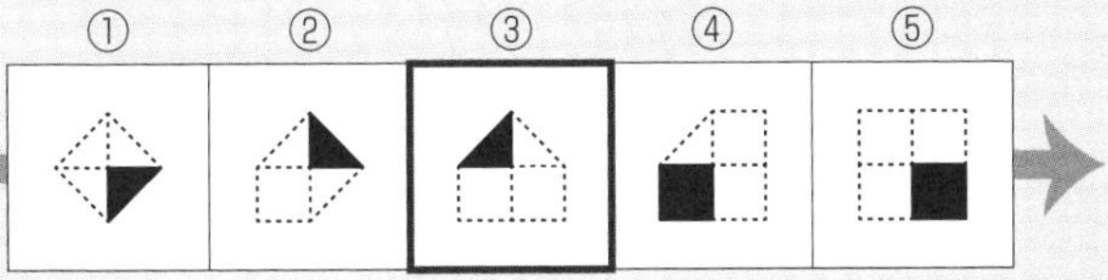

法則2

四角形が反時計回りに1つずつ増えていく。

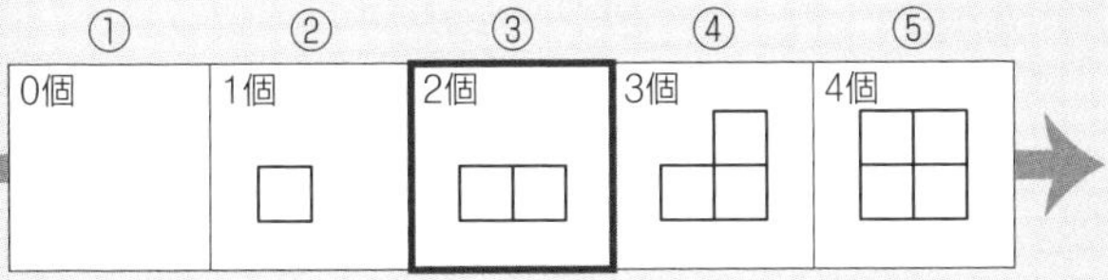

以上を合成すると正解はCとなる。→

問題

5

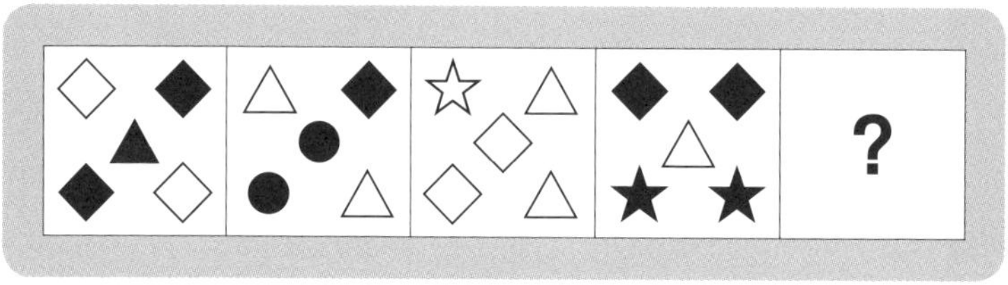

A B C D E

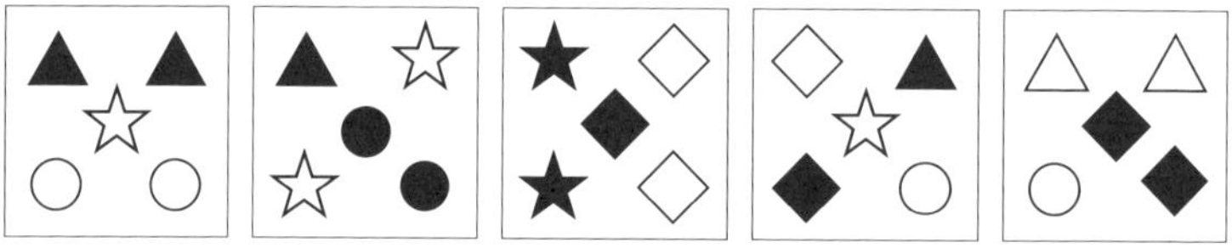

6

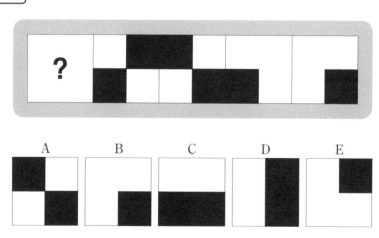

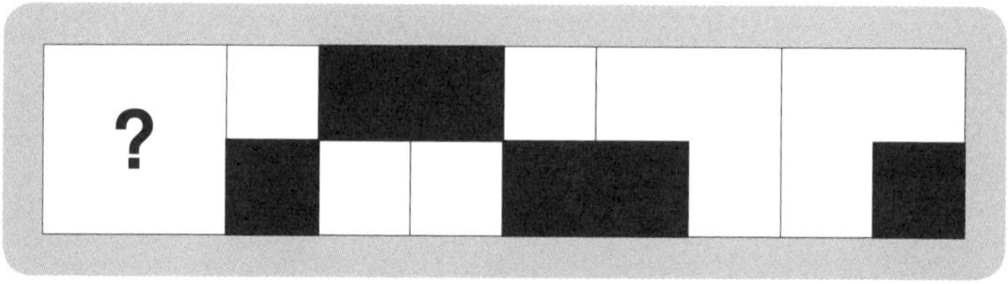

A B C D E

解答と解説

5 正解（A）

2つの法則がある。

法則1

1つだった図形（①の場合は三角形が1つ、四角形が4つ）が、2つになる。

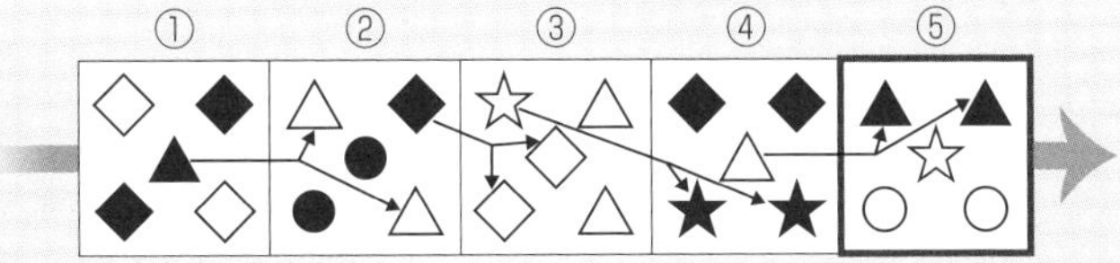

法則2 2つになる図形は白黒反転する。

以上を合成すると正解はAとなる。→

6 正解（B）

2つの法則がある。

法則1

1つの四角形は下辺に接し、左右に移動。

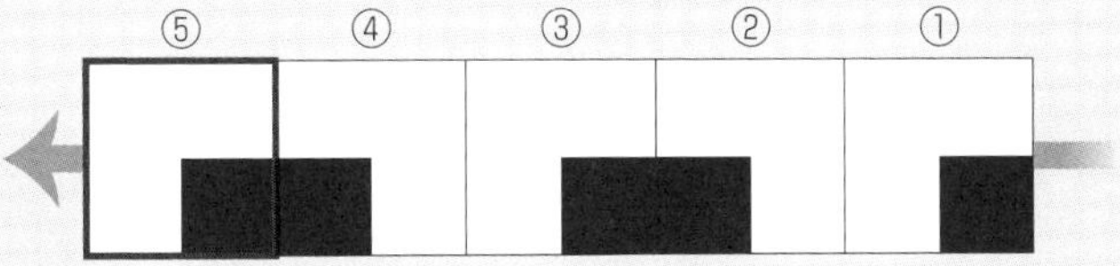

法則2

もう1つの四角形は時計回りに四隅を移動。

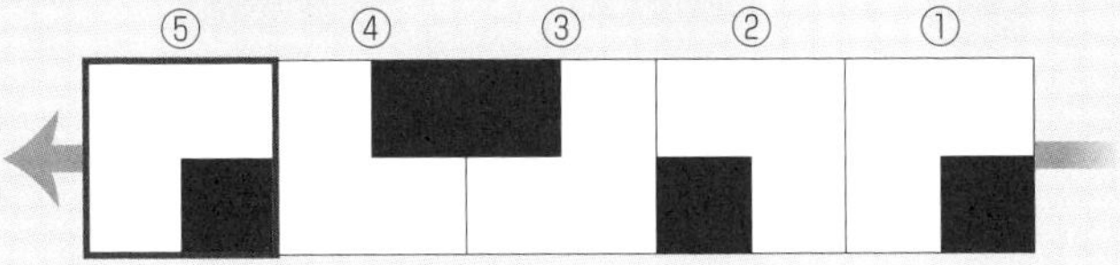

以上を合成すると正解はBとなる。→

問題

7

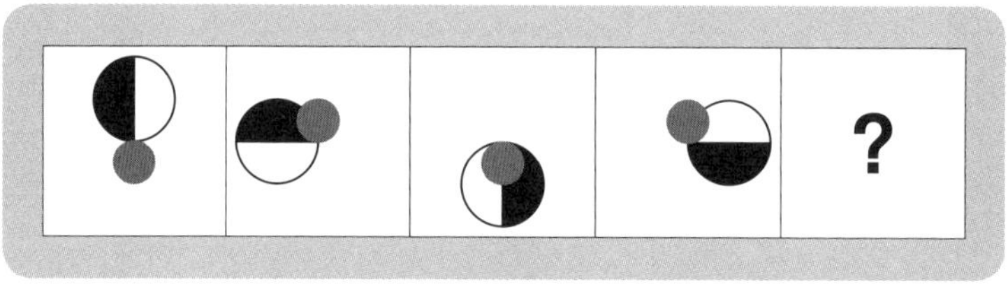

A　B　C　D　E

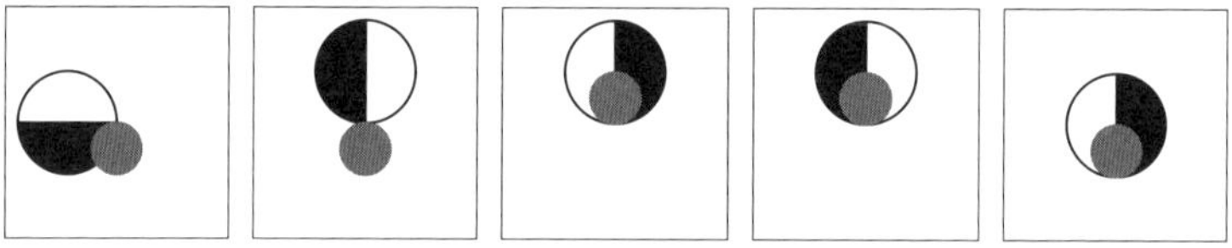

8

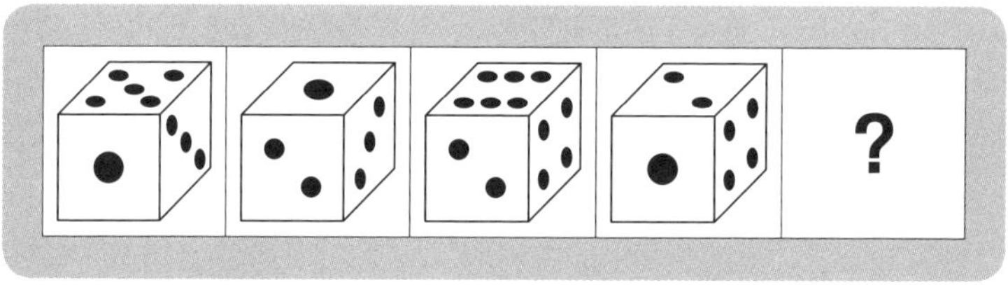

A　B　C　D　E

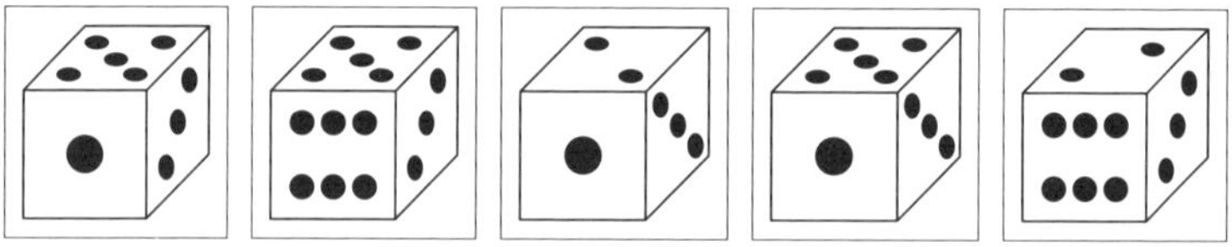

解答と解説

7 正解（B）

2つの法則がある。

法則1

小さな丸は上下の交互移動をしている。

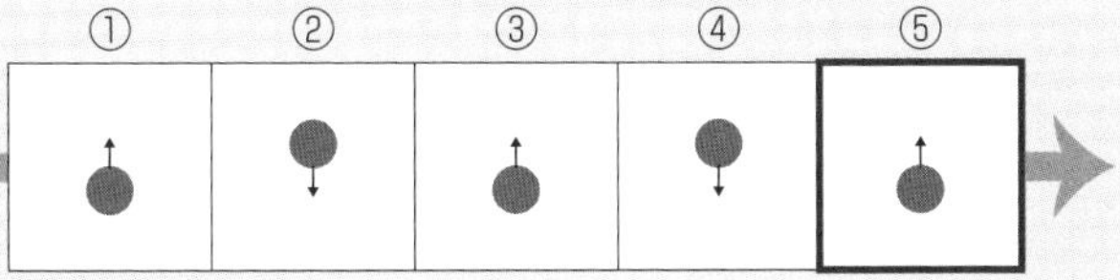

法則2

大きな丸は白黒反転しつつ反時計回りに90度ずつ回転移動している。

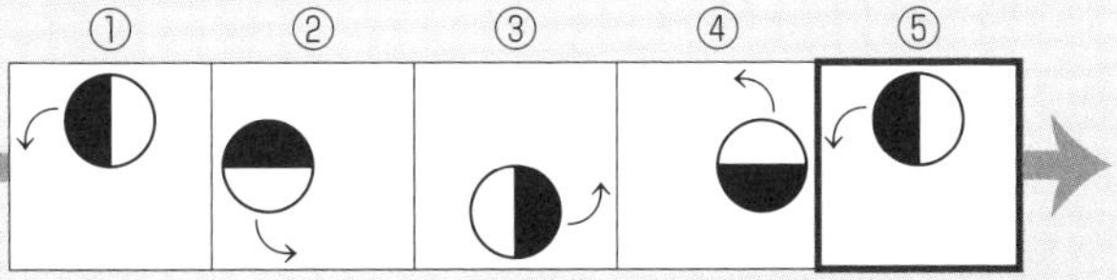

以上を合成すると正解はBとなる。→

8 正解（D）

2つの法則がある。

法則1

サイコロが1つおきに（①→②、③→④）、手前から奥に1回転がる。

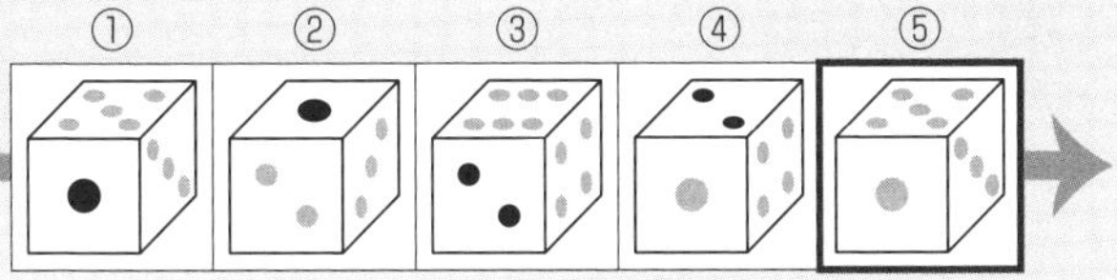

法則2

サイコロが1つおきに（②→③、④→⑤）、右（左）の方向へ2回転がる。

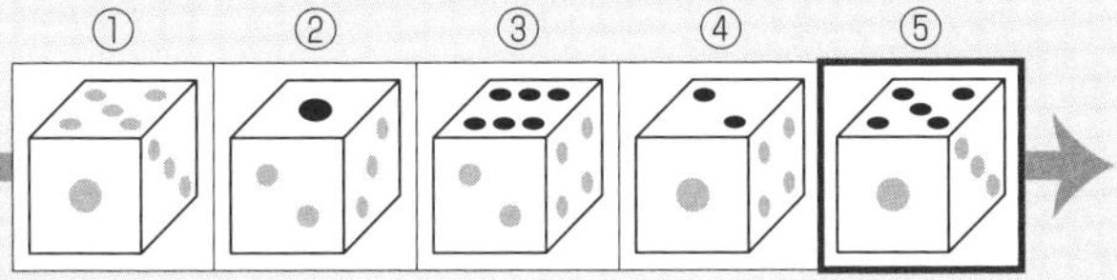

「3」の目の向きに注意して、選択肢から選ぶ。

以上を合成すると正解はDとなる。→

問題

9

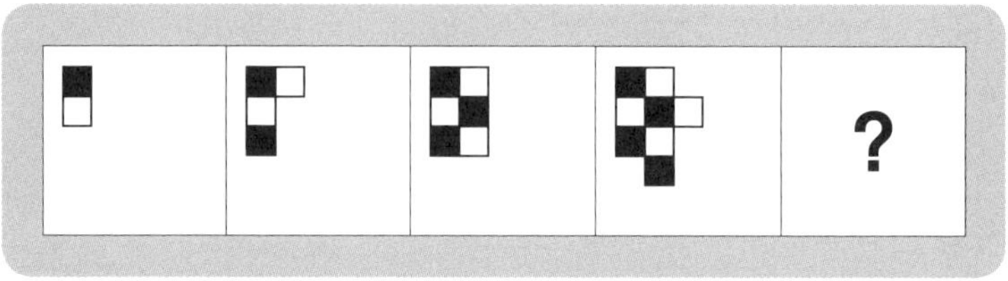

A　　B　　C　　D　　E

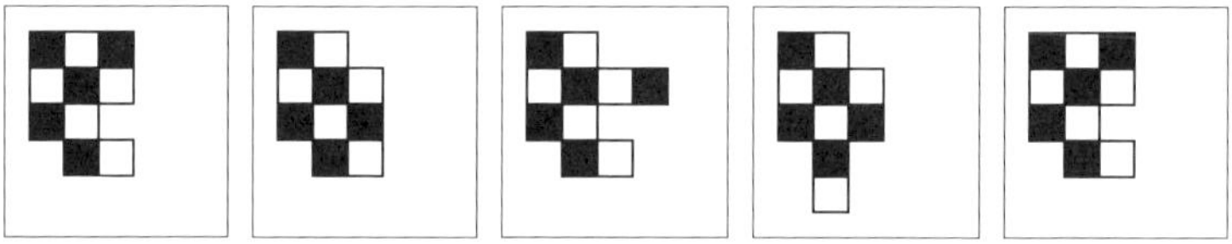

10

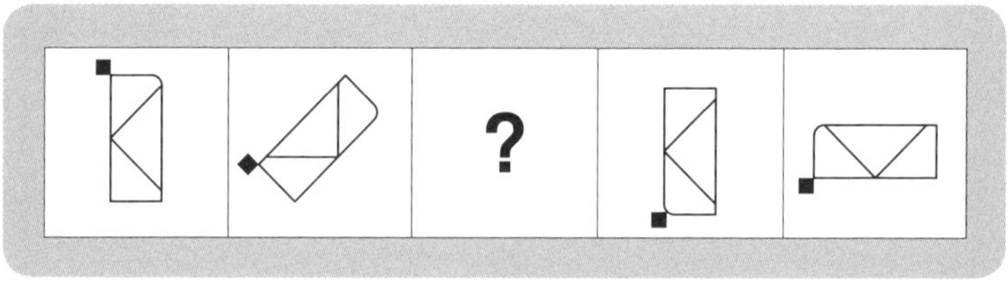

A　　B　　C　　D　　E

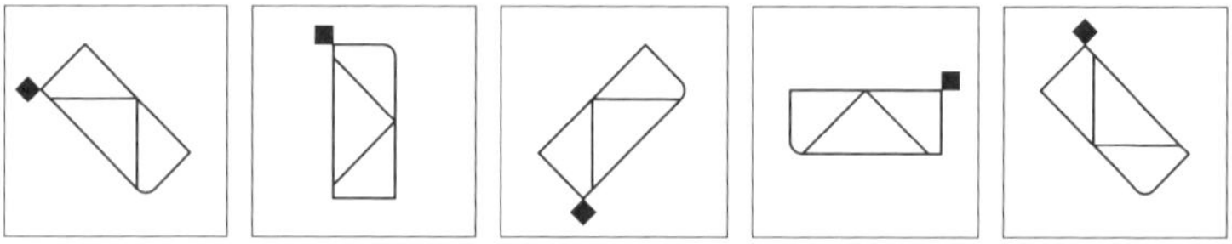

解答と解説

9　正解（B）

2つの法則がある。

法則1　白の四角の下に黒の四角を加える。

法則2　黒の四角の右に白の四角を加える。

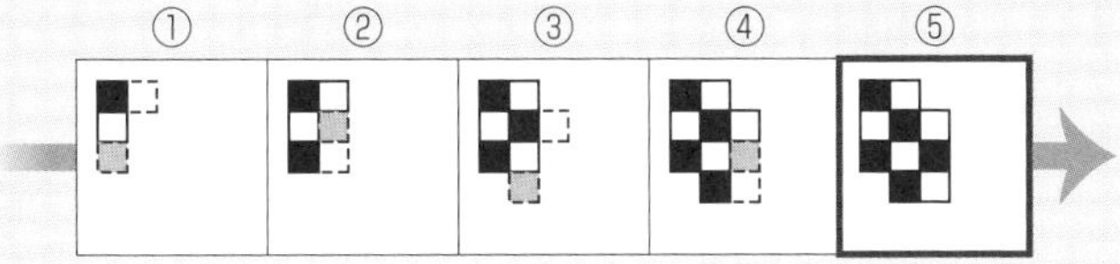

以上を合成すると正解はBとなる。→

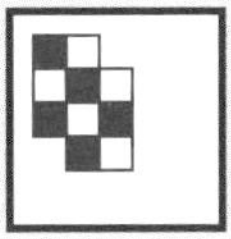

10　正解（A）

3つの法則がある。

法則1　図形Aが時計回りに45度、90度、45度の順に回転する。

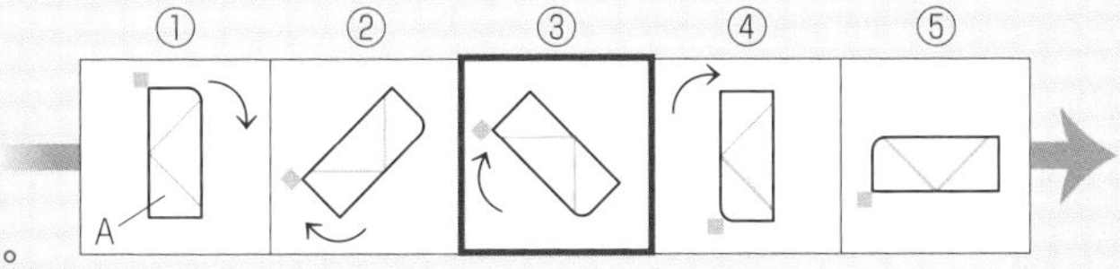

法則2　頂点Fが辺BC上と辺DE上を交互に行き来する。

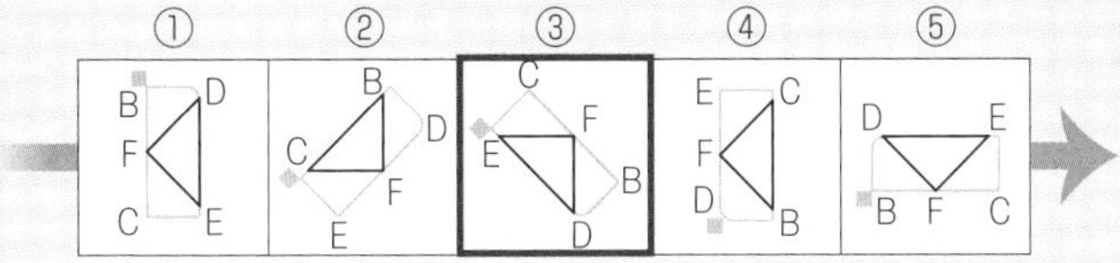

法則3　正方形が反時計回りに図形Aの角を移動する。

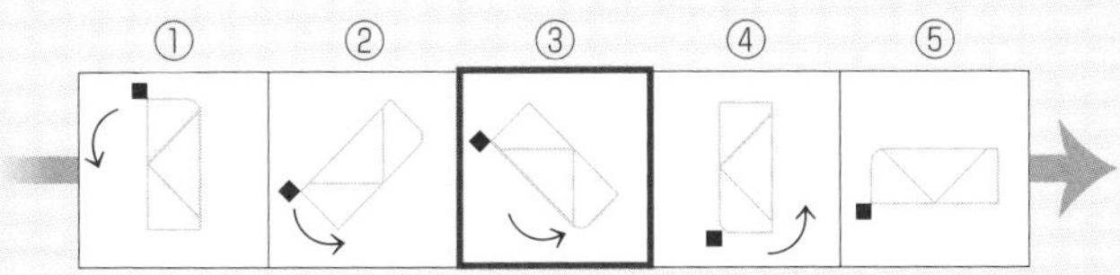

以上を合成すると正解はAとなる。→

問題

11

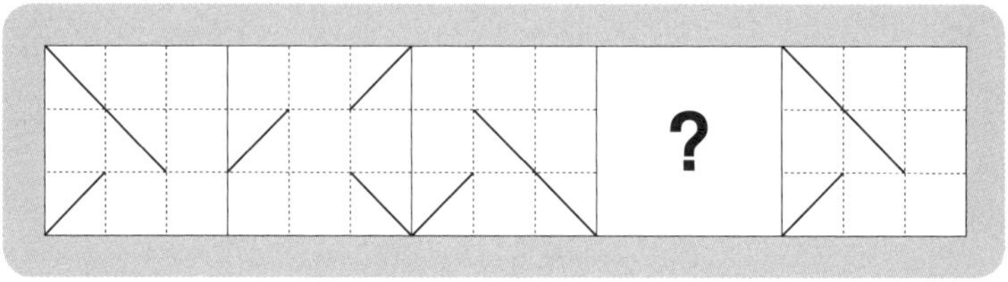

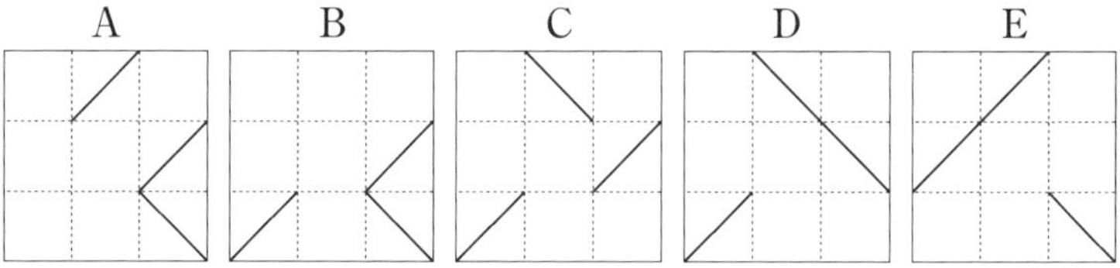

12

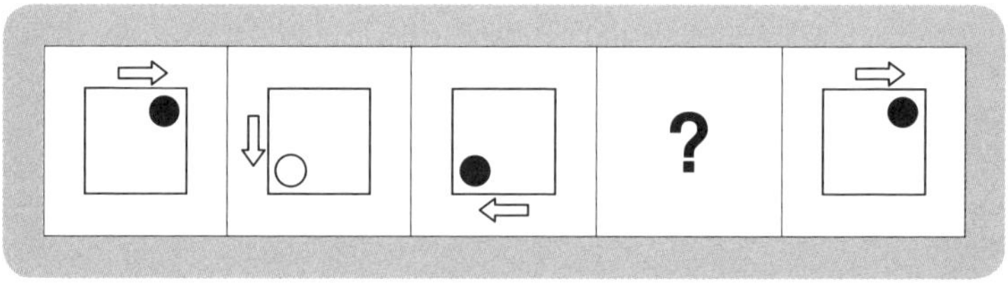

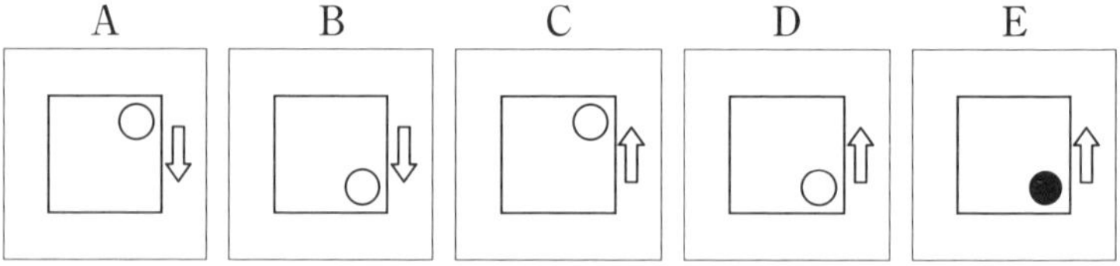

解答と解説

11 正解（B）

3つの法則がある。

法則1

直線アは90度回転しながら四隅を時計回りに移動。

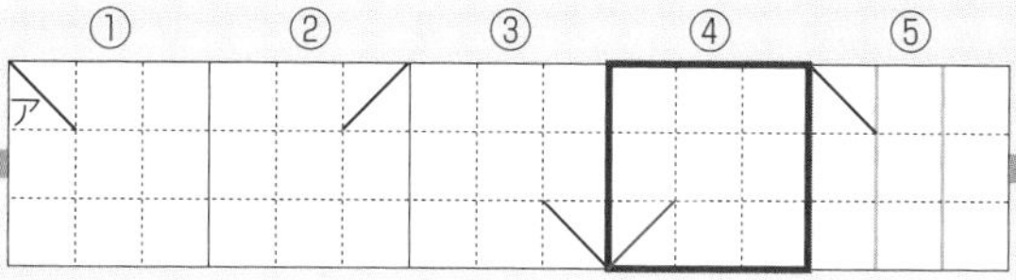

法則2

直線イは左右進む方向に90度回転しながら1マスずつ移動。

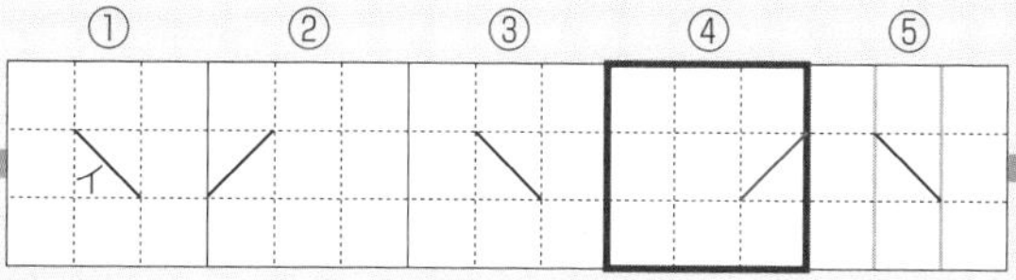

法則3

直線ウは90度回転しながら両端を交互移動。

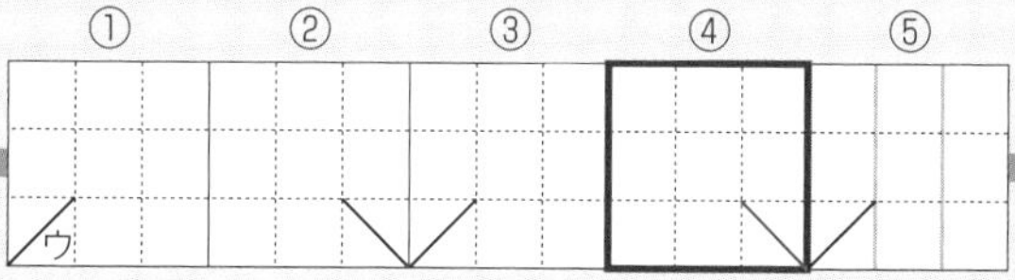

以上を合成すると正解はBとなる。→

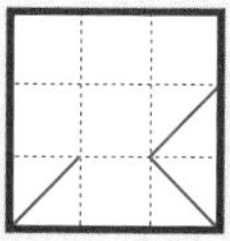

12 正解（C）

3つの法則がある。

法則1 矢印は反時計回りに四角形のまわりを移動。

法則2

矢印は交互に向きを変える。

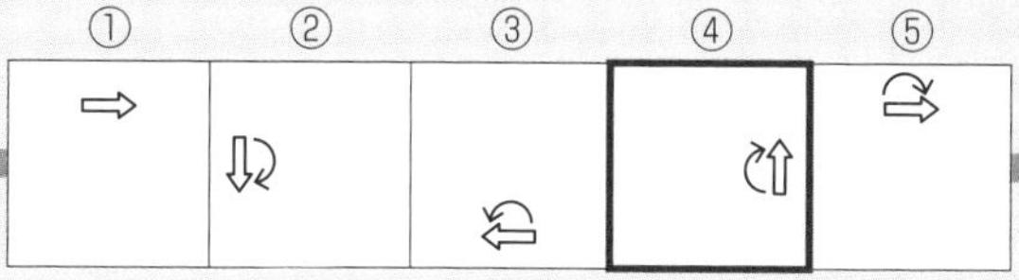

法則3

丸は毎回白黒反転し、矢印の向く位置に移動。

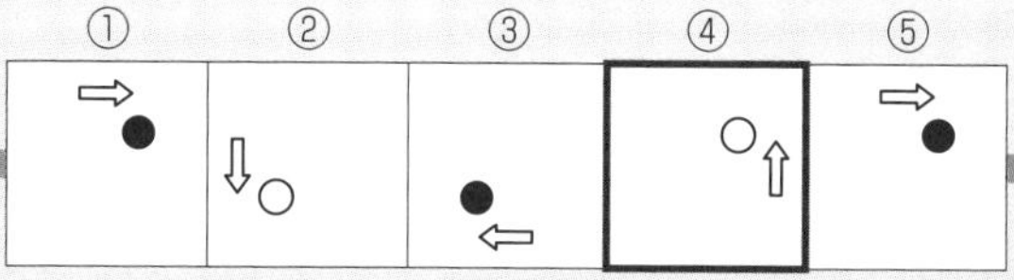

以上を合成すると正解はCとなる。→

問題

13

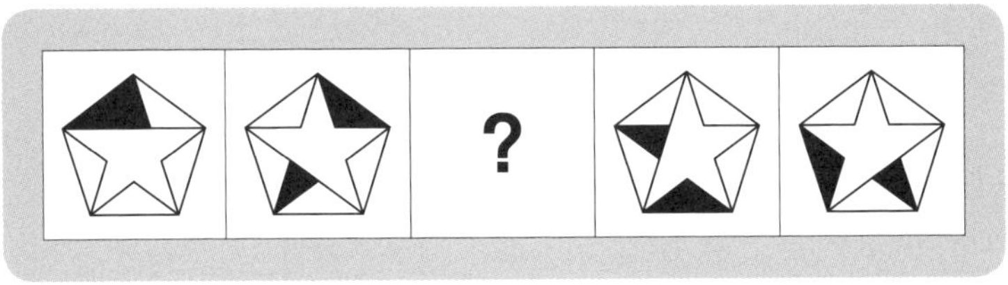

A B C D E

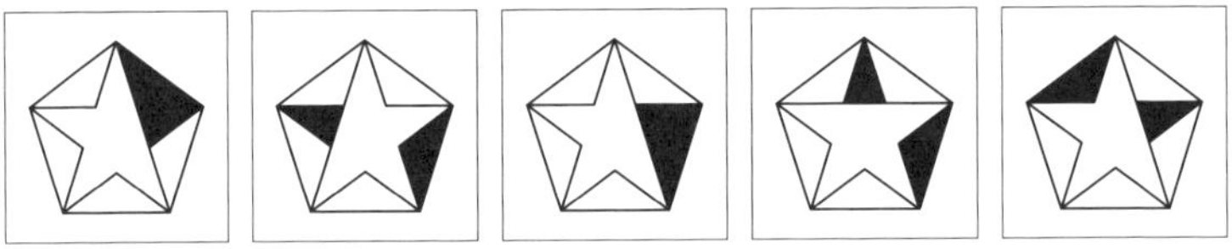

14

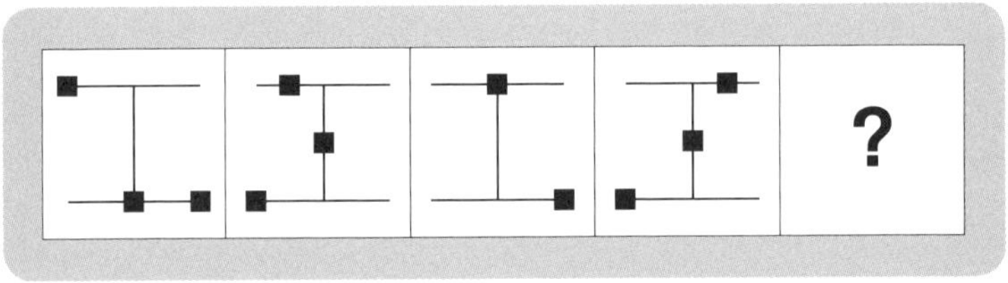

A B C D E

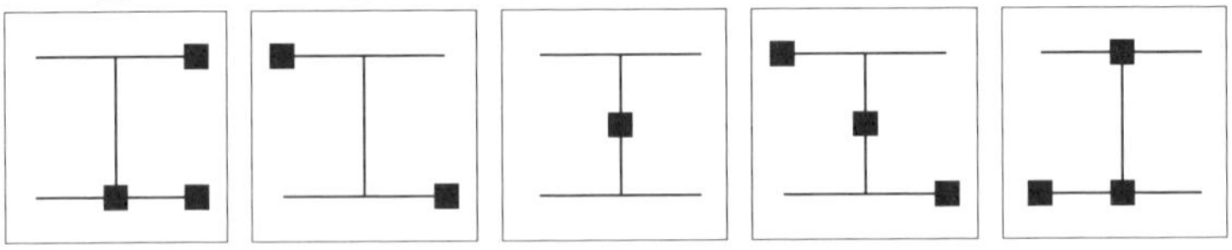

解答と解説

13　正解（C）

2つの法則がある。

法則1

細長い三角は頂点を1つおきに反時計回りに移動。

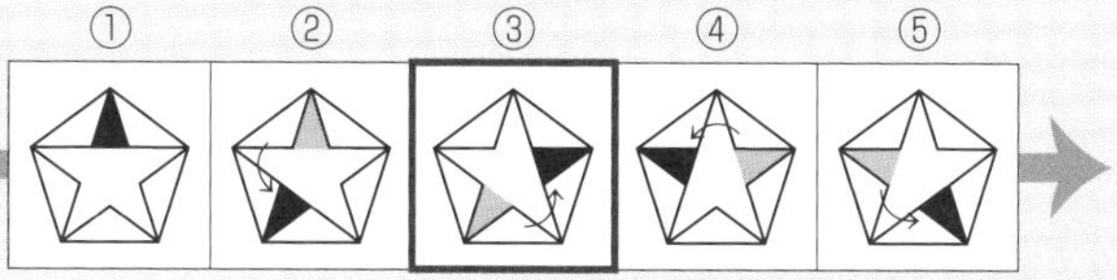

法則2

星の外にある三角形は時計回りに1つずつ移動。

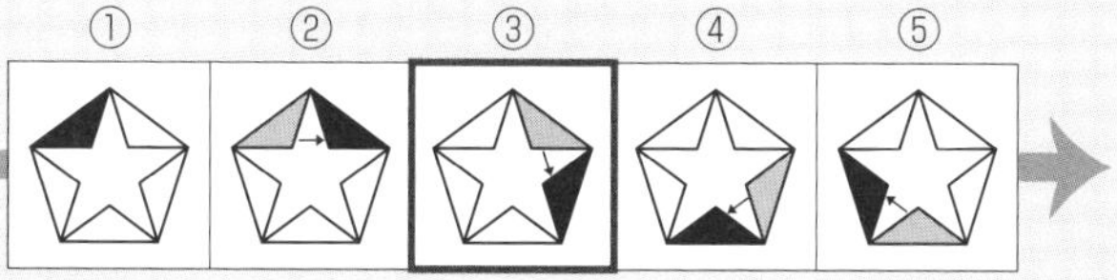

以上を合成すると正解はCとなる。→

14　正解（A）

3つの法則がある。

法則1

下の横線上の四角形が左右に移動。

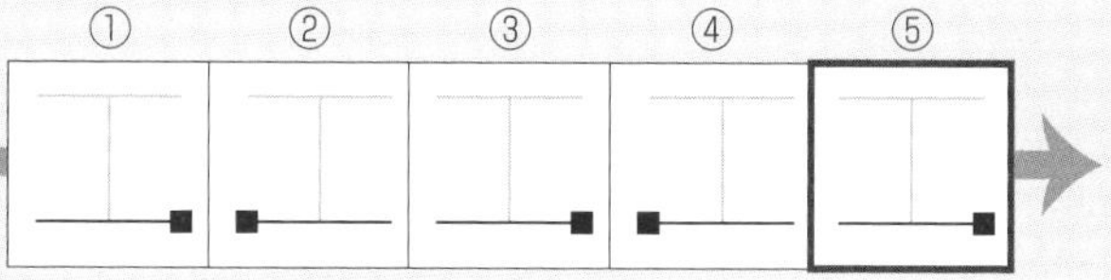

法則2

上の横線上の四角形が左から右に動く。

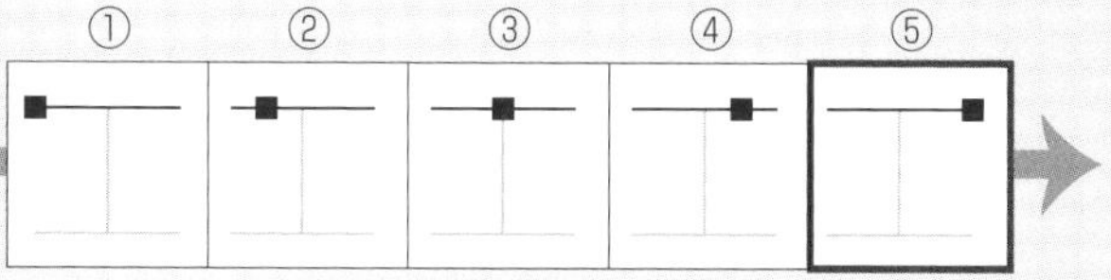

法則3

縦線上の四角形が下から上に移動し、折り返す。

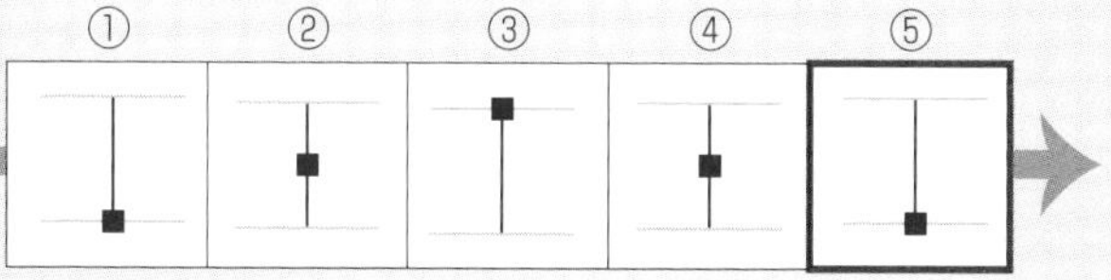

以上を合成すると正解はAとなる。→

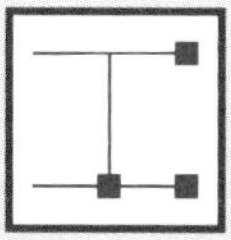

問題

15

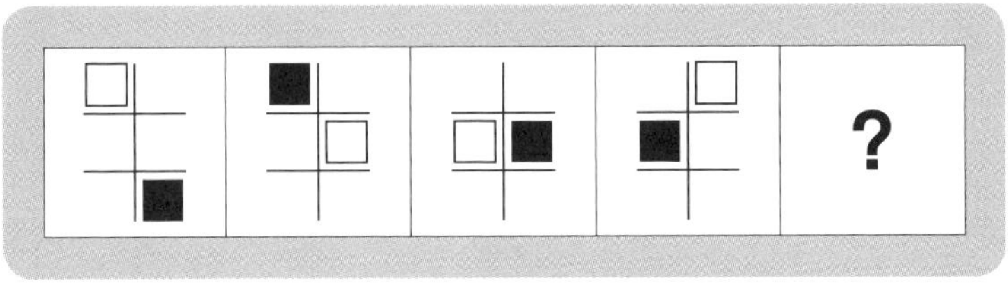

A　B　C　D　E

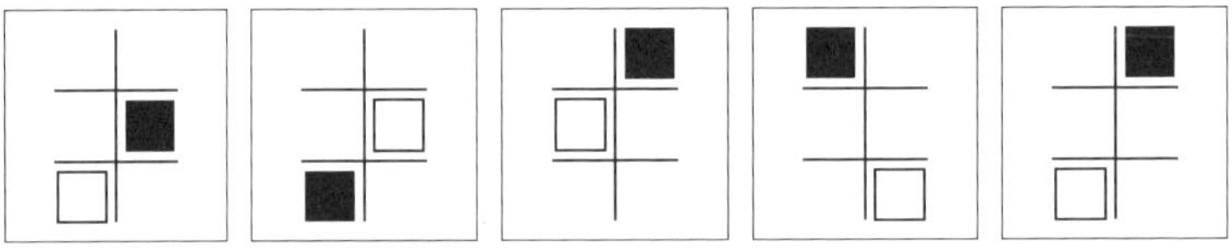

16

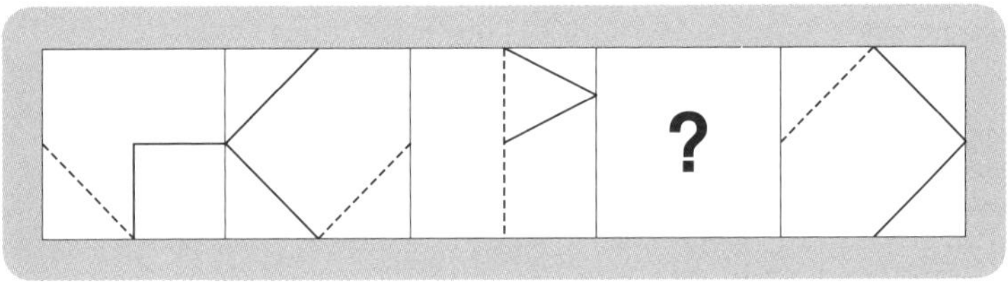

A　B　C　D　E

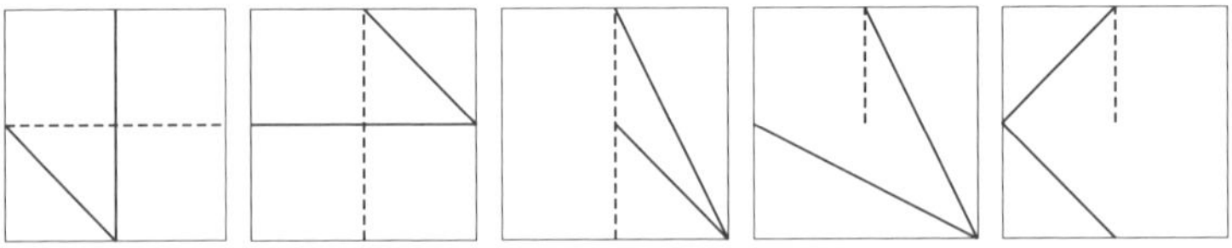

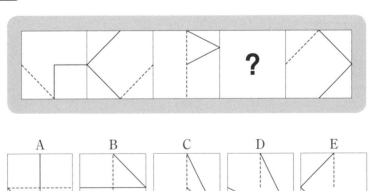

解答と解説

15 正解（E）

3つの法則がある。

法則1 左側の黒四角は下がり、右側の黒四角は上がっていく。

法則2

黒四角は1つ上がって（下がって）白四角になる。

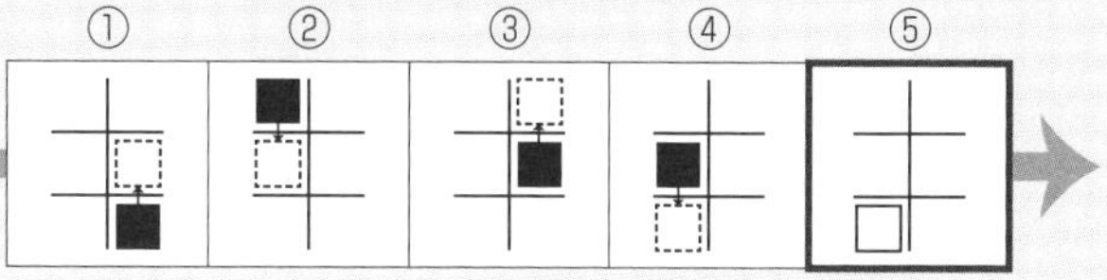

法則3

白四角はその位置で黒四角になる。

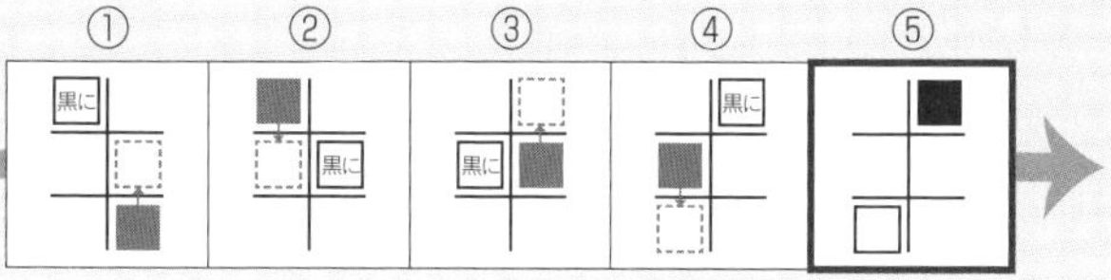

以上を合成すると正解はEとなる。→

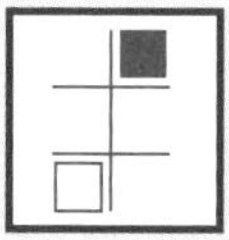

16 正解（D）

法則は1つ。

法則

後追いの問題。2本の実線の先端を結ぶ線が次の図形で点線を作る。

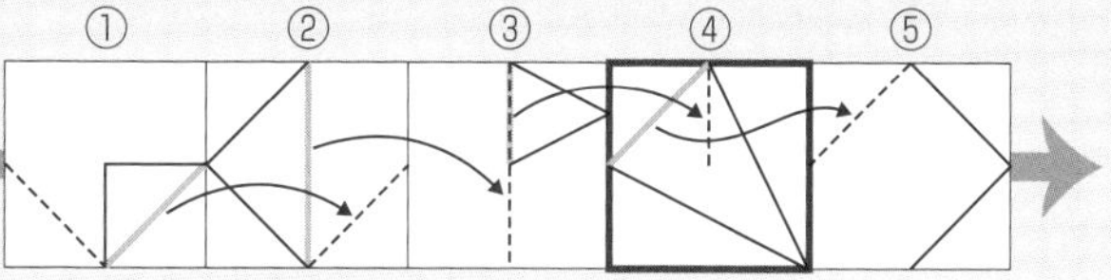

よって、正解はDとなる。→

問題

17

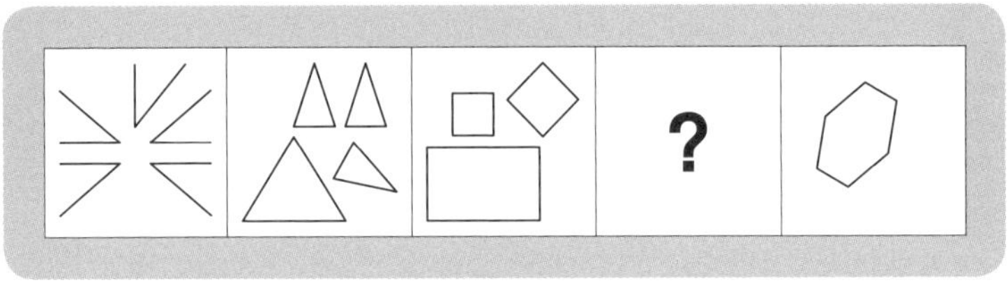

A B C D E

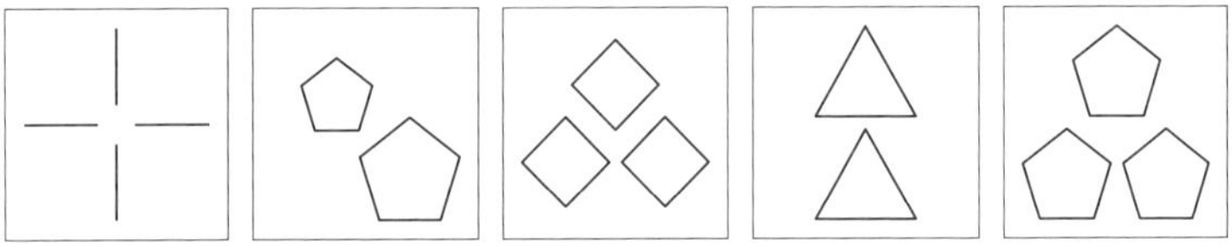

18

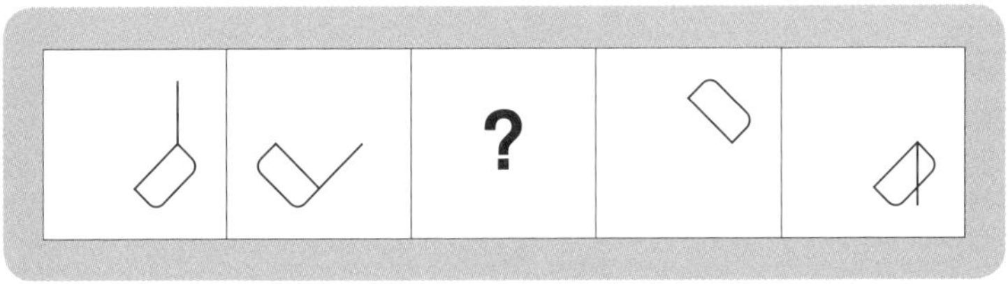

A B C D E

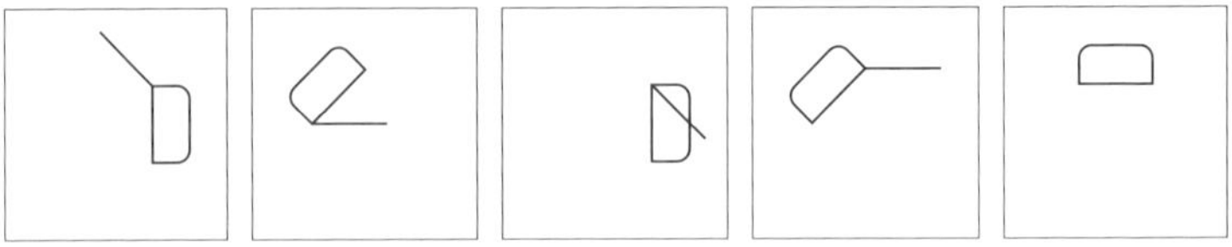

解答と解説

17 正解（B）

2つの法則がある。

法則1

右から図形が1つずつ増加している。

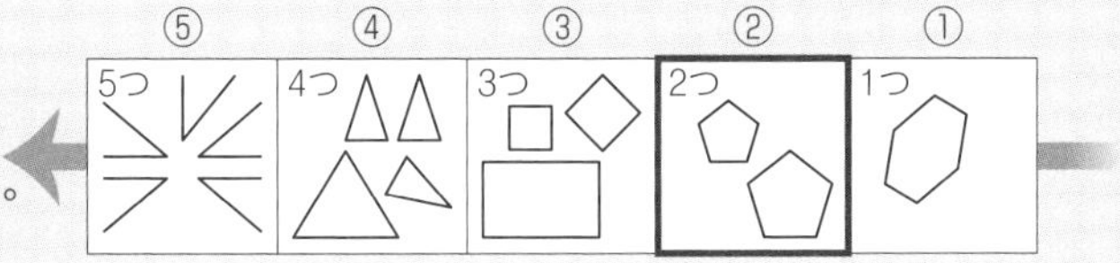

法則2

右から図形の辺が1辺ずつ減少している。

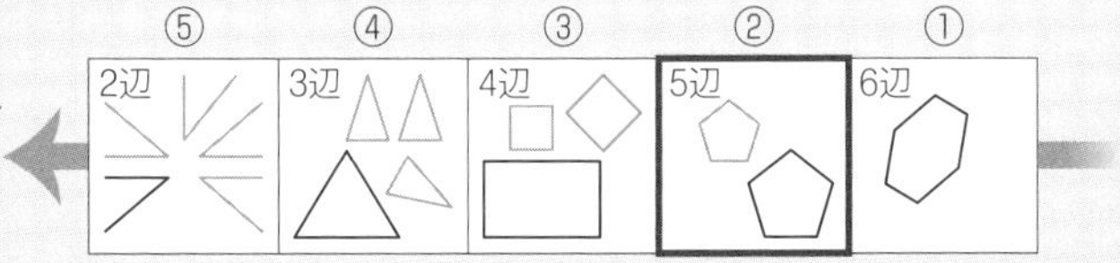

以上を合成すると正解はBとなる。→

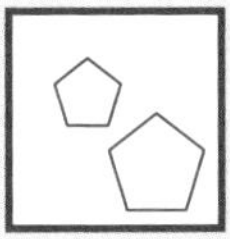

18 正解（B）

2つの法則がある。

法則1

図形Aは時計回りに90度ずつ回転移動。

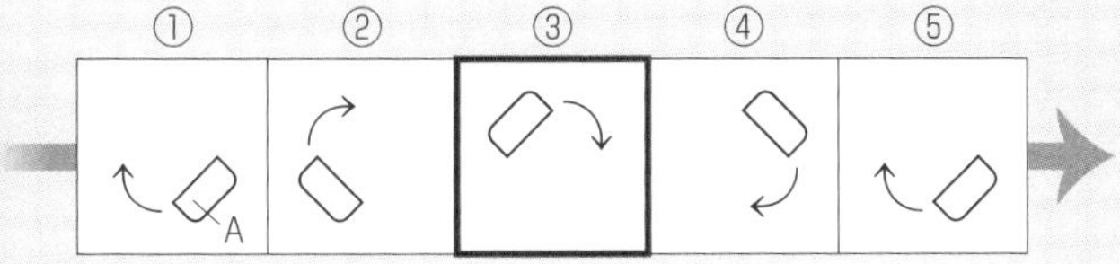

法則2

図形Aの一点から出る直線は時計回りに45度ずつ向きを変えている。

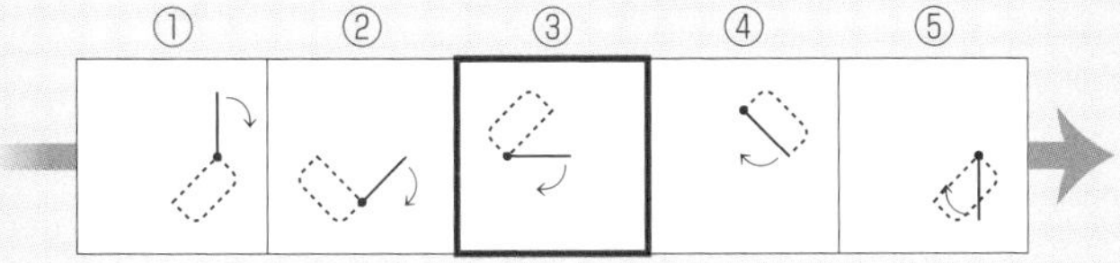

以上を合成すると正解はBとなる。→

問題

19

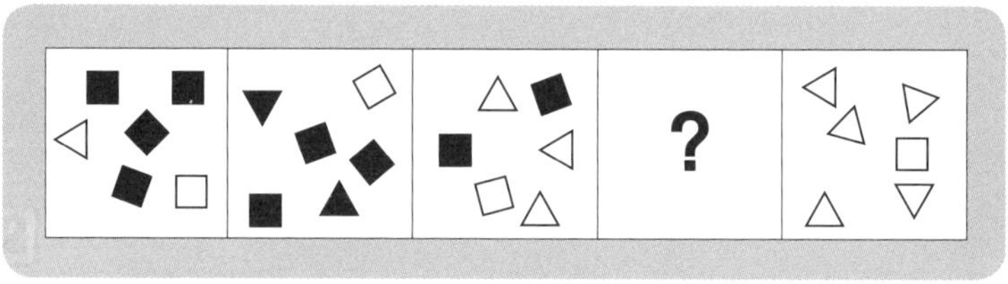

A　B　C　D　E

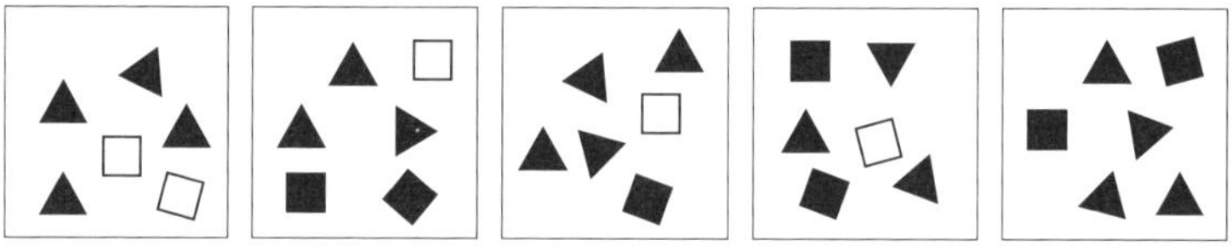

20

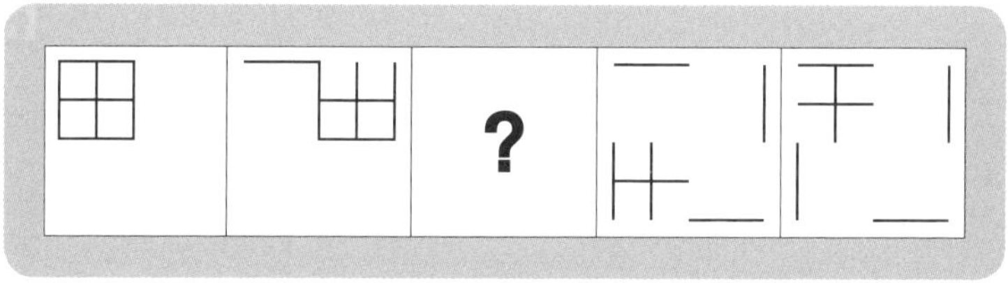

A　B　C　D　E

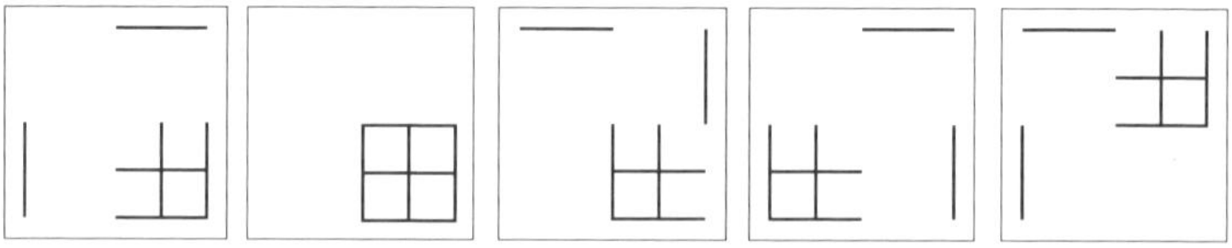

解答と解説

19 正解（C）

3つの法則がある。

法則1 □はすべて1つ。

法則2 ■は1つずつ減少している。

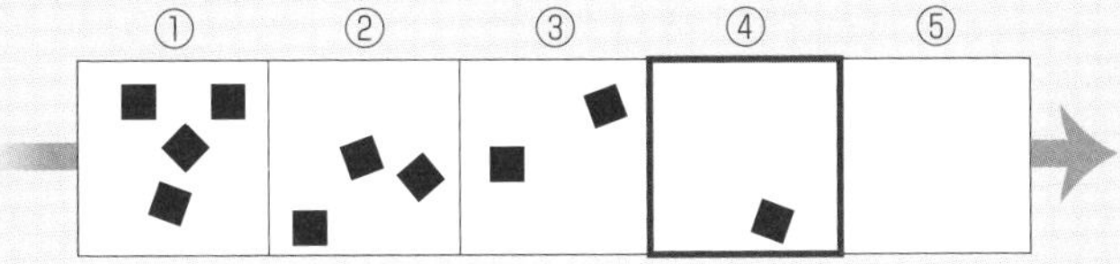

法則3 三角形は1つずつ増加し、交互に白黒反転している。

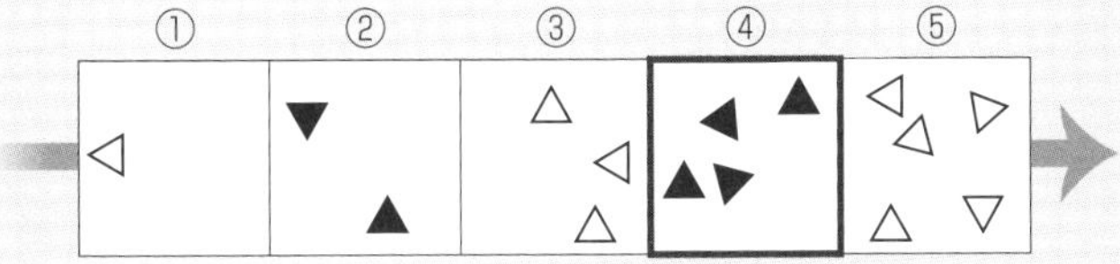

以上を合成すると正解はCとなる。→

20 正解（C）

2つの法則がある。

法則1 左上の直線は固定。

法則2

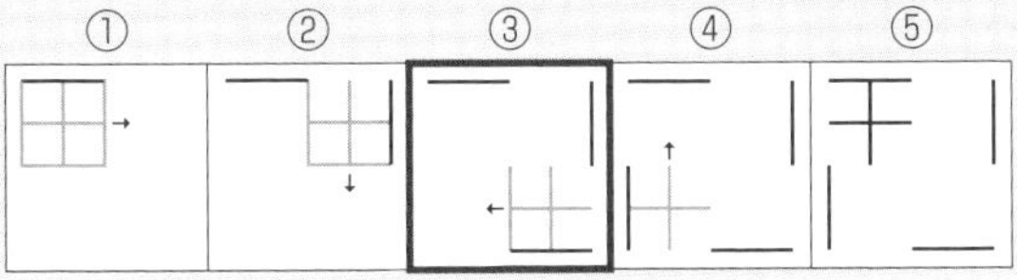

固定の直線を残してほかは時計回りに四隅を移動。次に右縦の直線を残してほかは移動（時計回りに上、右縦、下、左縦の順に残す）。⑤から考えると、反時計回りに、左縦、下、右縦の順で図形に直線を加えて移動。

以上を合成すると正解はCとなる。→

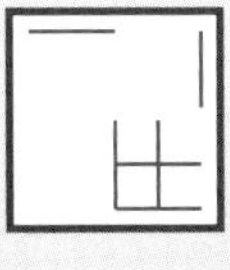

問題

21

A　B　C　D　E

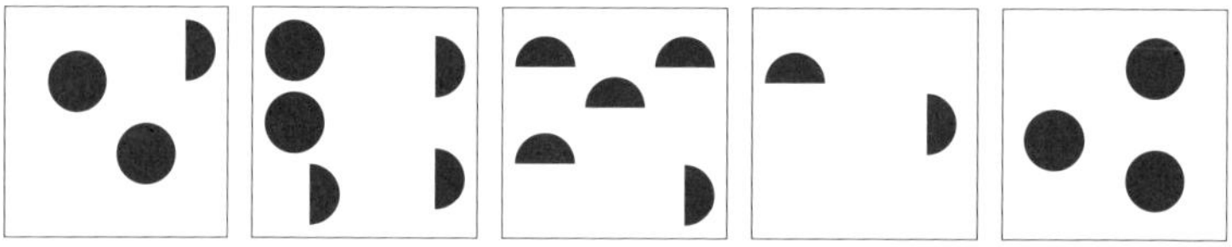

22

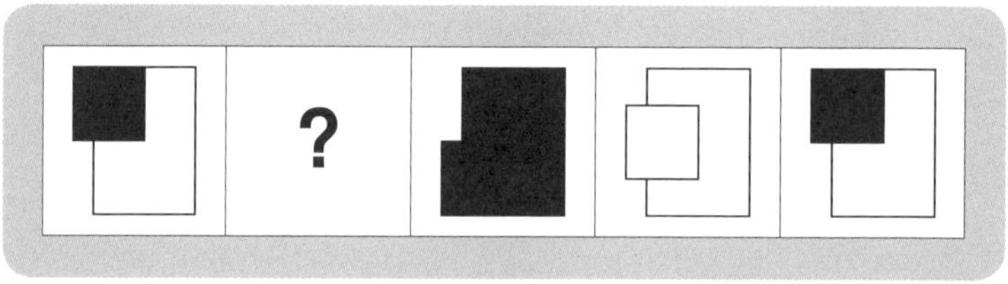

A　B　C　D　E

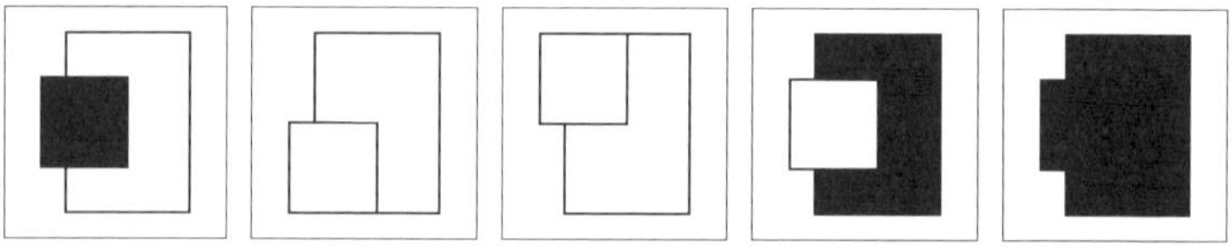

解答と解説

21 正解（E）

法則は1つ。

法則

円の面積を1、半円の面積を0.5とすると、合計の面積が0.5ずつ減少。

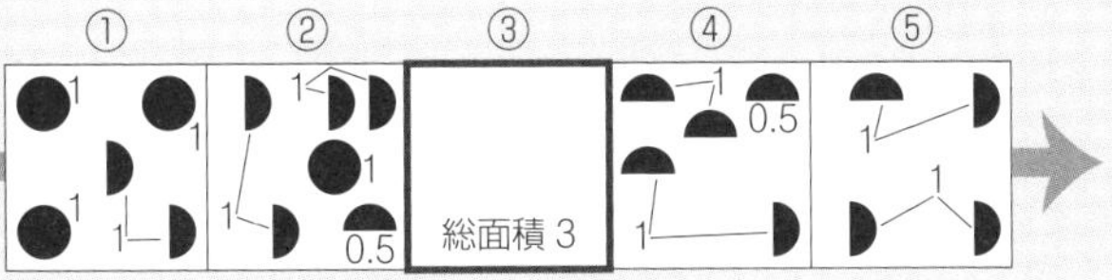

したがって、選択肢から合計の面積が3であるものを選ぶ。

よって、正解はEとなる。→ 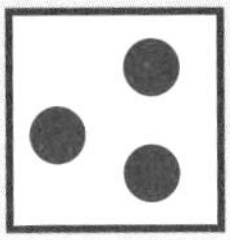

22 正解（D）

3つの法則がある。

法則1 小さい四角形が白黒反転。

法則2

小さい四角形は、上から下降し、一番下に到達すると上昇。

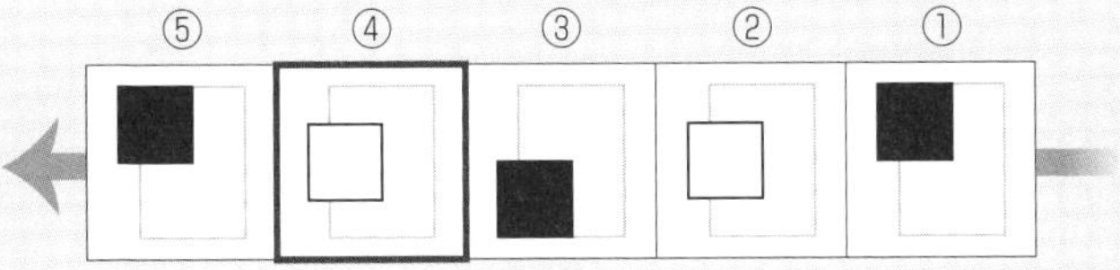

法則3

大きい四角形は、白2回、黒2回の繰り返し。

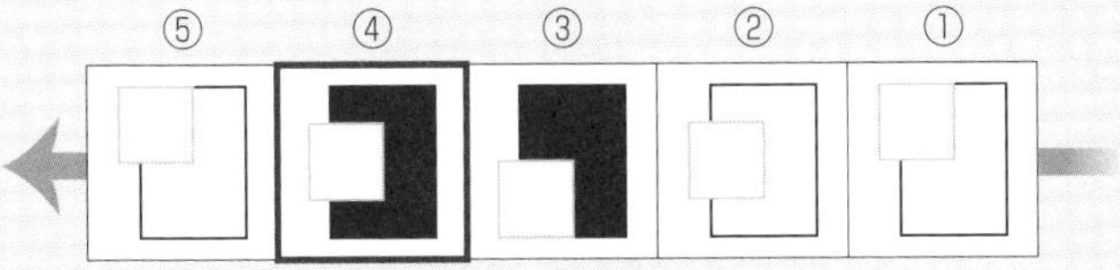

以上を合成すると正解はDとなる。→ 

問題

23

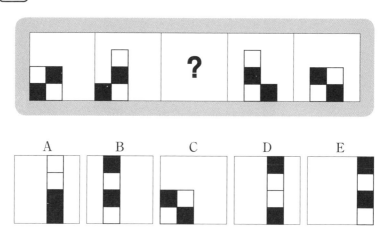

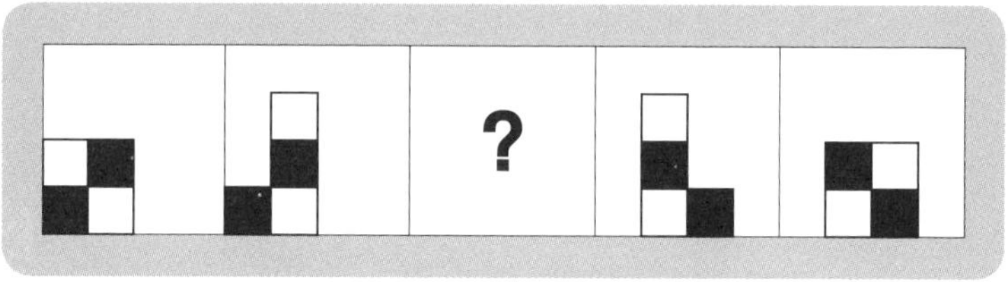

A

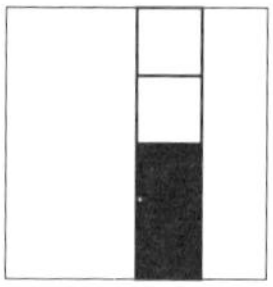

B

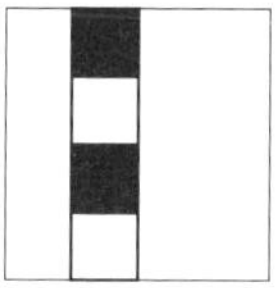

C

D

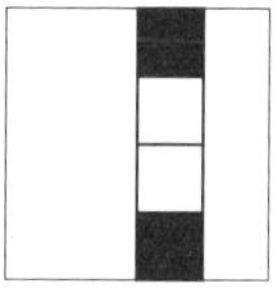

E

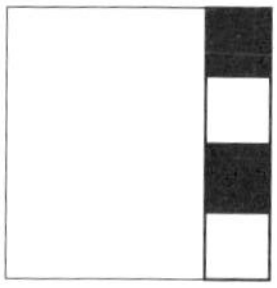

24

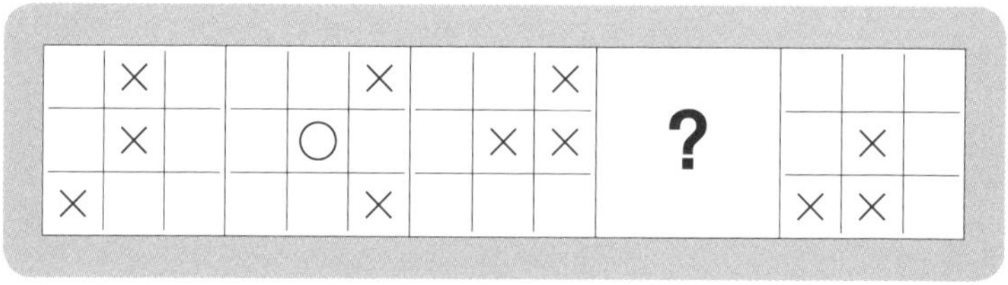

A

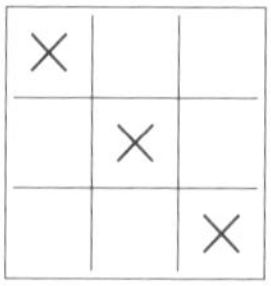

B

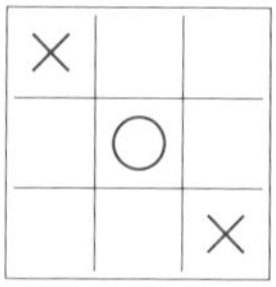

C

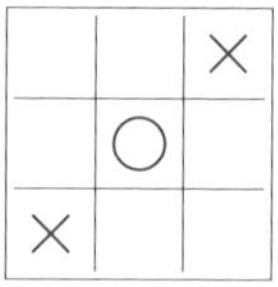

D

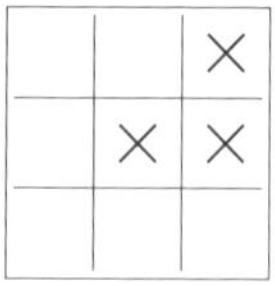

E

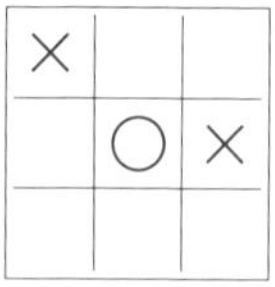

解答と解説

23　正解（B）

法則は1つ。

法則

①から左上のブロックを右のブロックに積み上げる。
③からは上のブロックを右に積み下ろす。

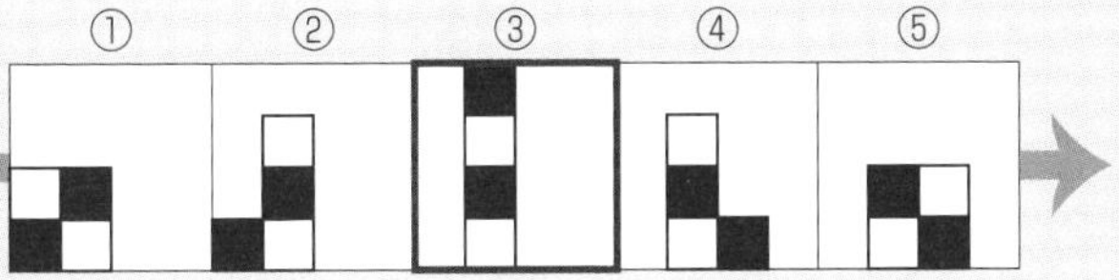

よって、正解はBとなる。→

24　正解（B）

3つの法則がある。

法則1

上段真ん中の×は時計回りに1つずつ移動。

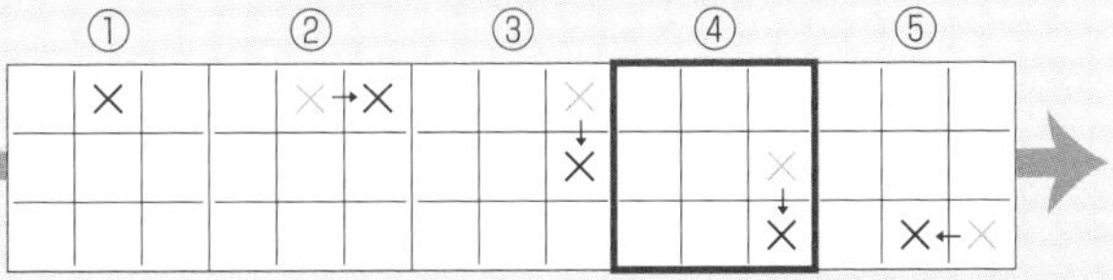

法則2

中段の×は○と交互に変化している。

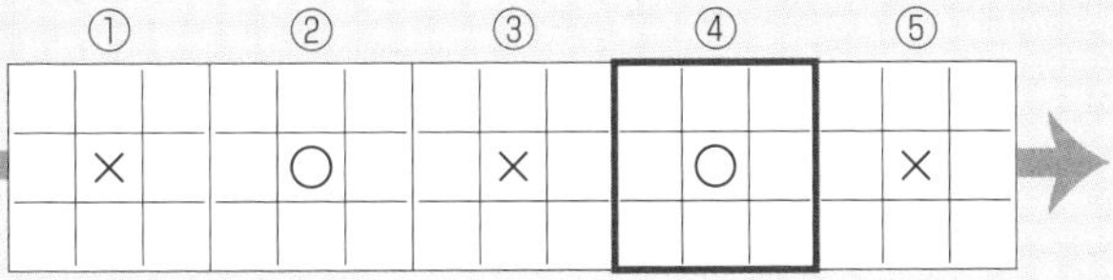

法則3

左下の×は四隅を反時計回りに移動。

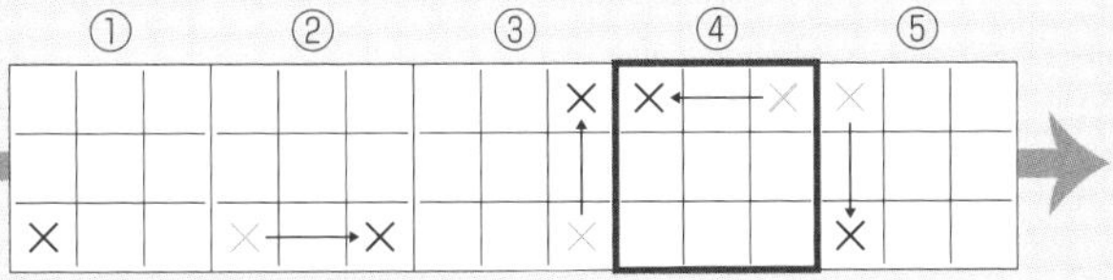

以上を合成すると正解はBとなる。→

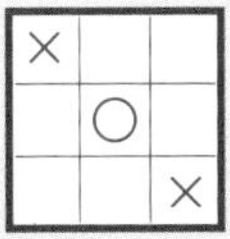

問題

25

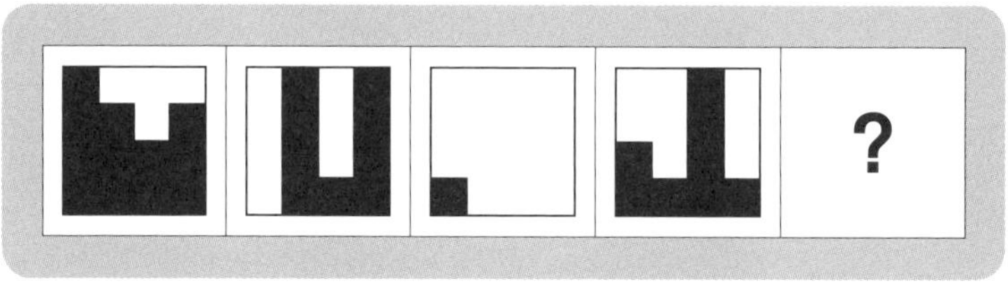

A　B　C　D　E

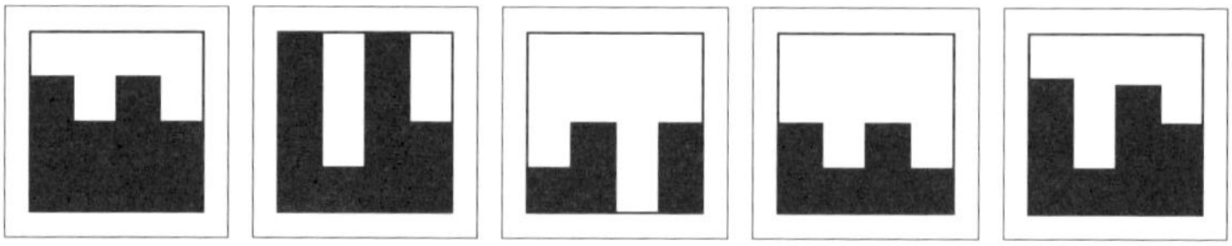

26

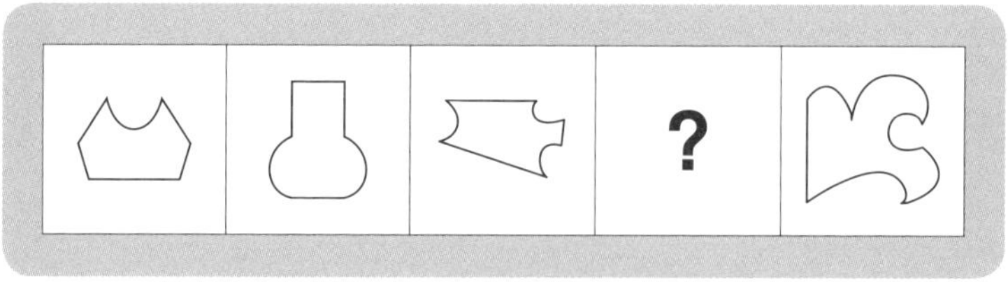

A　B　C　D　E

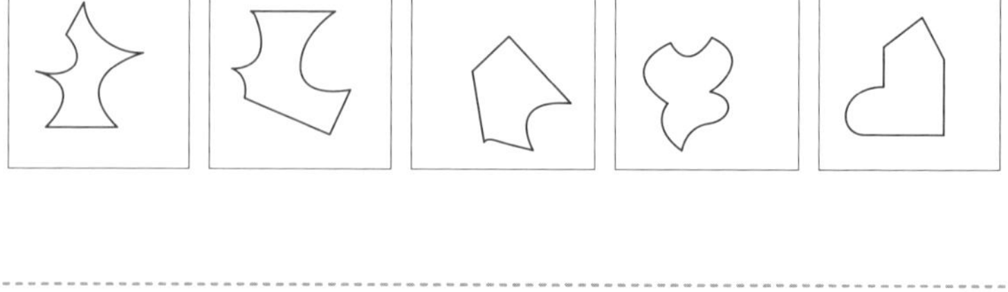

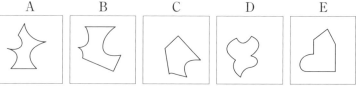

解答と解説

25 正解（A）

4つの法則がある。

法則1 1番左の列の四角は4段階の4、0、1、2、3と長さが変化。

法則2 左から2番目の列の四角は4段階の3、4、0、1、2と長さが変化。

法則3 左から3番目の列の四角は4段階の2、1、0、4、3と長さが変化。

法則4 左から4番目の列の四角は4段階の3、4、0、1、2と長さが変化。

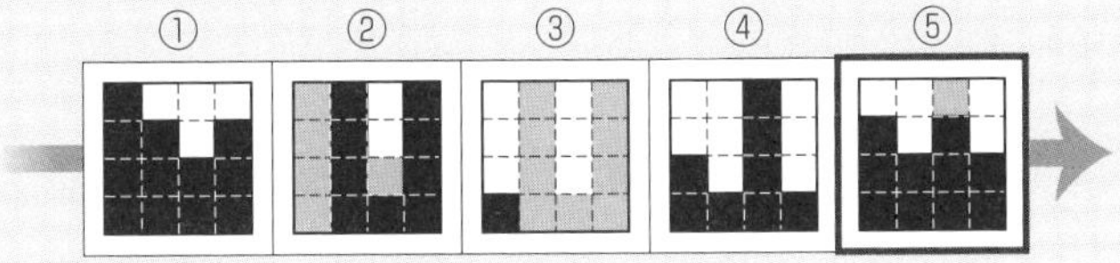

以上を合成すると正解はAとなる。→

26 正解（A）

2つの法則がある。

法則1

①から⑤に向かって、直線の数が減少している。

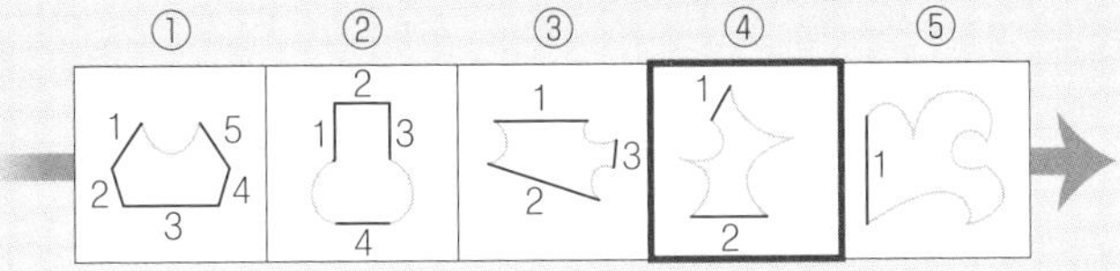

法則2

①から⑤に向かって、曲線の数が増加している。

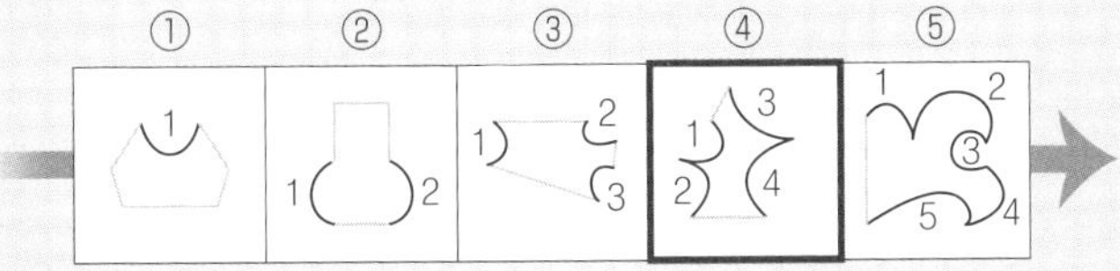

以上を合成すると正解はAとなる。→

問題

27

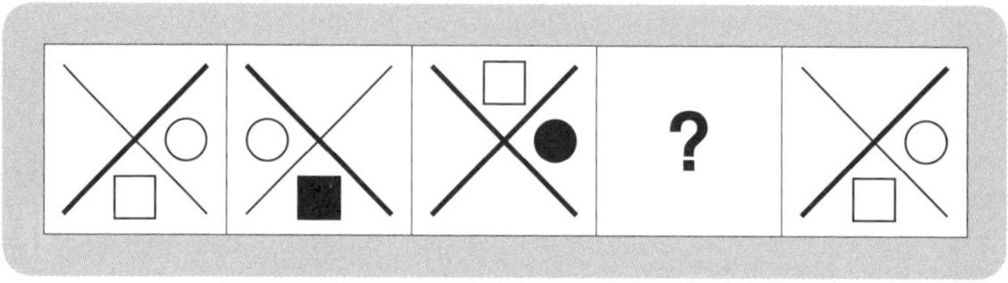

A　B　C　D　E

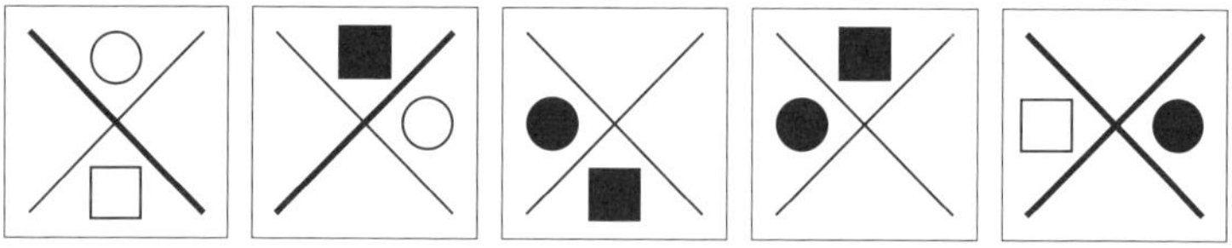

28

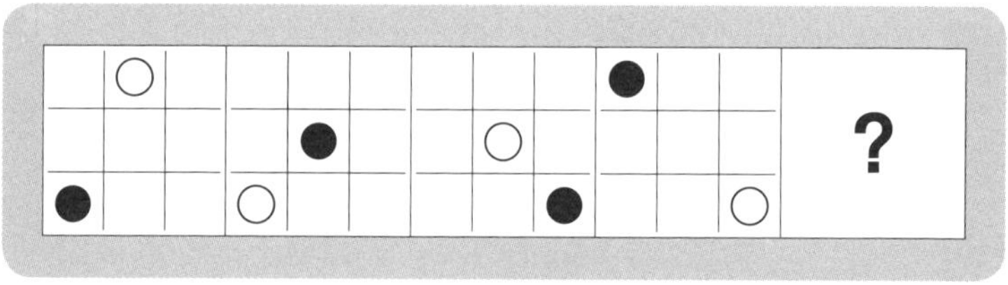

A　B　C　D　E

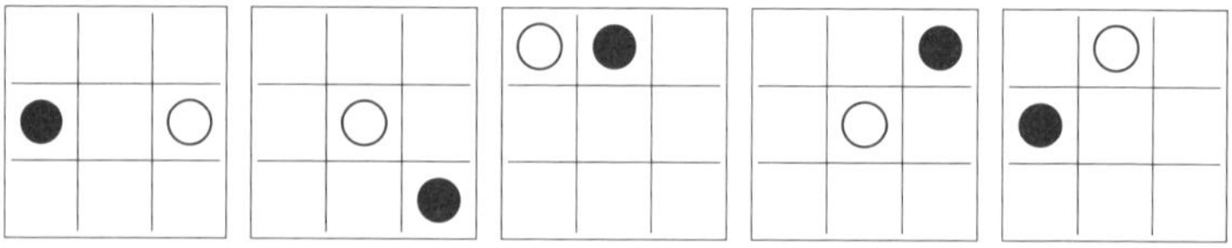

解答と解説

27 正解（D） 4つの法則がある。

法則1 左上から右下への直線が、細いものから始まり、太、太、細、細と2回ずつ交互に太さが変わる。

法則2 右上から左下への直線が、太、細、太、細と交互に太さが変わる。

法則3
円が右、左、右と交互移動し、色が白、白、黒、黒と2回ずつ交互になっている。

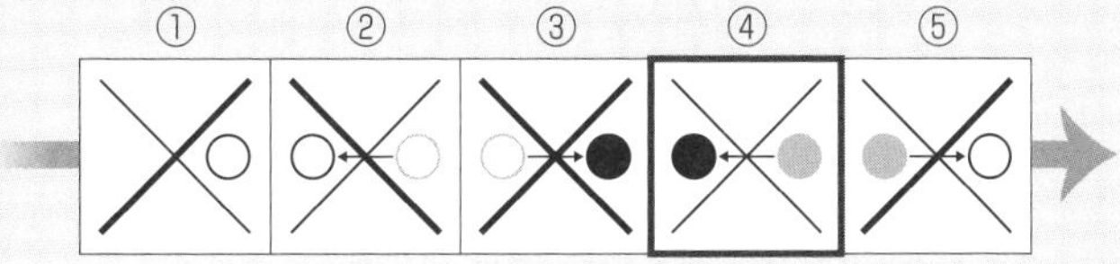

法則4
四角が下、下、上、上と2回ずつ交互移動し、色が白、黒、白と交互になっている。

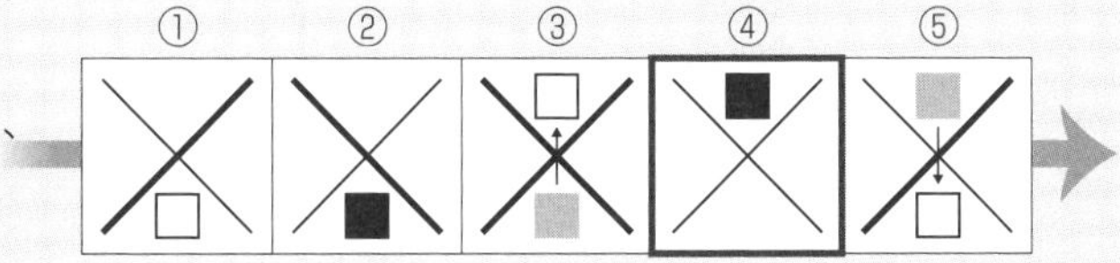

以上を合成すると正解はDとなる。→

28 正解（C） 法則は1つ。

法則
黒丸の場所に白丸が移動。

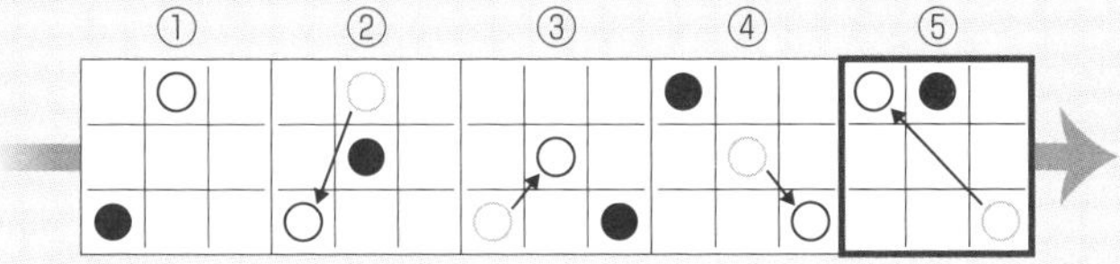

よって、正解はCとなる。→

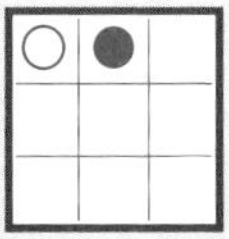

問題

29

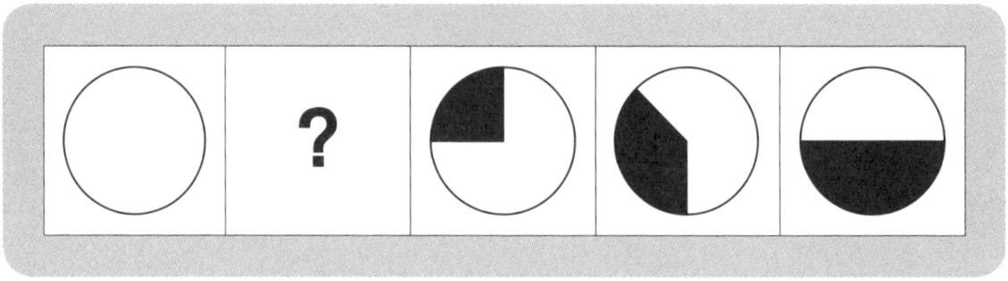

A　B　C　D　E

30

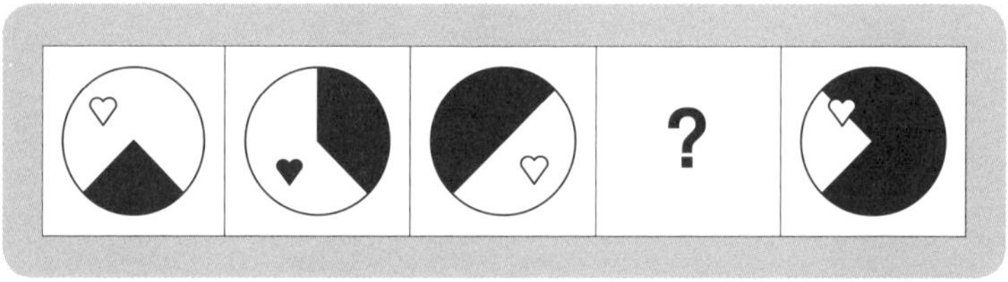

A　B　C　D　E

解答と解説

29　正解（D）

2つの法則がある。

法則1

中心から右の線は時計回りに90度ずつ移動、通過した部分を白くする。

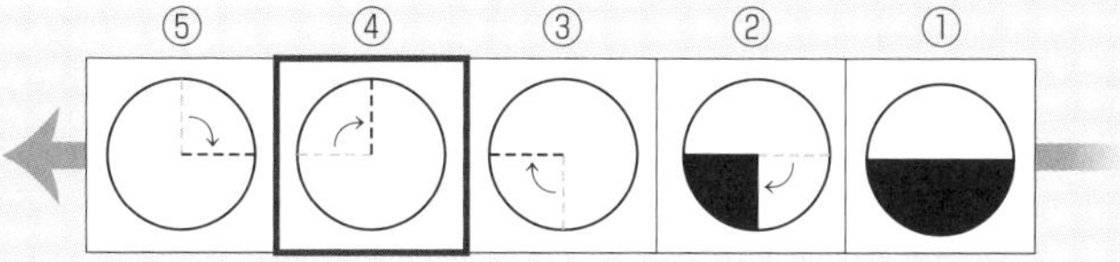

法則2

中心から左の線は時計回りに45度ずつ移動、通過した部分を黒くする。

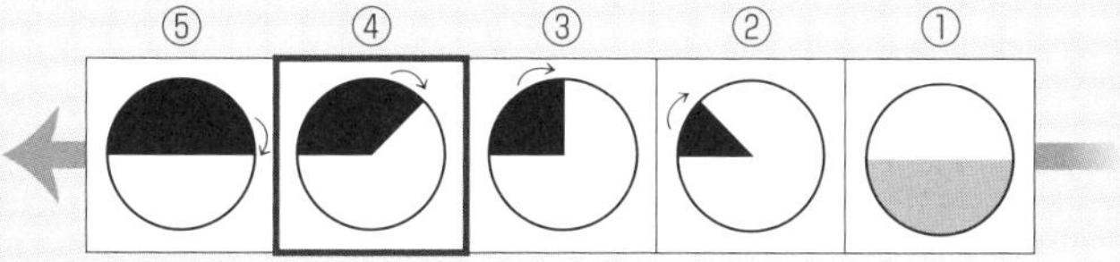

以上を合成すると正解はDとなる。→

30　正解（C）

2つの法則がある。

法則1

ハートは円の中を反時計回りに90度ずつ回り、色が白、黒と交互になっている。

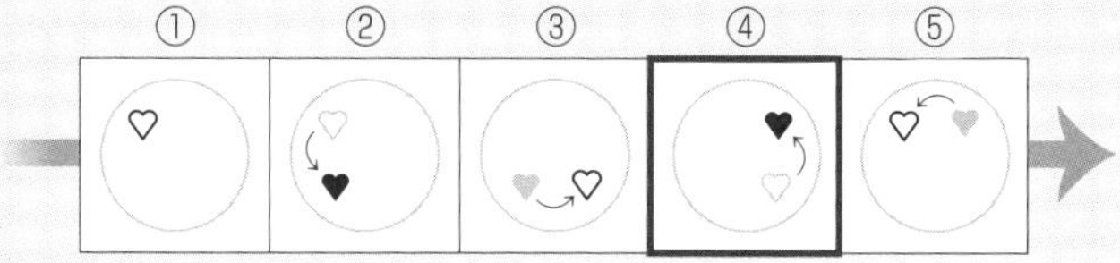

法則2

扇形は反時計回りに90度ずつ移動しながら、45度分ずつ黒が増加。

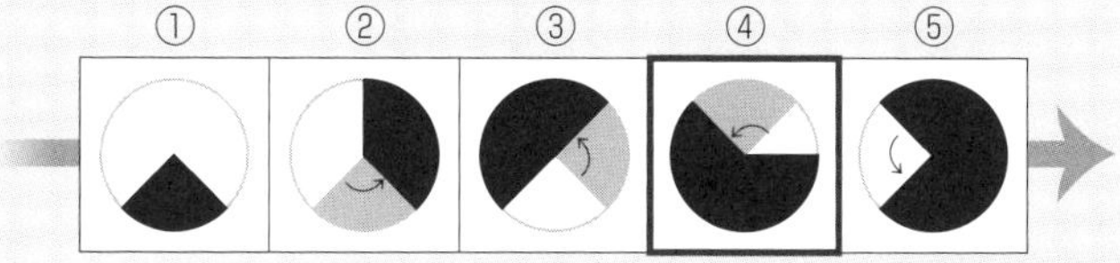

以上を合成すると正解はCとなる。→

問題

31

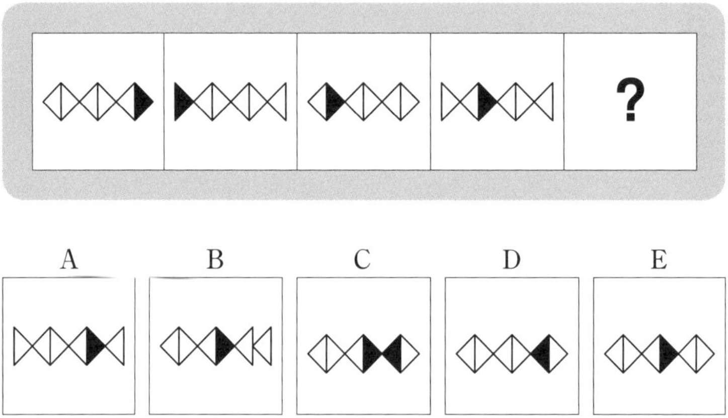

32

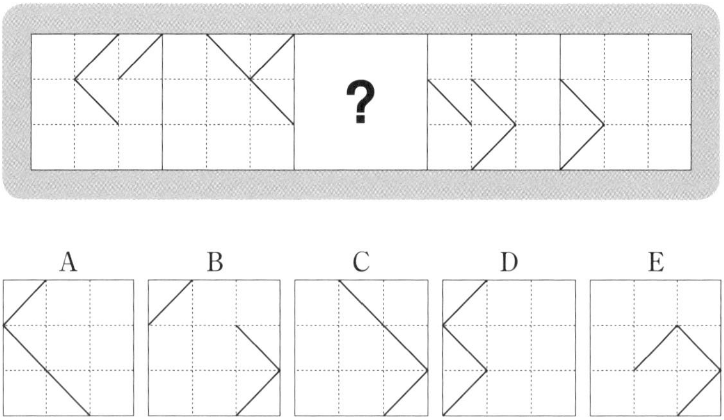

解答と解説

31 正解（E）

法則は1つ。

法則

右端の三角形が左端に移動、その分、全体が右に移動。

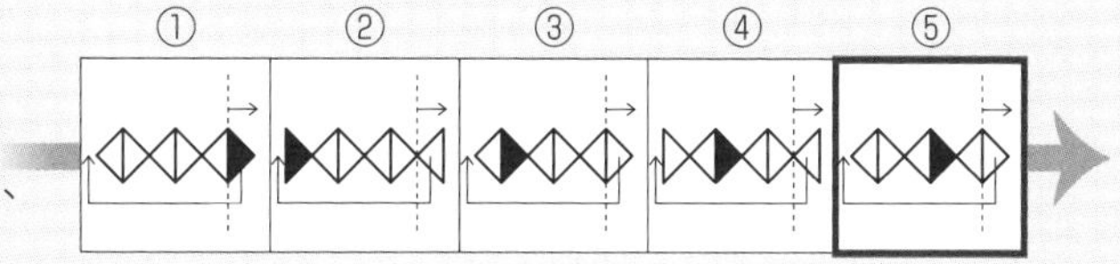

よって、正解はEとなる。→

32 正解（B）

3つの法則がある。

法則1 直線アは反時計回りに1マスずつ移動。

法則2

直線アは右上がりと右下がりに交互に変化している。

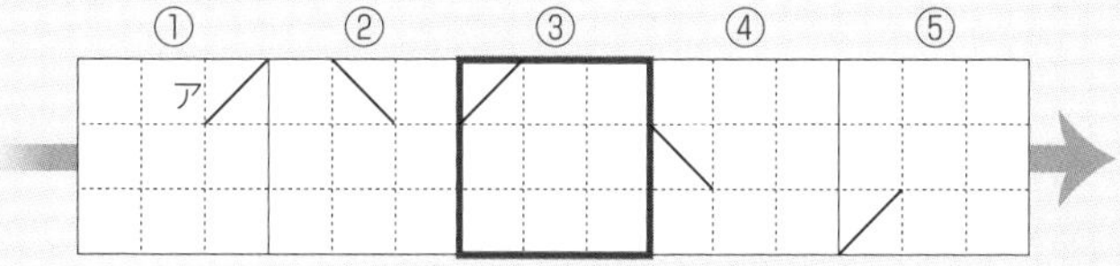

法則3

くの字の図形は時計回りに1マスずつ移動し、下段に移動するときに左右反転する。

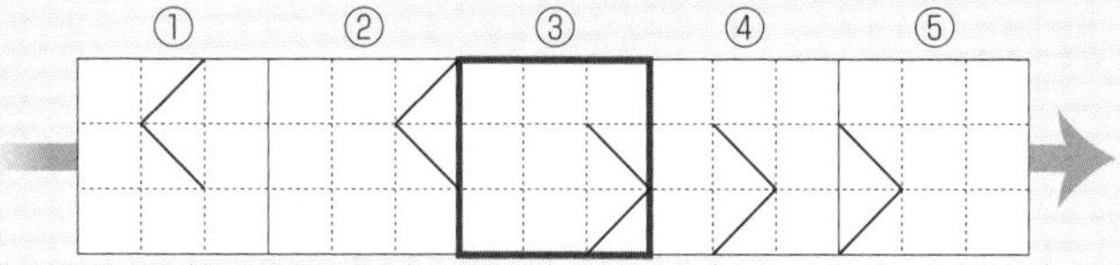

以上を合成すると正解はBとなる。→

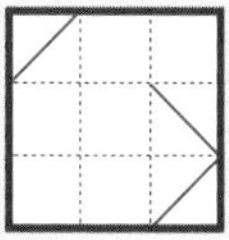

問題

33

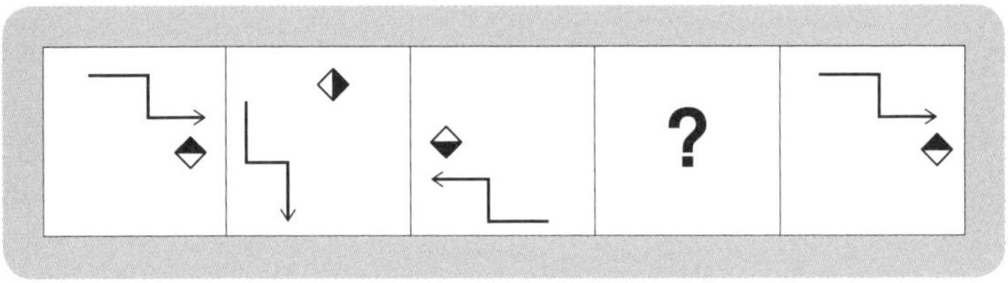

A B C D E

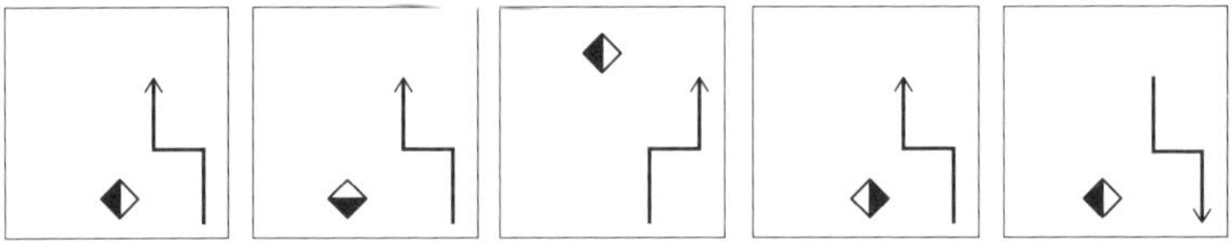

34

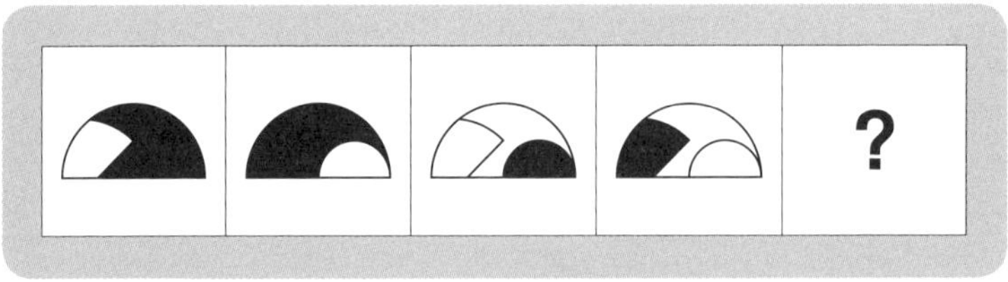

A B C D E

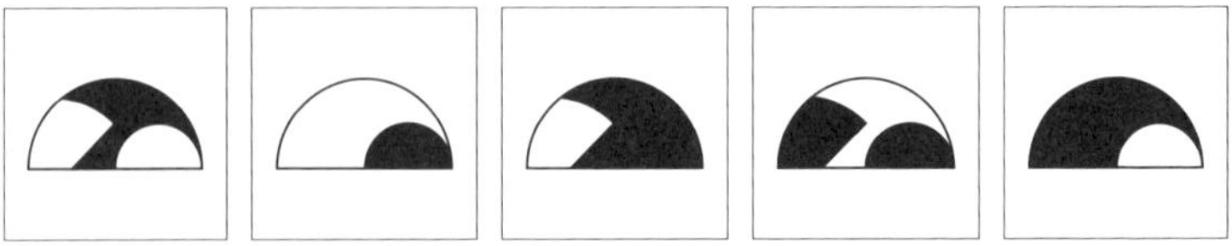

解答と解説

33 正解（A）

3つの法則がある。

法則1 四角形は時計回りに回転しながら反時計回りに移動している。

法則2

矢印は1つおきに上下の交互移動と左右の交互移動を繰り返す。

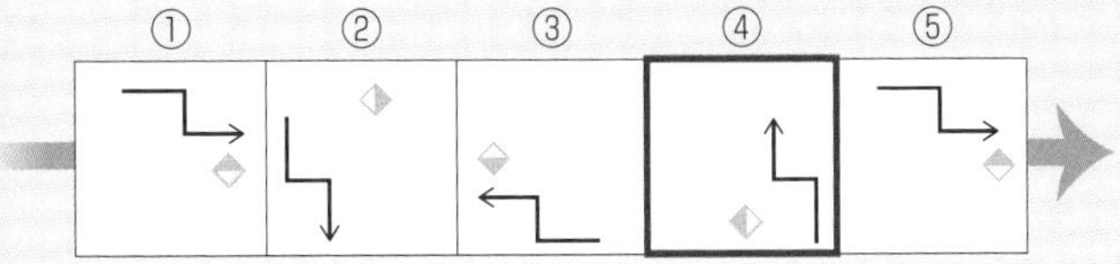

法則3 矢印は外から中に折れる形で、上下にあるとき四角形に向かう向き、左右にあるとき四角形から遠ざかる向きになる。

以上を合成すると正解はAとなる。→

34 正解（C）

3つの法則がある。

法則1

右側の半円は黒、白が交互になる。

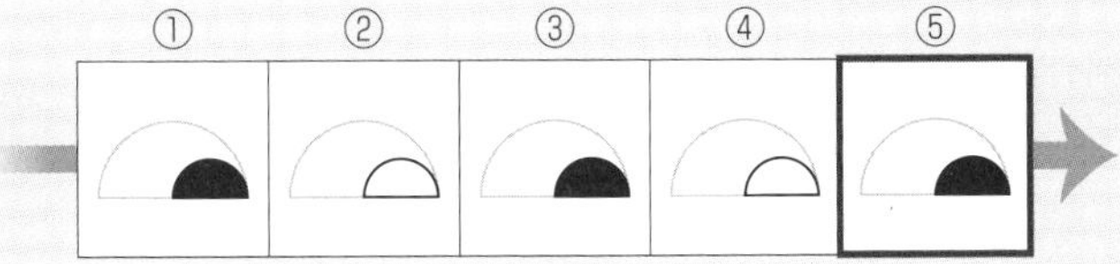

法則2

左側の図形は白、黒が交互になる。

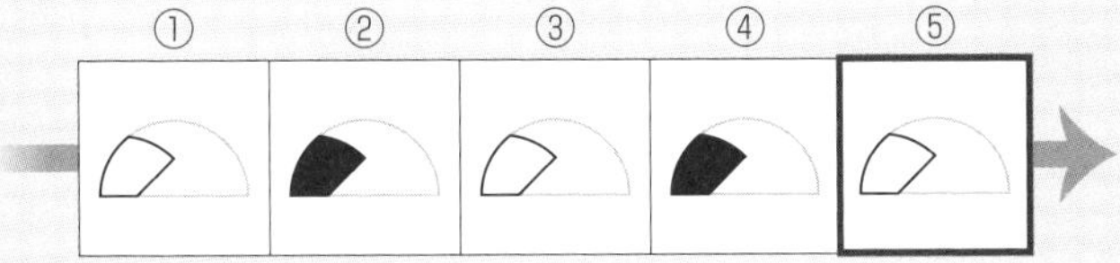

法則3

右側の半円と左側の図形を除いた図形は黒、黒、白、白の順に変化する。

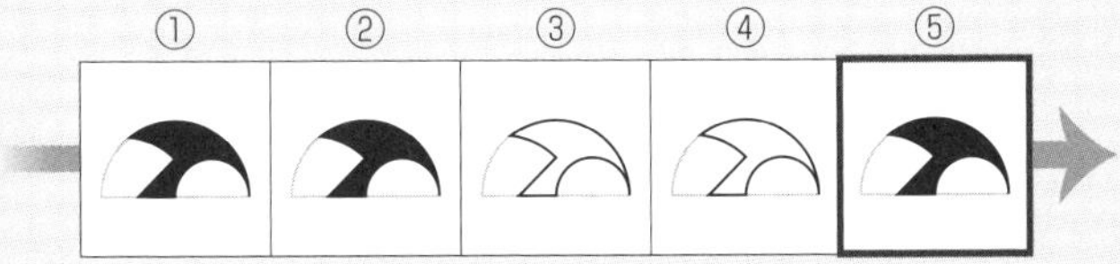

以上を合成すると正解はCとなる。→

問題

35

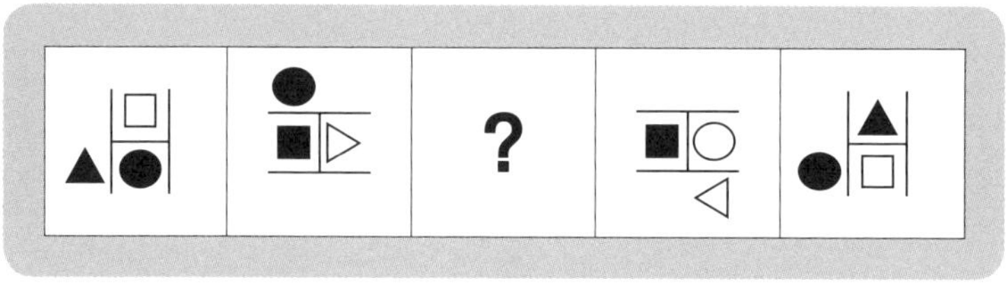

A　B　C　D　E

36

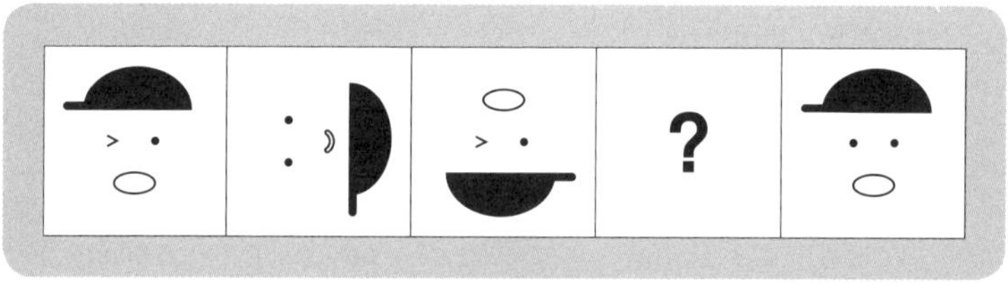

A　B　C　D　E

解答と解説

35 正解（E）

3つの法則がある。

法則1

Hの形をした図形は90度ずつ回転している。

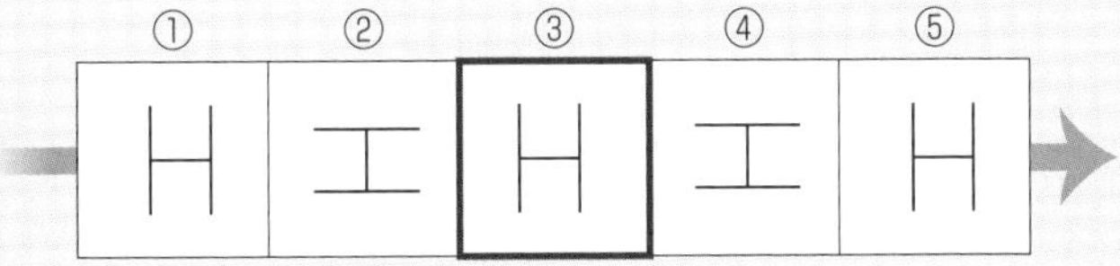

法則2

三角形、四角形、丸は3つの位置を移動し、三角形は時計回りに90度ずつ回転している。

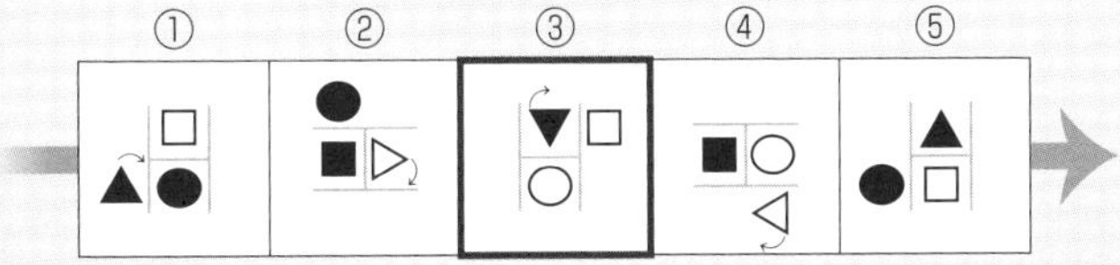

法則3 三角形と四角形は1回ずつ、丸は2回ずつ白黒反転している。

以上を合成すると正解はEとなる。→

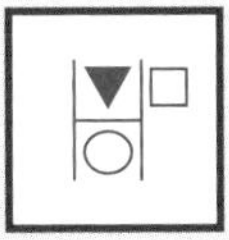

36 正解（B）

3つの法則がある。

法則1

帽子の位置が時計回りに90度ずつ移動、ひさしの向きは左右交互に。

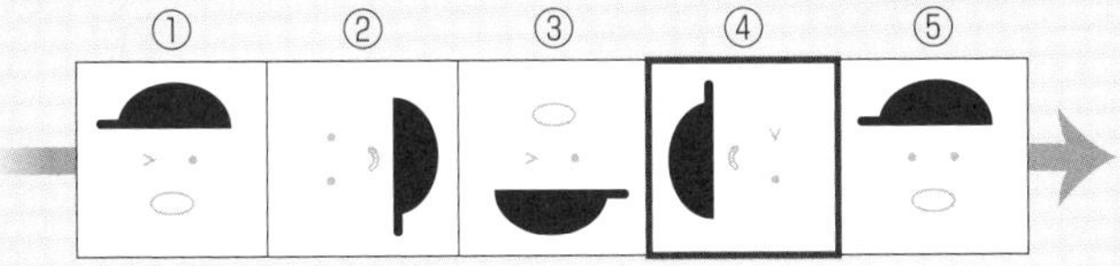

法則2

顔は反時計回りに90度ずつ回転し、口形が交互に変化。

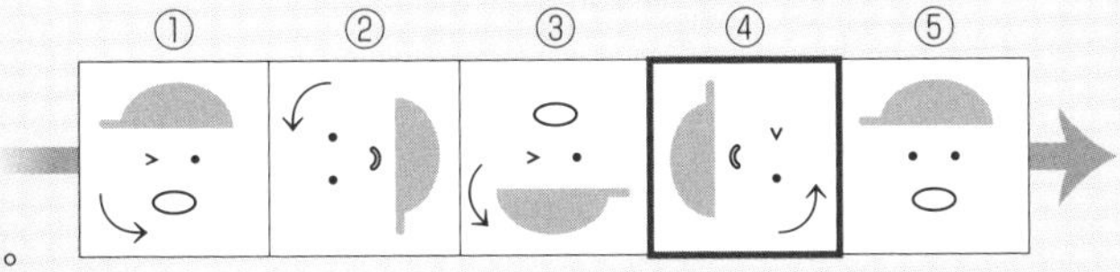

法則3 開いている目は左目、両目、右目、左目、両目の順になっている。

以上を合成すると正解はBとなる。→

問題

37

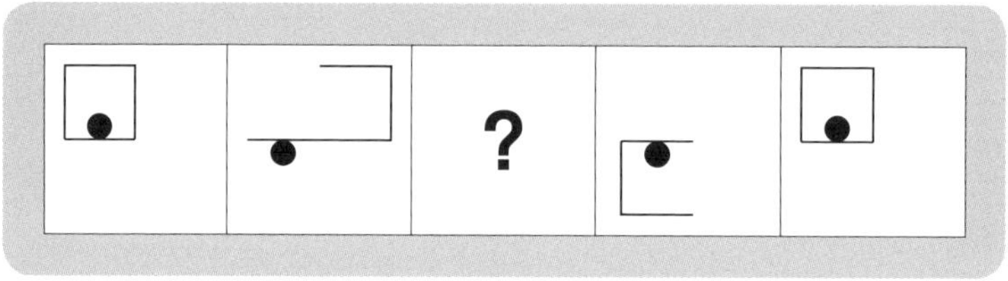

A B C D E

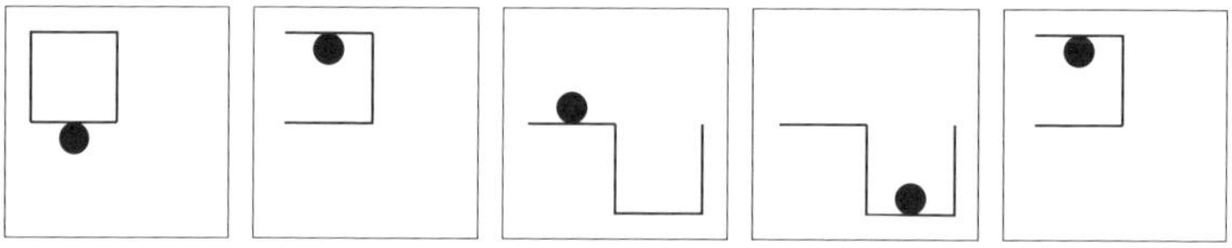

38

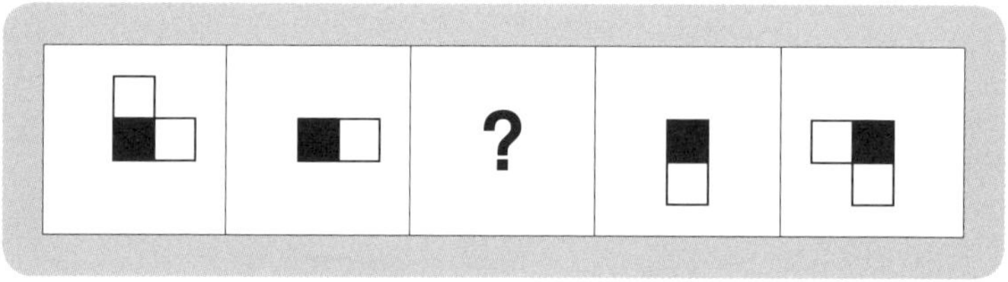

A B C D E

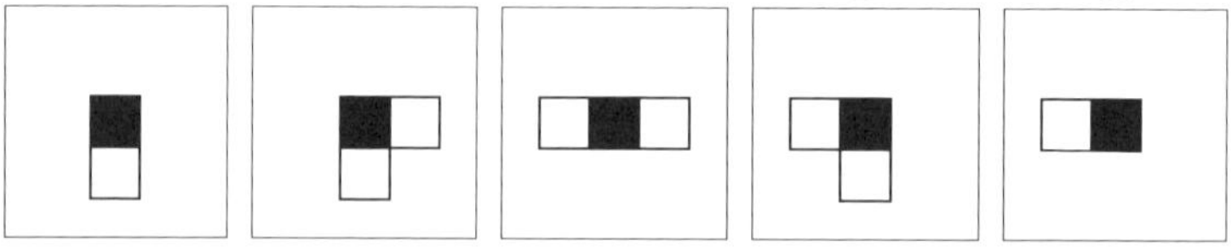

解答と解説

37 正解（C）

3つの法則がある。

法則1

円に接する直線は固定されている。

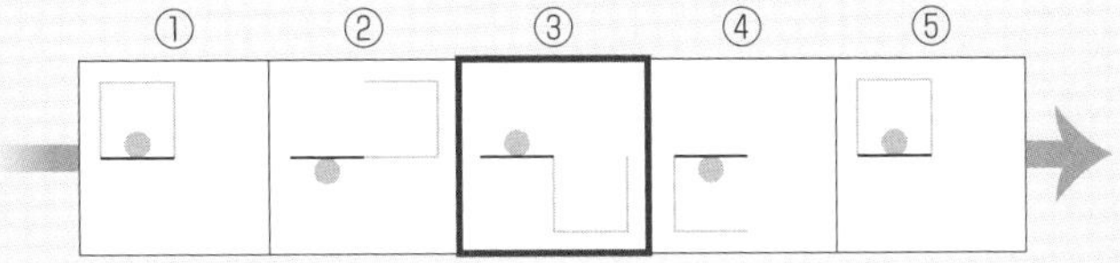

法則2

コの字型の図形が時計回りに90度ずつ回転。

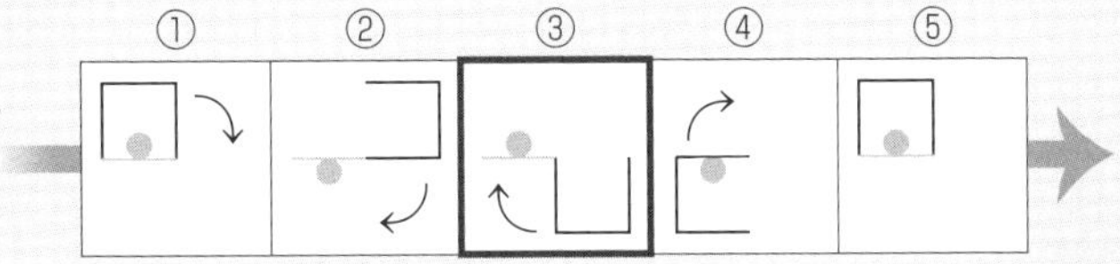

法則3

円が固定された直線の上下に交互移動。

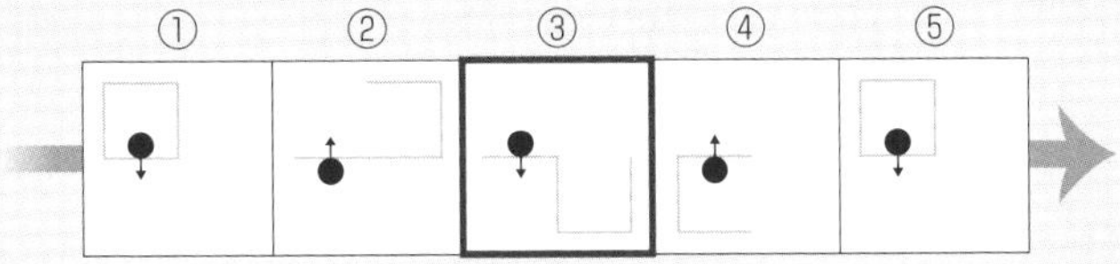

以上を合成すると正解はCとなる。→

38 正解（B）

2つの法則がある。

法則1

上の正方形が1回おきに時計回りに90度移動。

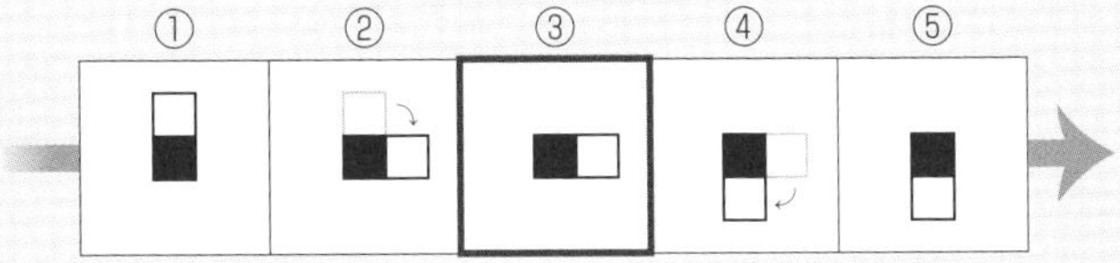

法則2

下の正方形が1回おきに時計回りに90度移動。

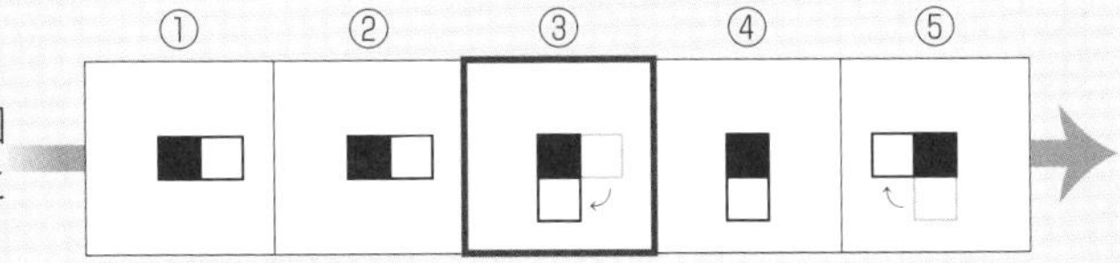

以上を合成すると正解はBとなる。→

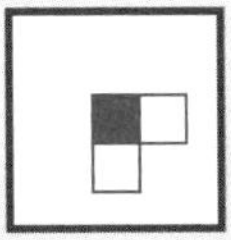

問題

39

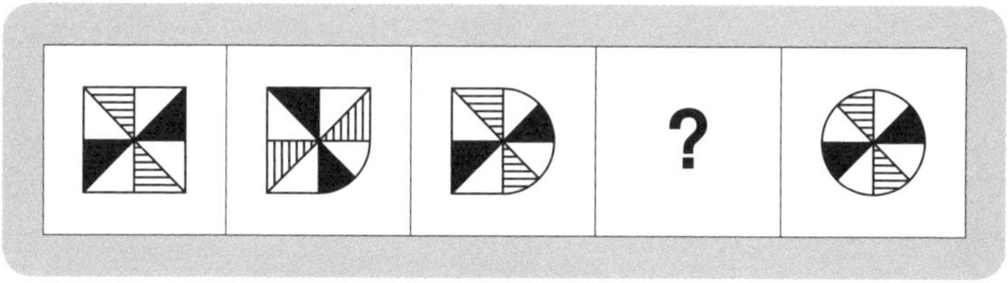

A　B　C　D　E

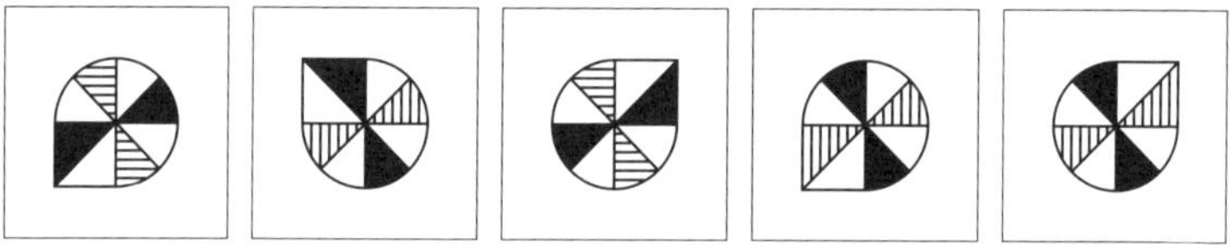

40

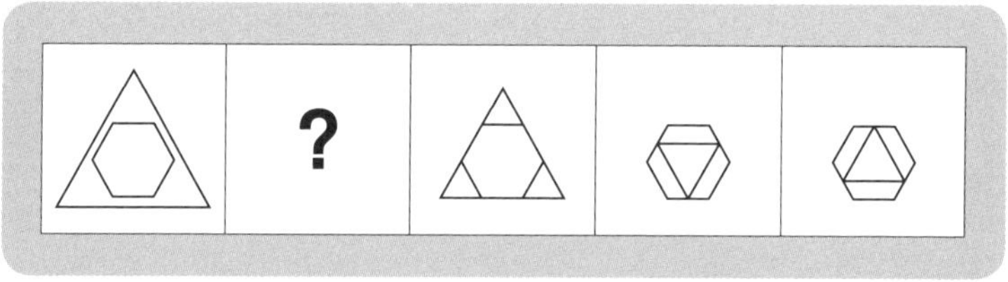

A　B　C　D　E

解答と解説

39　正解（D）

2つの法則がある。

法則1

正方形は90度ずつ回転している。

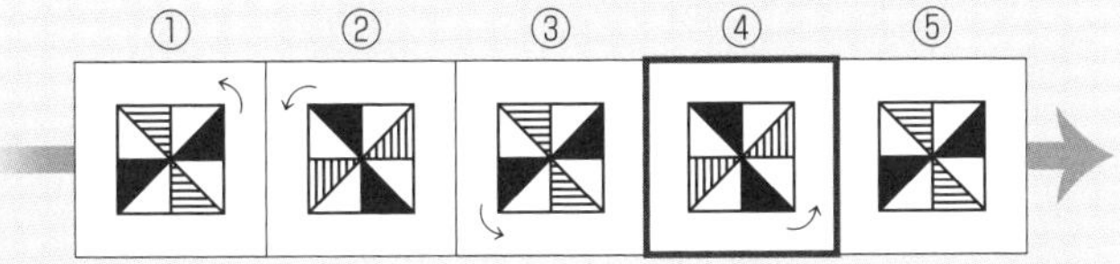

法則2

右下から、反時計回りに四角の角が丸くなる。

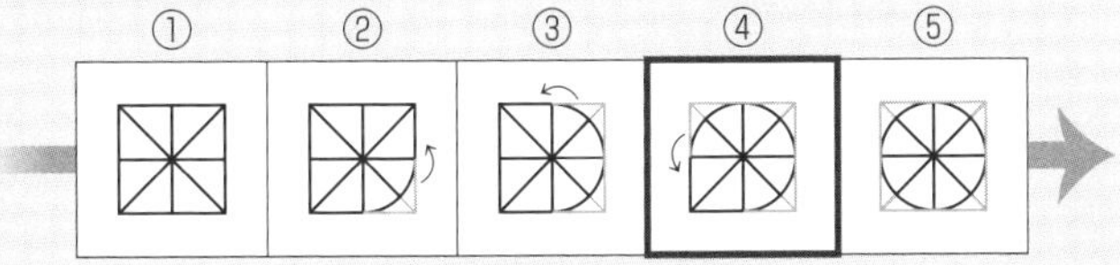

以上を合成すると正解はDとなる。→

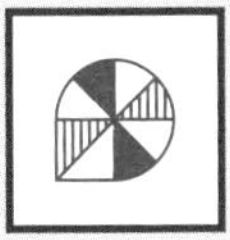

40　正解（E）

3つの法則がある。

法則1

正六角形は固定されている。

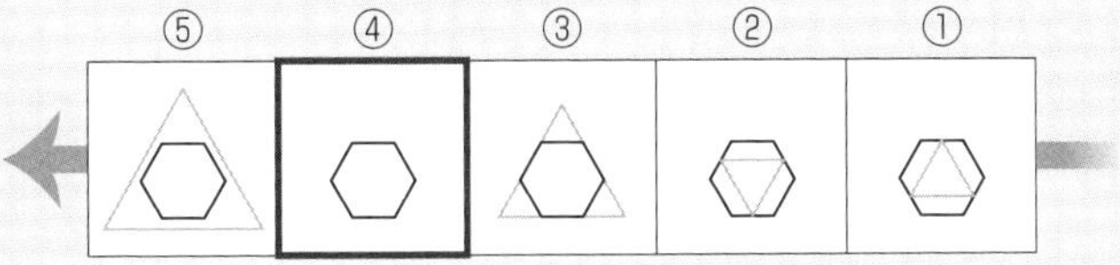

法則2

正三角形は60度ずつ回転。

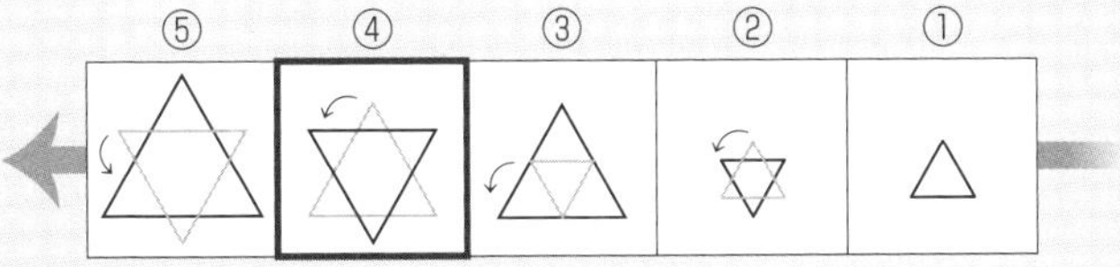

法則3　正三角形は120度回転するごとに拡大。

以上を合成すると正解はEとなる。→

CAB命令表

38問
制限時間14分

命令表は、CABのPART3として出題される。図形を変化させる命令を実行し、変化後の図形を推測する。実際には50問が制限時間20分で出題され、解答は他と同様の5択方式。まずは命令の種類を覚え、1問ごとに確認せずに解けるようにしよう。

出題パターン分析

縦に並ぶ**図形の数は2～4**、**命令の種類は2～5**と幅があるが、実際の問題の**9割**は、図形の数が4つである。命令の種類は**図形の数と同じもの**、図形の数に並べ替え命令を足した**図形の数＋1というもの**が旧バージョンでは半々だったが、新バージョンでは後者が**8割以上**を占めている。

攻略テクニック▶図形の変化を必ずメモする

図形の上下反転、左右反転を頭の中で行うと、どうしてもミスしがち。めんどうがらずにメモする習慣をつけよう。個々の図形の変化だけでなく、**並べ替えや図形を消した結果なども必ずメモ**して、図形の変化の順を追えるようにしておくこと。ただし、メモに時間をとられるのでは本末転倒。わかりやすく、かつ時間のかからない略図を工夫しよう。たとえば、六角形は「6」を丸で囲む、のような黒い部分のある図は▶だけですますなど、方法はいろいろある。

単純計算すれば**1問あたり24秒**で解くことになるが、図形の数が増えれば当然手間どる。簡単な問題は、瞬時に正解が出せるように練習を積んでおきたい。

●**WebCAB　36問を15分**で解答する。図形の形が複雑なものが多い。問題ごとに命令記号の一覧が入っているので、**記号の暗記は不要**。

問題例

各問題は縦に並べられた1つ以上の図形からなっています。上から順に命令を実行し、すべての命令を実行した結果得られる図形群を1つ選びなさい。
なお、各命令の意味は巻末の命令表を参照してください。

1

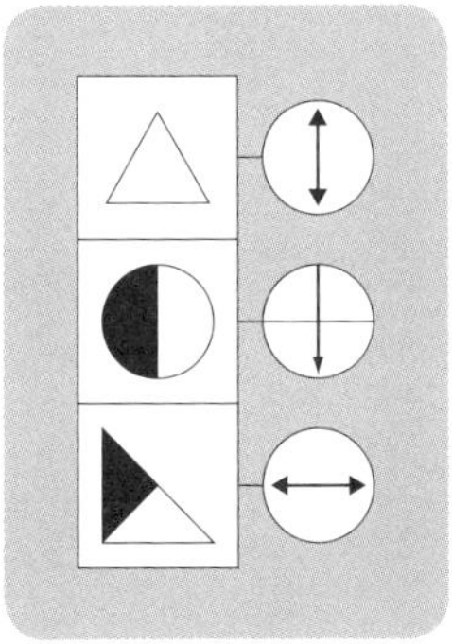

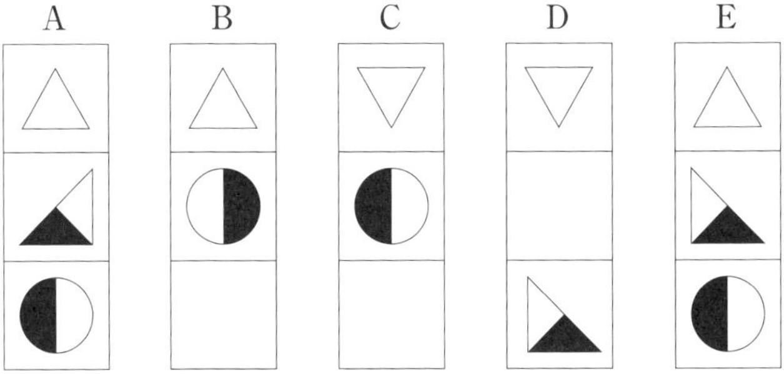

正解　1→C

問題例の設問にしたがい、次ページからの問題を解いてください

問題

1

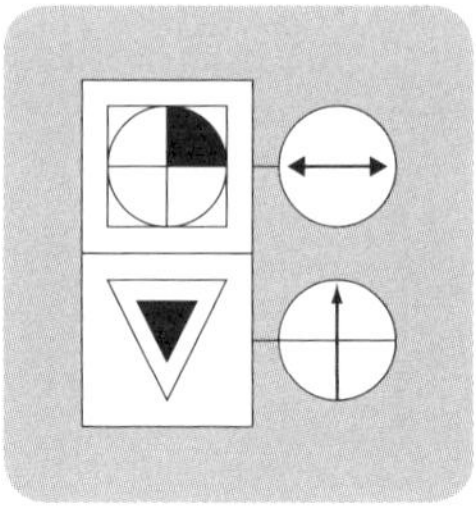

A　B　C　D　E

2

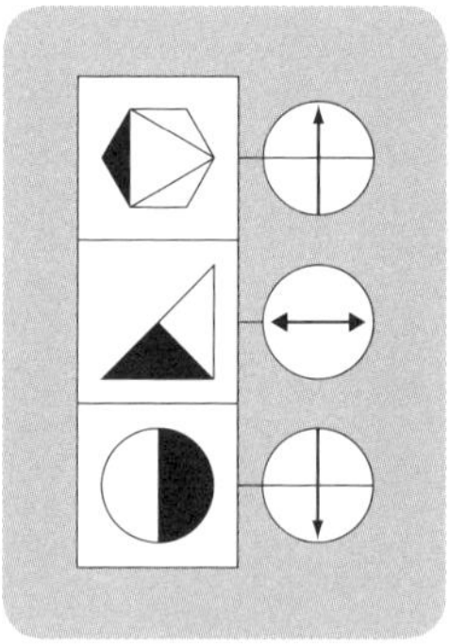

A　B　C　D　E

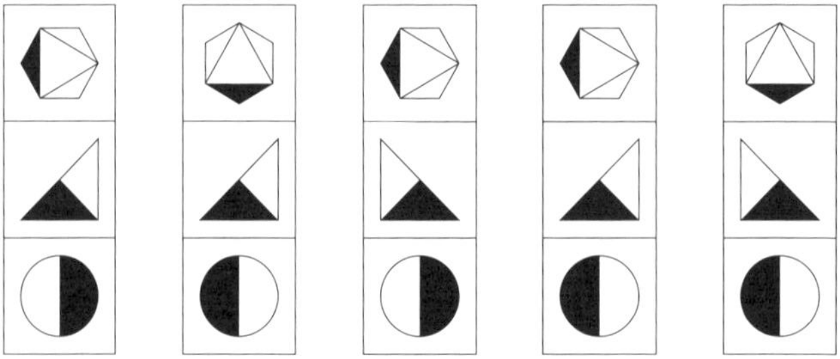

解答と解説

1 正解(D)

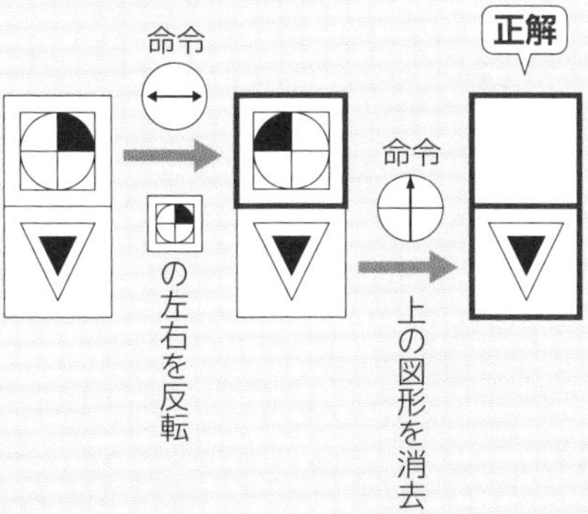

2 正解(C)

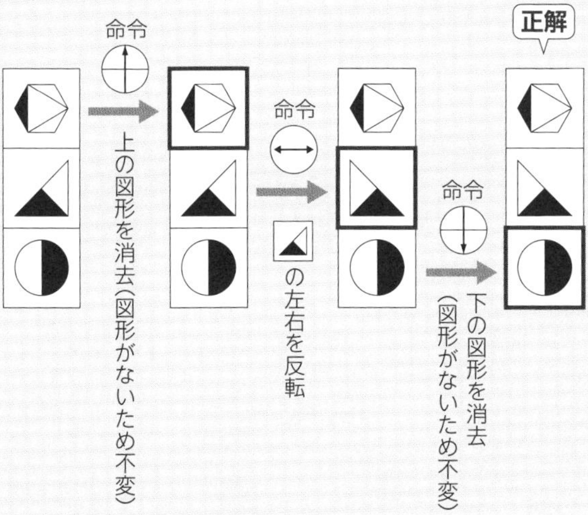

ここがポイント 図形数が少ない問題で時間をかせぐには、つまらないミスをしないように注意すること。選択肢を見誤るのは命とりだ。

問題

3

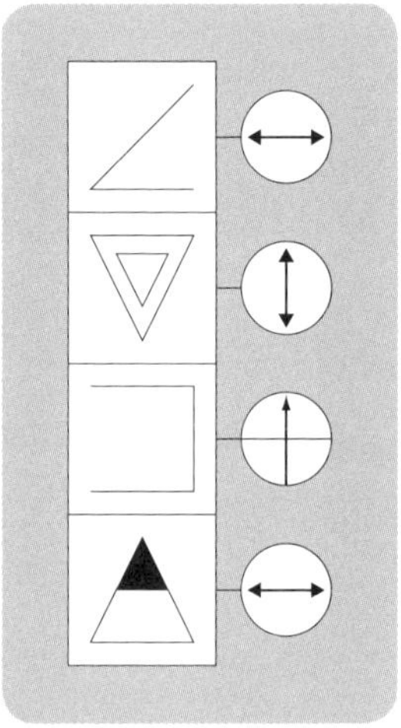

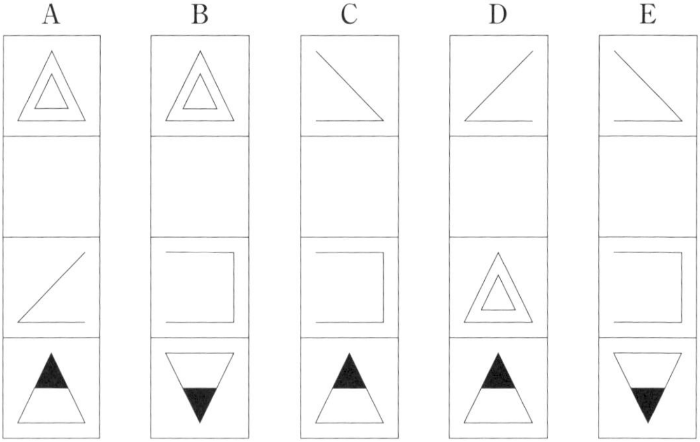

解答と解説

3 正解（C）

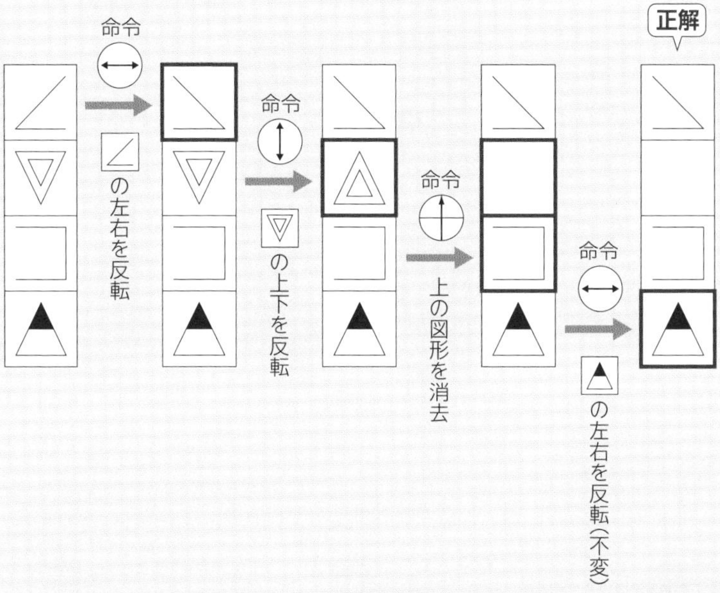

この問題には、取り消し命令がないので、1つずつ命令を実行していく。

消去命令（上の図形を消去）により、2番目の図形が消える。

なお、4番目の命令（左右を反転させる）を左右対称な図形に対して実行しても、図形の形は変わらないと覚えておくこと。

攻略のコツ 命令が4つに増えた場合でも、ここまでと同じく一つひとつの命令を慎重に実行する。本試験では、命令が4つの設問や4つの命令のあとに並べ替え命令がつく設問（全部で命令が5つになる）が主であるため、形式に慣れるように練習を重ねること。

問題

4

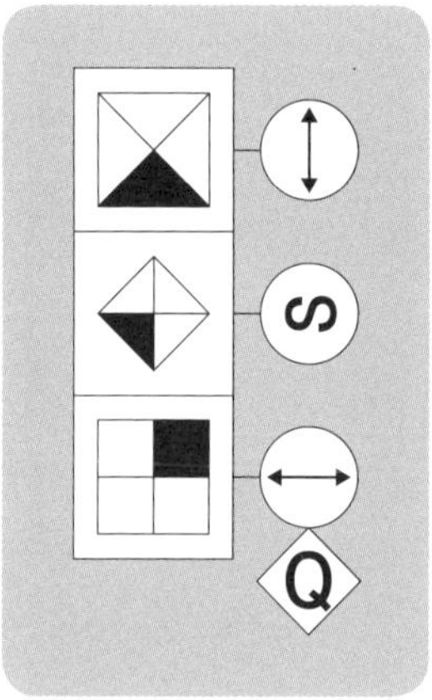

A　B　C　D　E

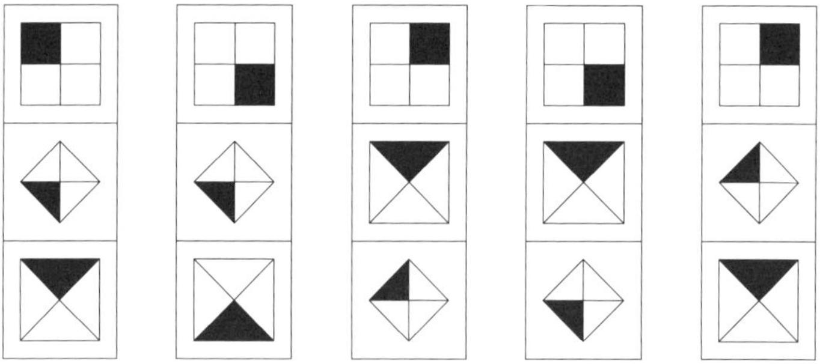

解答と解説

4 正解（A）

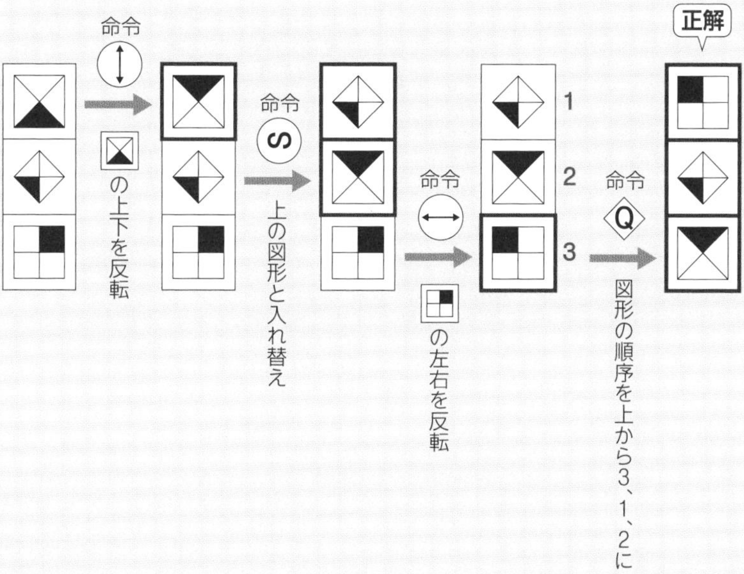

4つの命令を1つずつ確実に実行する。ミスを防ぐために、図形のメモをとりながら確認を行うこと。S（上の図形と入れ替え）の命令がある場合は、本問では2番目の命令であるが、あらかじめ移動先（ここでは一番上）にメモしておくと二度手間にならず、効率がよい。慣れるまでは慎重にメモをとること。

↔の左右反転は、選択肢に似た図形があるので注意すること。

最後にQ（図形の順序を上から3、1、2にする）で図形を並べ替える。上のように図形群に番号をつけて行うのが確実だ。

問題

5

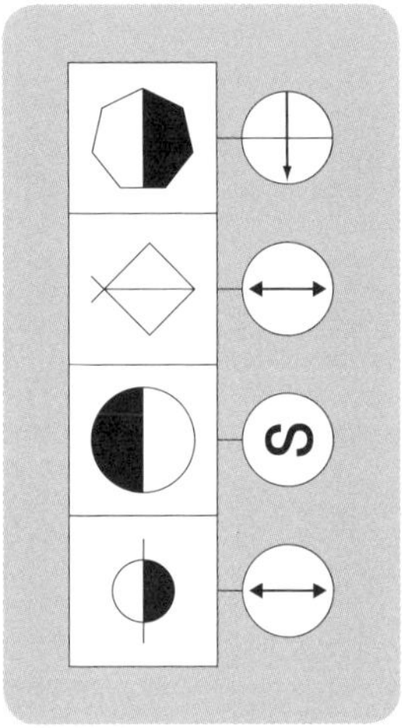

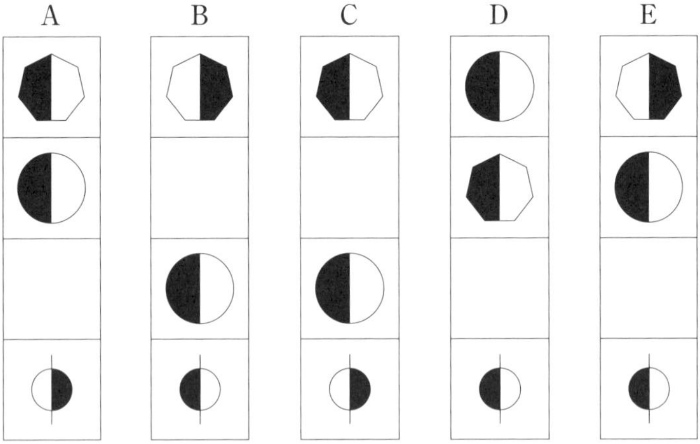

解答と解説

5 正解（E）

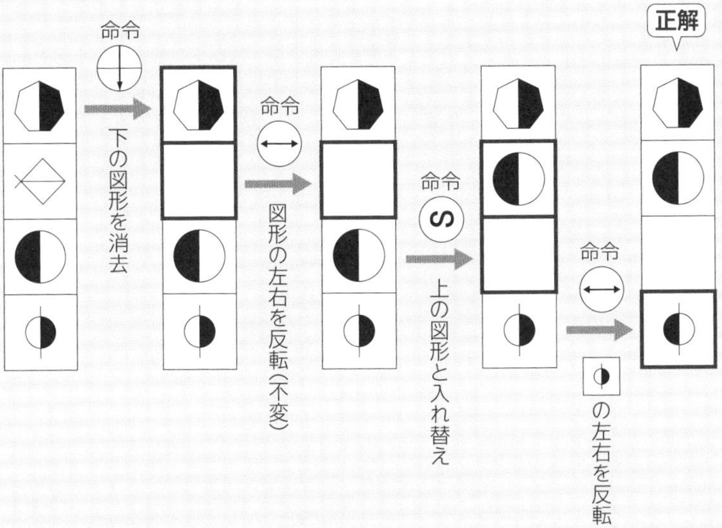

1番目の命令が（下の図形を消去）であるから、の図形が消えて2番目が空欄になる。2番目の命令↔（左右を反転させる）を実行しても、図形がないため、変化はない。

3番目の命令はS（上の図形と入れ替え）であるから、2番目の空白とを入れ替えて、が上から2番目、空白が3番目となる。最後に、↔（左右を反転させる）により、4番目にがあるのが正解となる。

ここがポイント 図形がない状態での左右反転および上下反転は実行しても変化はない。

問題

6

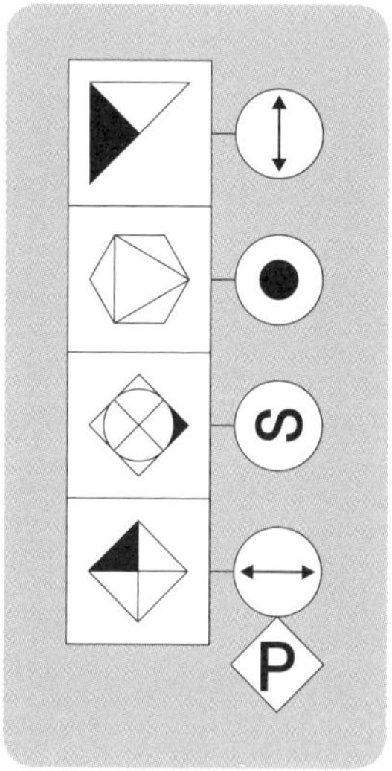

A　B　C　D　E

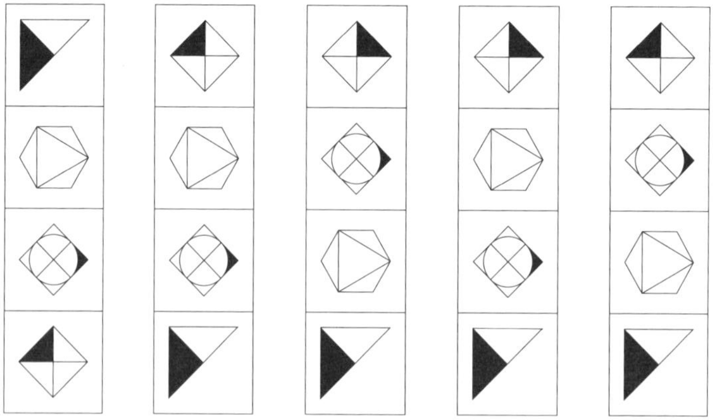

解答と解説

6 正解（D）

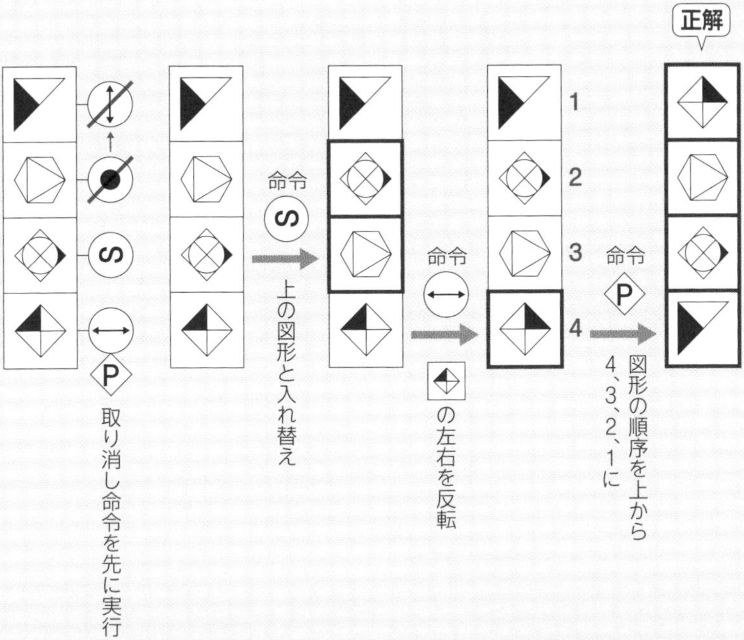

命令の数が図形の数＋1のパターンは、実際の出題でも多い。

◉（上の命令を取り消す）の命令があるから、上2つの命令を消し、下3つの命令を実行すればよい。

最後に、◇P（図形の順序を上から4、3、2、1にする）で図形を並べ替える。順序を間違えないように注意すること。

攻略のコツ 取り消し命令が出てきたら、それで取り消される命令と実行済みとなった取り消し命令を、斜線などで消しておく。命令の数が減り、作業が格段に楽になる。取り消し命令があるかないか、まずはその確認から始めよう。

問題

7

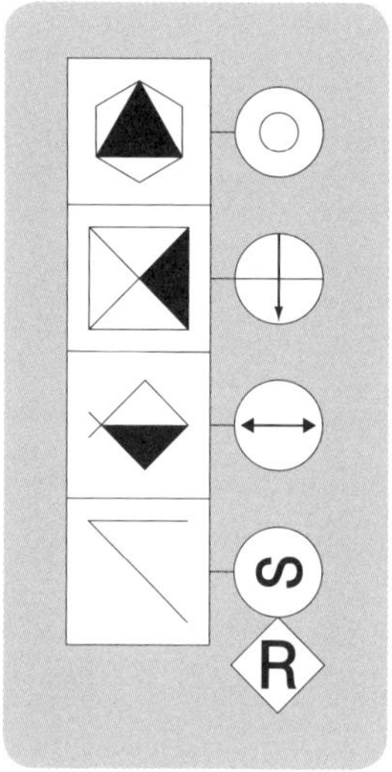

A　B　C　D　E

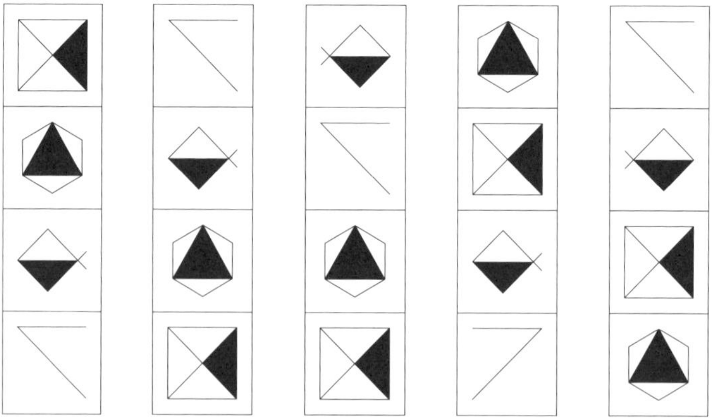

解答と解説

7 正解（B）

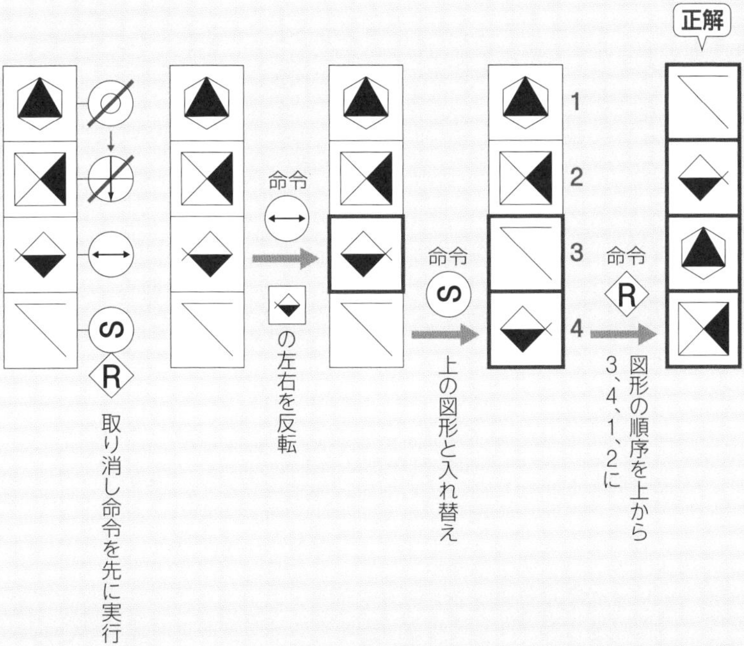

取り消し命令◎（下の命令を取り消す）があるから、⊕（下の図形を消去）を消し、下3つの命令だけを実行する。

⟷（左右を反転させる）は、図形の左右だけを反転させるので◆→◆。Ⓢ（上の図形と入れ替え）により、3番目と4番目の図形を入れ替える。

最後に、◇R（図形の順序を上から3、4、1、2にする）は、3番目と4番目の2つの図形をそのまま一番上に移動すればよい。

問題

8

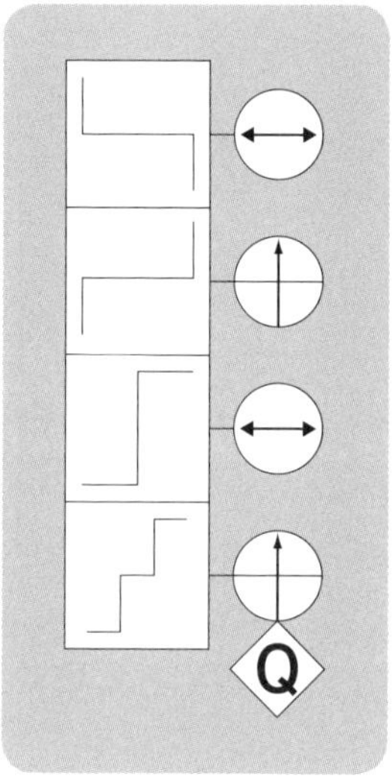

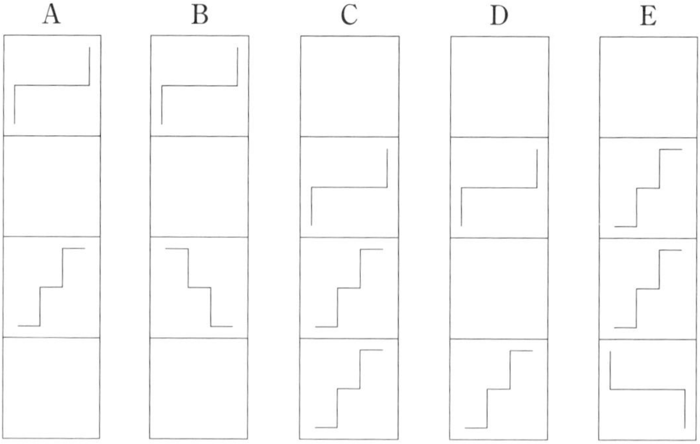

解答と解説

8 正解（A）

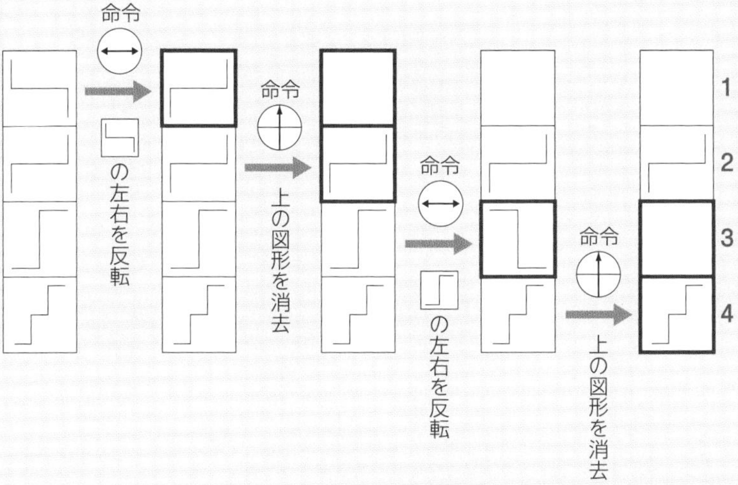

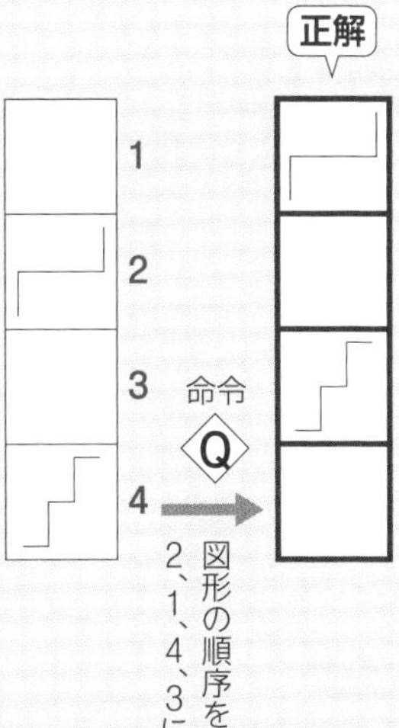

一番上の図形は2番目の命令↑（上の図形を消去）で消えるので、最初の↔（左右を反転させる）を省略してもよい。

同様に、4番目の命令↑（上の図形を消去）により、3番目の図形が消えるので、3番目の命令↔（左右を反転させる）も省略できる。まず、全体を見て、できるだけ手間を省く方法を考えよう。最後に、◇Q（図形の順序を上から2、1、4、3にする）で図形を並べ替える。

問題

9

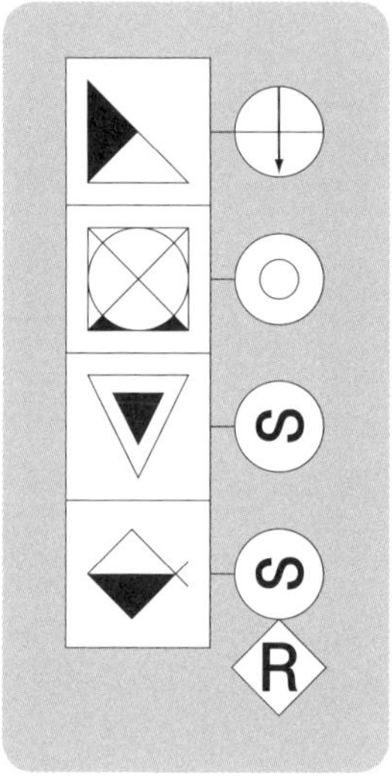

A

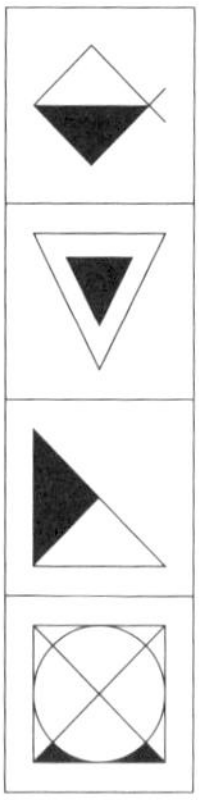

B

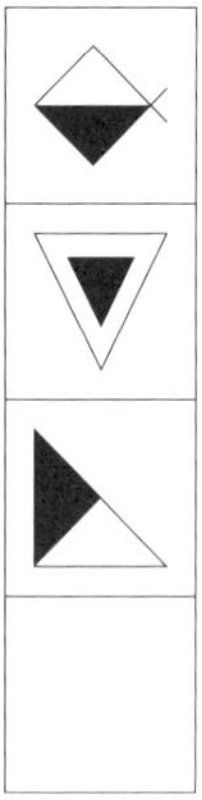

C

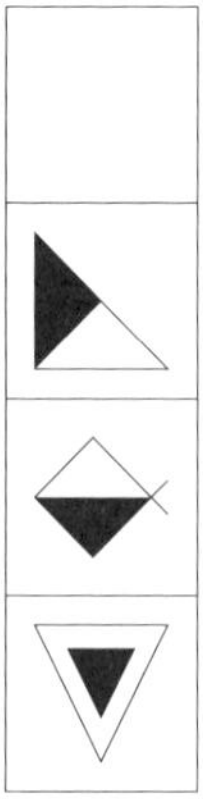

D

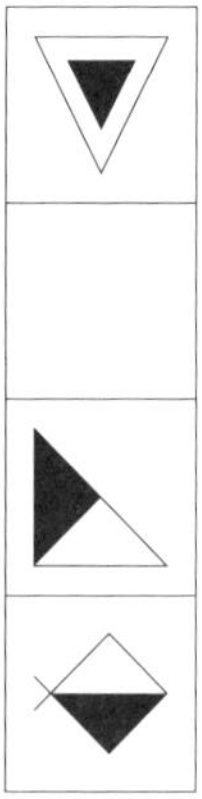

E

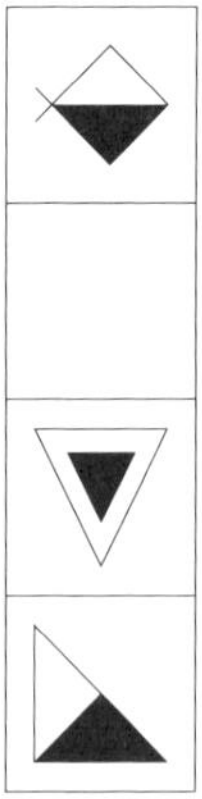

解答と解説

9 正解（B）

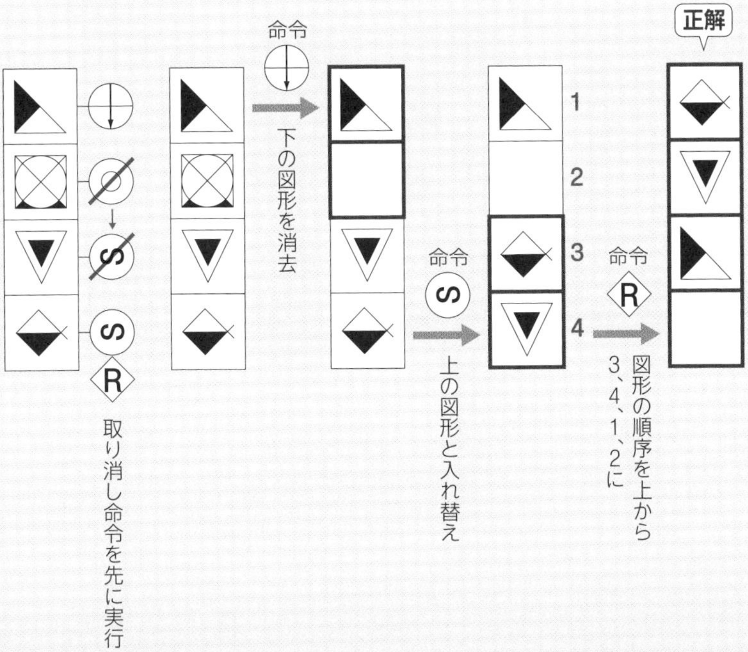

◎（下の命令を取り消す）の命令により、Ⓢ（上の図形と入れ替え）が消える。したがって、実際に実行する命令は、最初の⊕（下の図形を消去）と、2つ目のⓈ（上の図形と入れ替え）、◇R（図形の順序を上から3、4、1、2にする）の3つの命令である。

攻略のコツ 菱形の並べ替え命令は命令の最後に出てくる。この命令を実行するときは、図形群に番号をつけて行うと間違えにくい。ただし、入れ替え命令で、最初の図形群から順序が変わっていることもあるため、命令をすべて実行した結果に対して番号をつける。

問題

10

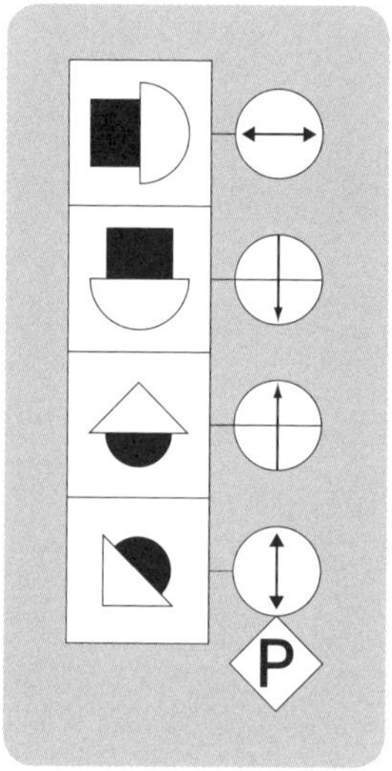

A

B

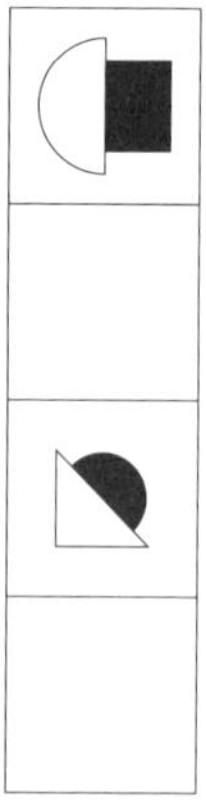

C

D

E

解答と解説

10 正解（C）

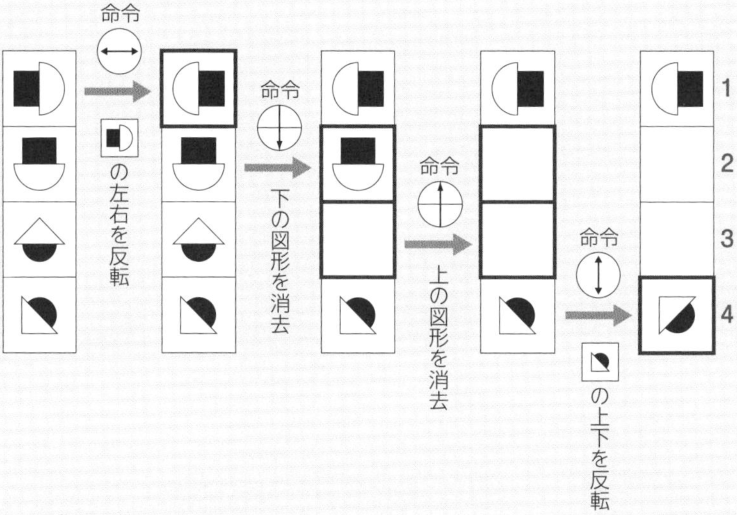

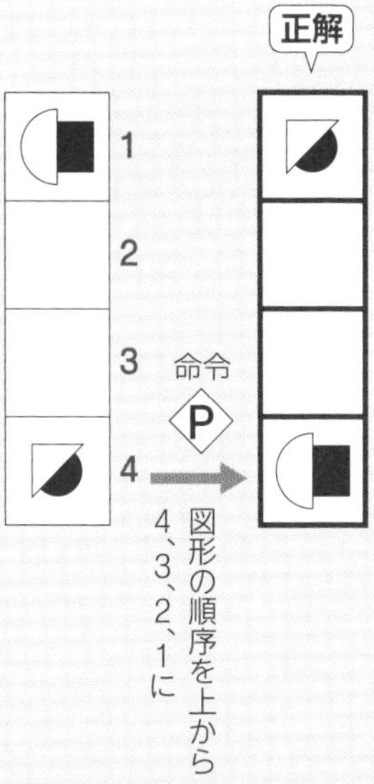

消去命令（下の図形を消去）と（上の図形を消去）で図形が2つ消える。取り消し命令と異なり、図形が消えても命令は残ったままなので、実行するのを忘れずに。

最後に、P（図形の順序を上から4、3、2、1にする）で図形を並べ替える。

問題

11

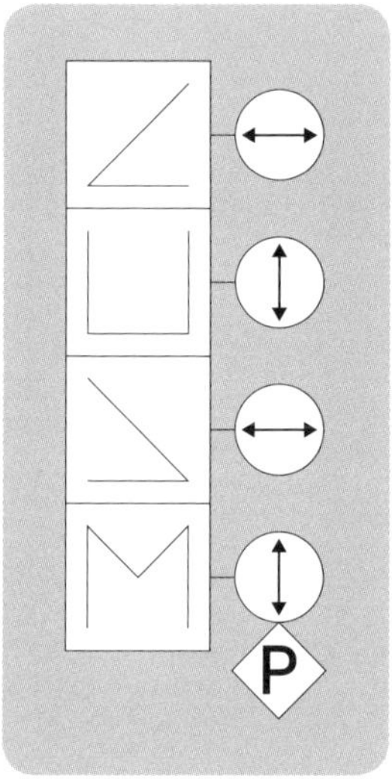

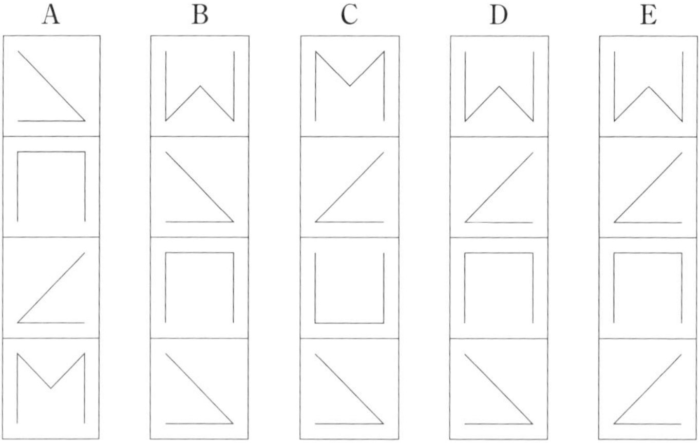

解答と解説

11 正解（D）

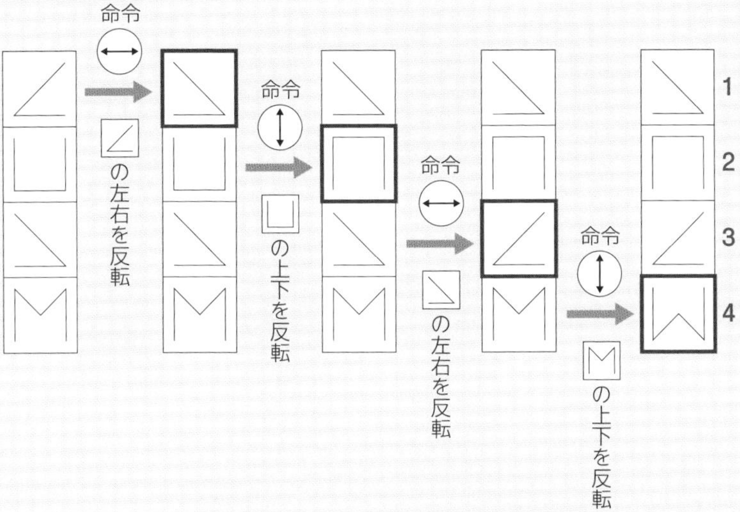

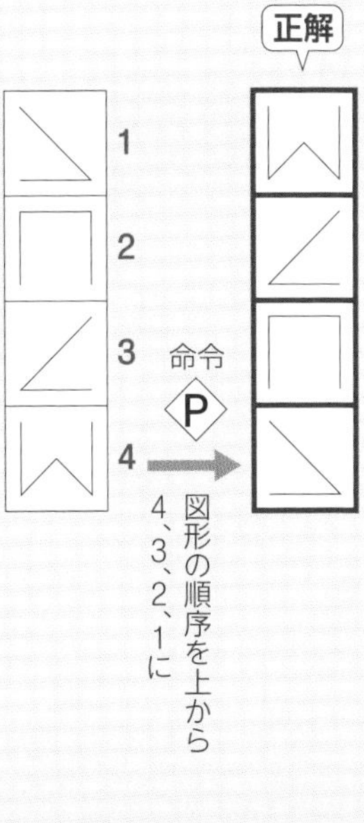

　この問題には、取り消し命令がなく、左右反転と上下反転の命令が続くが、1つずつ確実に命令を実行していく。

　4番目の図形を上下反転すると→となり、P（図形の順序を上から4、3、2、1にする）より4、3、2、1と並ぶことから、1番目はとなる。よって、選択肢はB、D、Eに限られる。あとはとの図形に注意して決定する。

問題

12

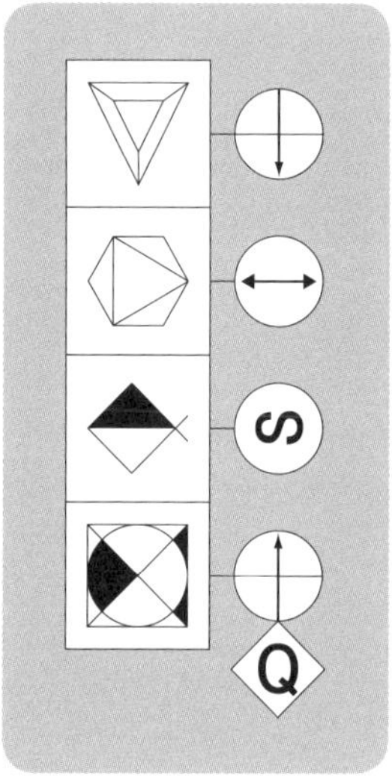

A

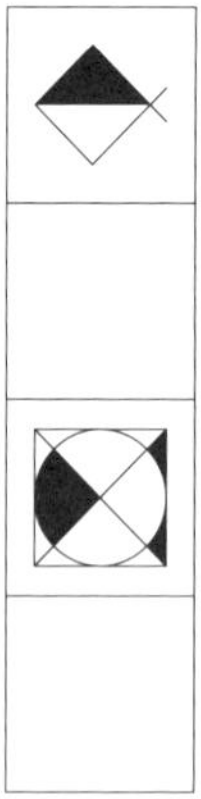

B

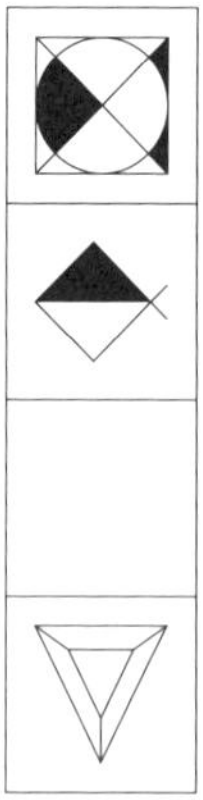

C

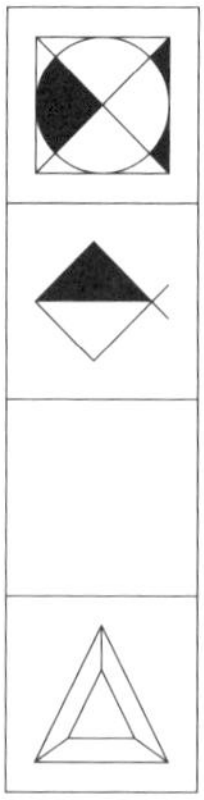

D

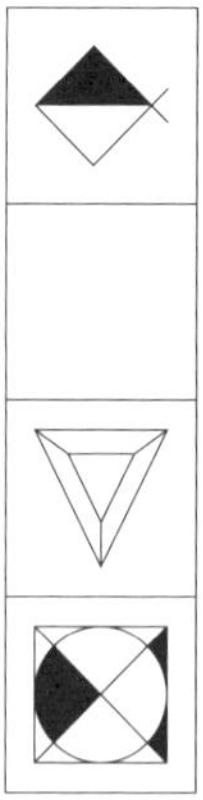

E

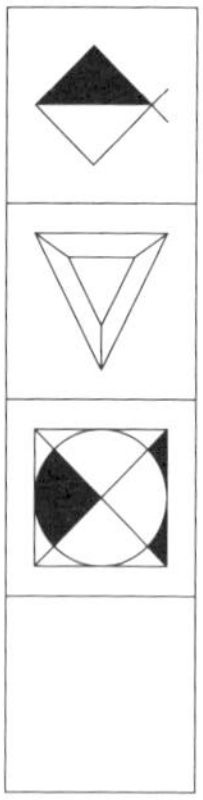

解答と解説

12 正解（E）

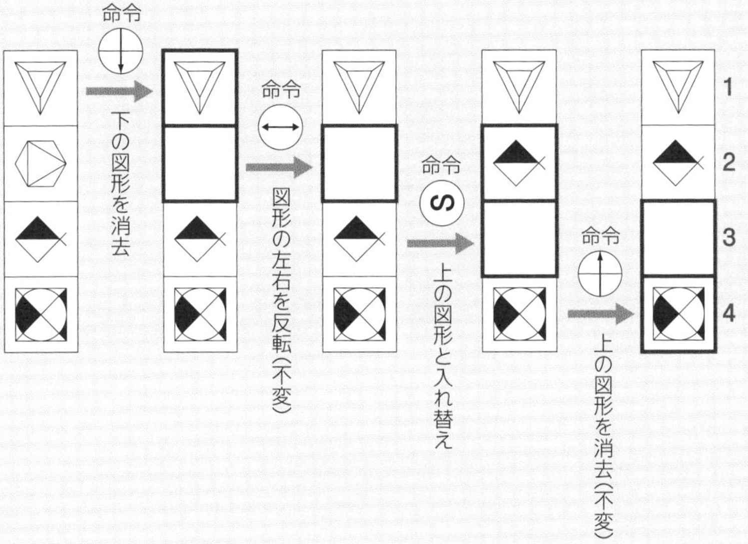

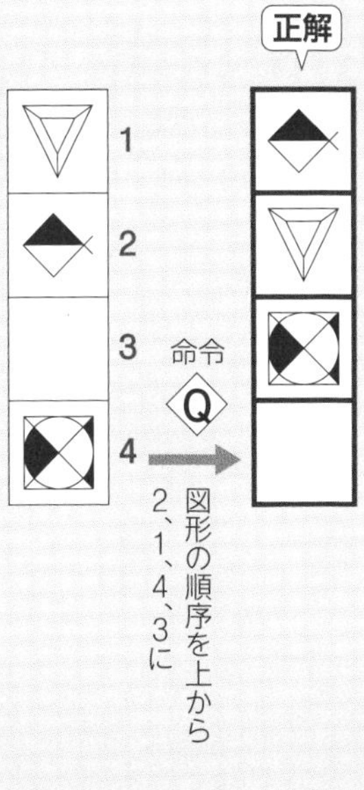

（下の図形を消去）、（上の図形を消去）があり、2つの空欄ができそうだが、すぐに選択肢Aは選ばないこと。

本問のように、Ⓢ（上の図形と入れ替え）によって、すでに消去された3番目の図形に対して、さらに消去命令が出される場合もある。命令の記号のみで判断するのは避けたい。

問題

13

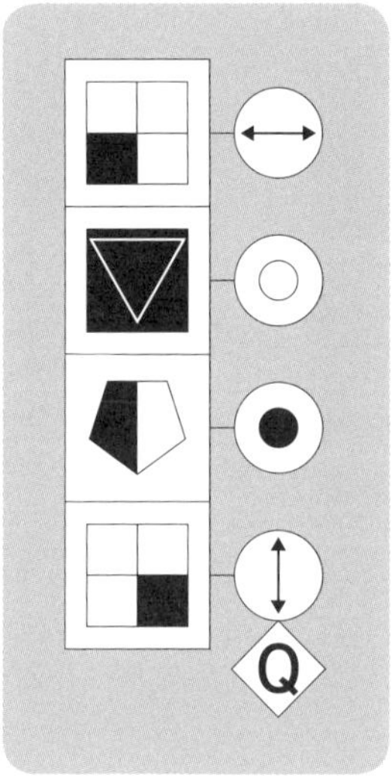

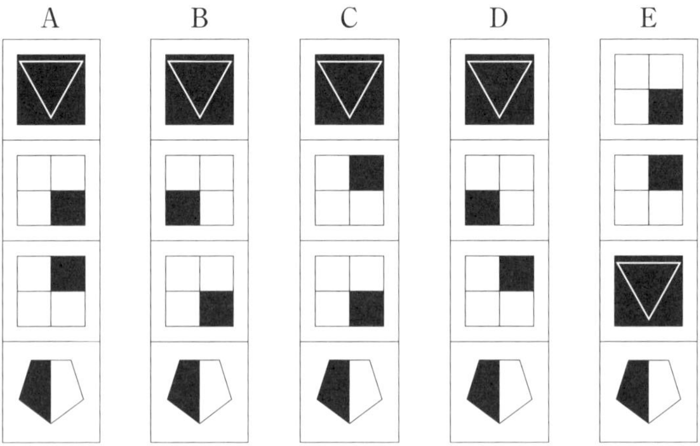

解答と解説

13 正解（A）

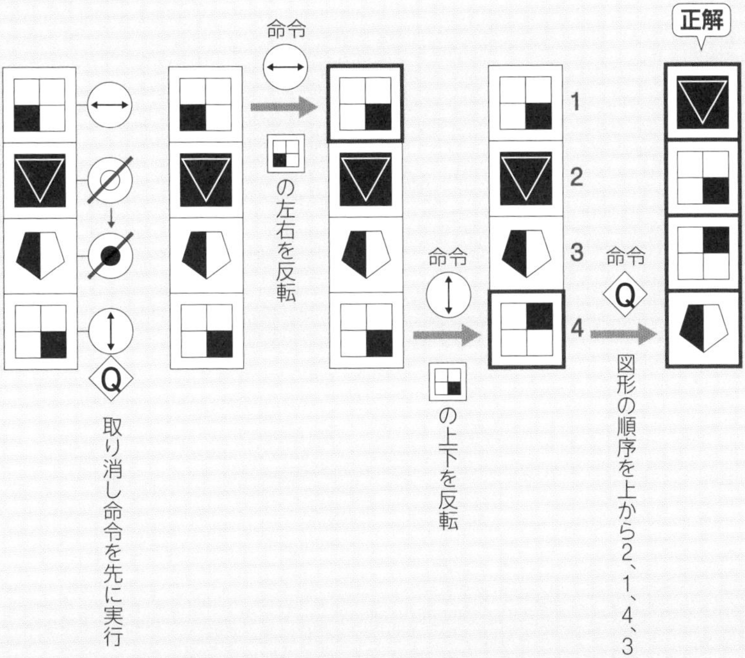

◎（下の命令を取り消す）と●（上の命令を取り消す）が並んでいて、それぞれお互いに打ち消しそうだが、命令表の問題では、上から命令を実行していくのが原則。先に出てきた◎が実行され、●は取り消される。まどわされないように。

したがって、実際には↔（左右を反転させる）と、↕（上下を反転させる）、◇Q（図形の順序を上から2、1、4、3にする）の3つの命令を実行する。

□を左右反転させると□、□を上下反転させると□となる。あとは◇Qの指示どおりに入れ替えればよい。

問題

14

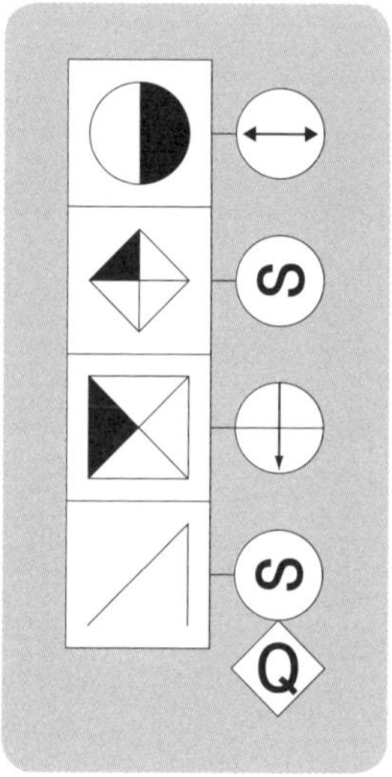

A　B　C　D　E

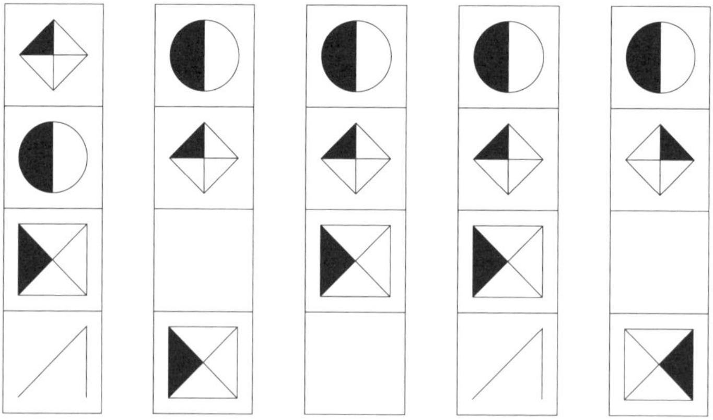

解答と解説

14 正解（C）

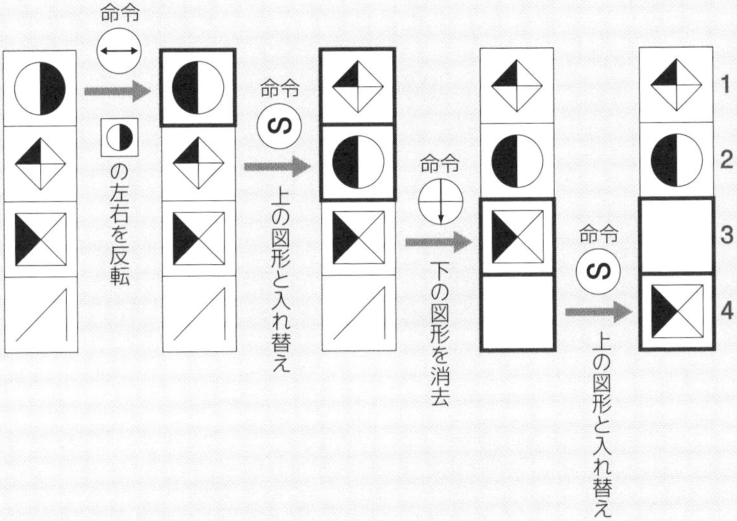

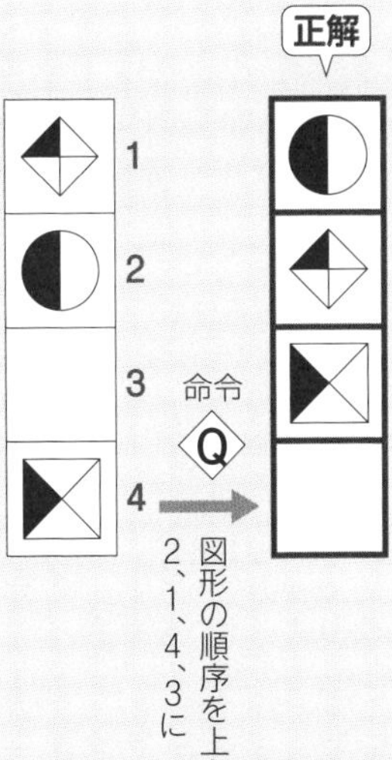

取り消し命令がないので、1つずつ命令を実行していく。（下の図形を消去）があるので、図形が1つ消去され、選択肢としては、BかCかEのいずれかになる。2つ目のS（上の図形と入れ替え）により3番目と4番目を入れ替え、最後にQ（図形の順序を上から2、1、4、3にする）によって、4番目が空欄であるCが正解となる。

問題

15

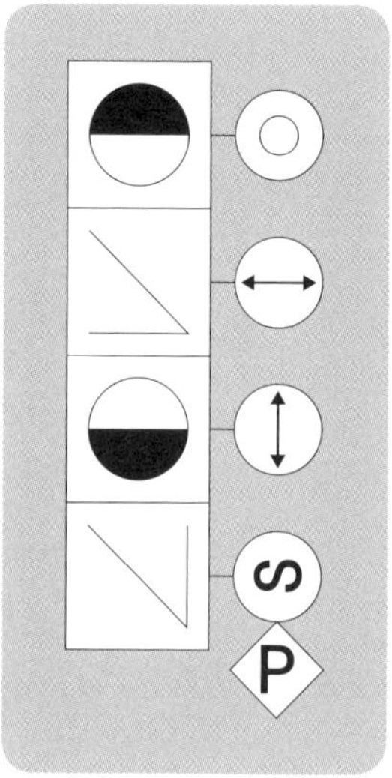

A

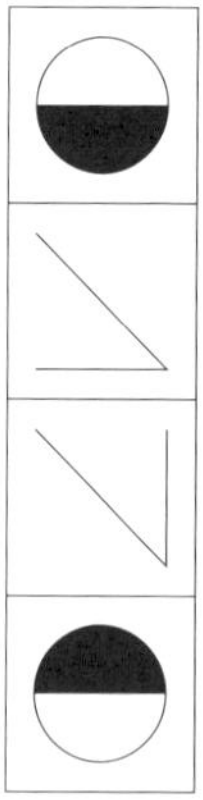

B

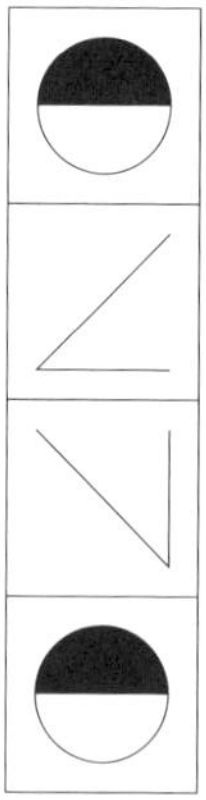

C

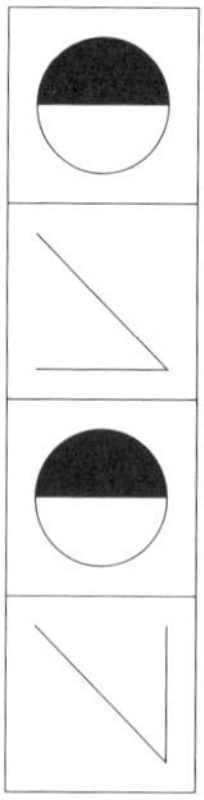

D

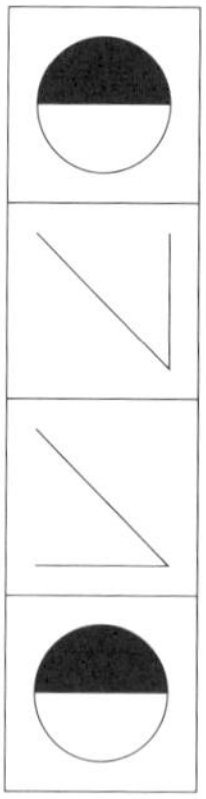

E

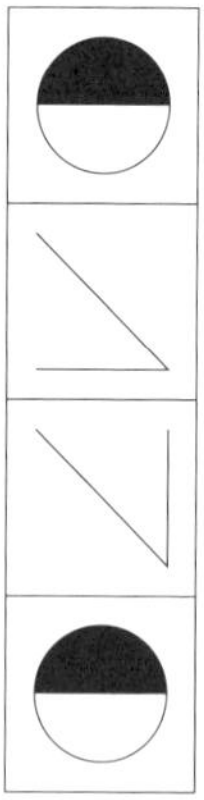

解答と解説

15 正解（D）

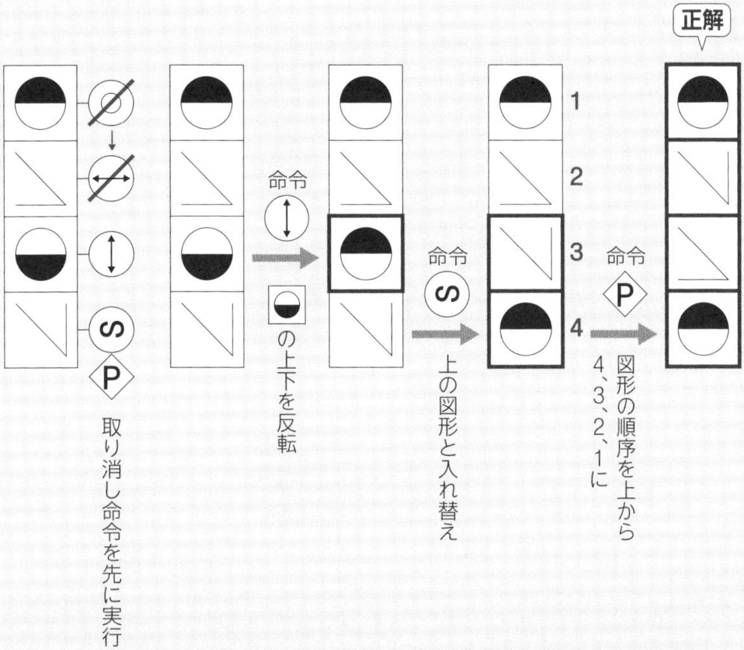

◎（下の命令を取り消す）によって、↔（左右を反転させる）が消されるので、実際には、↕（上下を反転させる）とⓈ（上の図形と入れ替え）、◇P（図形の順序を上から4、3、2、1にする）の3つの命令を実行すればよい。

2つずつ似ている図形が並んでいるが、特に＼と＼の向きに注意して選択肢の図形を確認すること。

問題

16

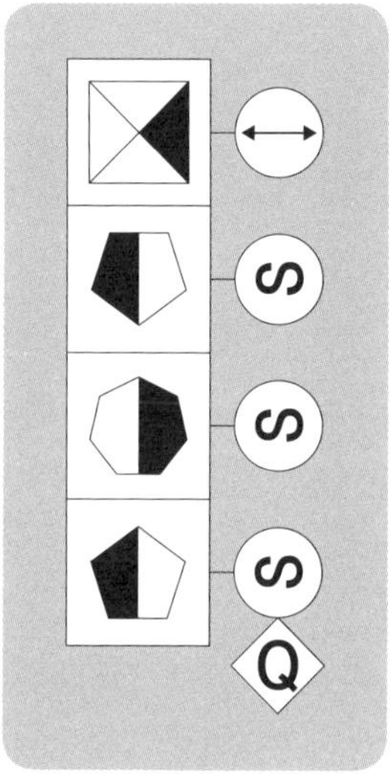

A　B　C　D　E

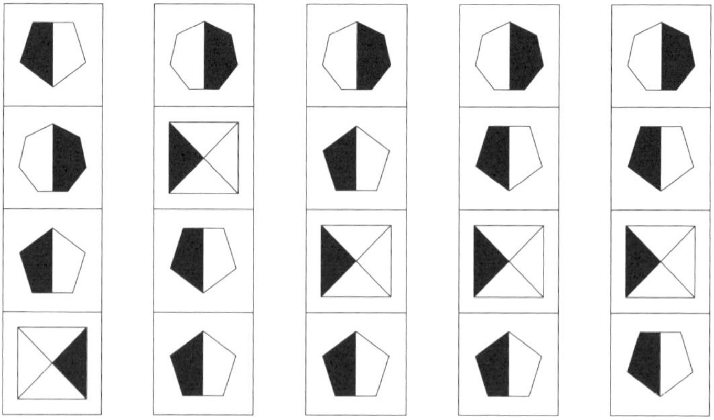

解答と解説

16 正解（D）

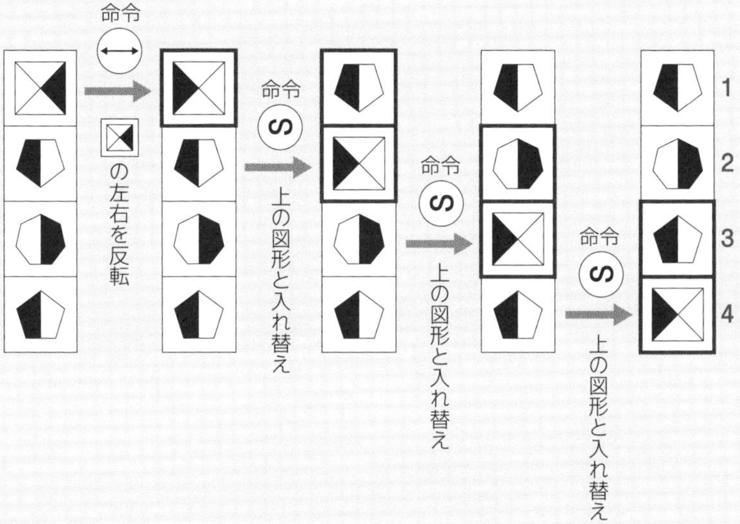

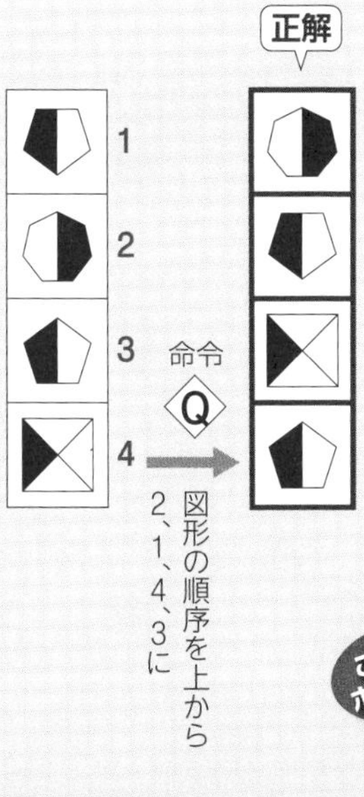

の左右を反転させて、そのあとⓈ（上の図形と入れ替え）を3つ続けるので、メモを活用し混乱しないようにする。

最後に、Q（図形の順序を上から2、1、4、3にする）を実行する。

ここがポイント すべての図形の一部が塗りつぶされていて、似ているのでまどわされないように。1つずつの図形の違いを見分けることも大切だ。

問題

17

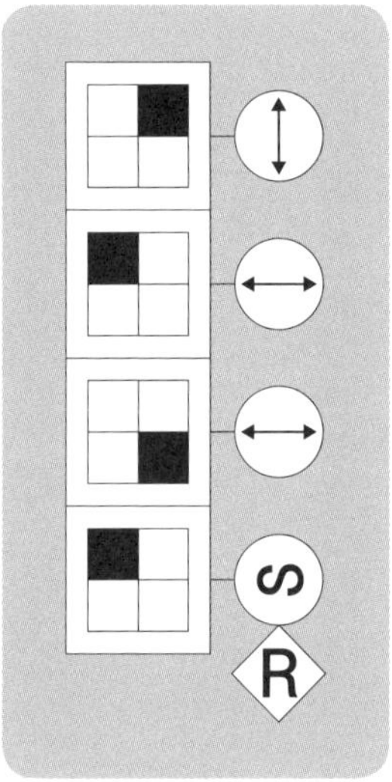

A

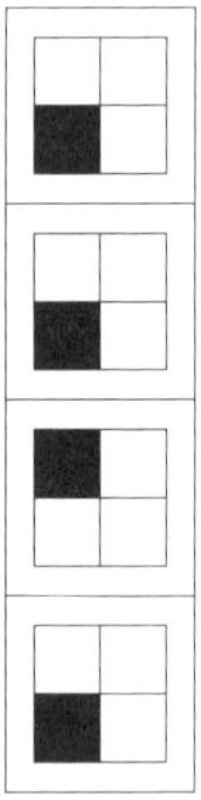

B

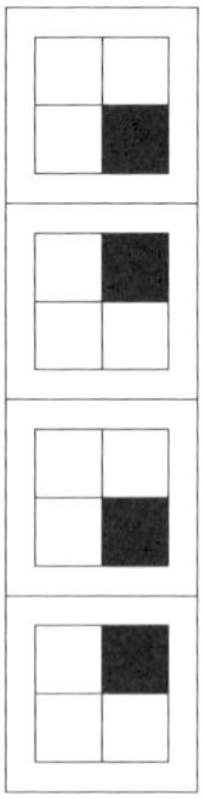

C

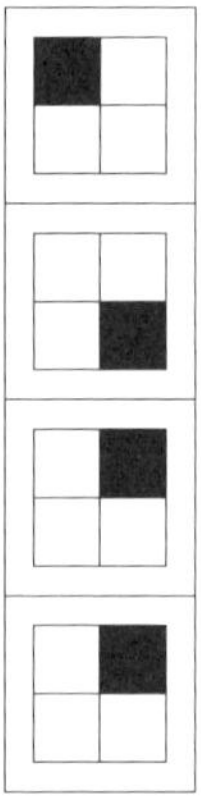

D

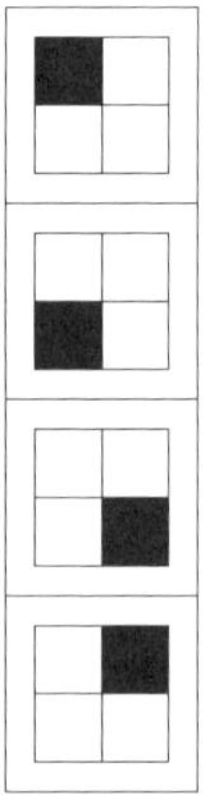

E

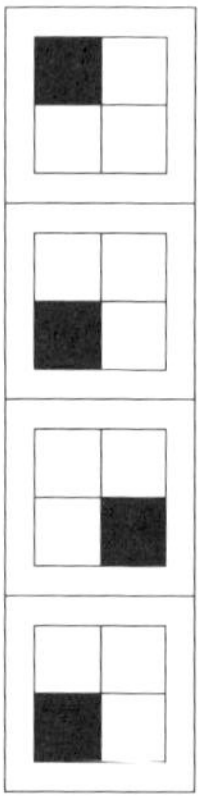

解答と解説

17 正解（D）

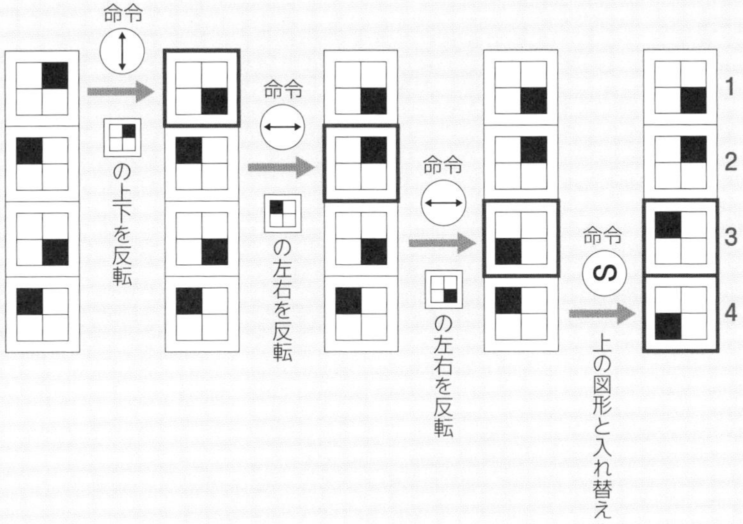

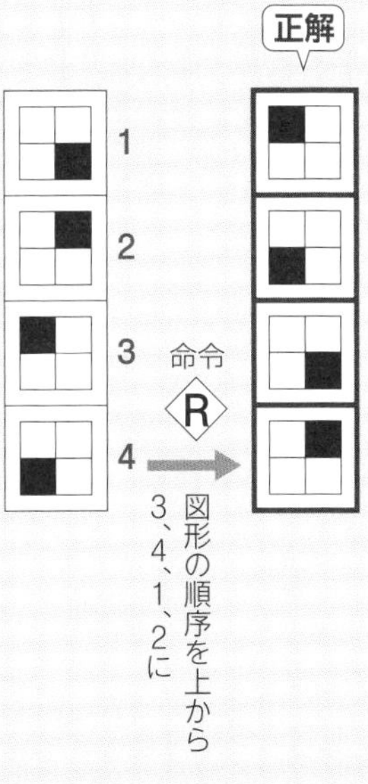

似た図形が並んでいるが、地道に1つずつ実行していくのが早道だ。

の上下を反転させてに、の左右を反転させてに、の左右を反転させてにする。Ⓢ（上の図形と入れ替え）により3番目と4番目の図形を入れ替える。Ⓡ（図形の順序を上から3、4、1、2にする）は、3番目と4番目の2つの図形をそのまま一番上に移動すればよい。

問題

18

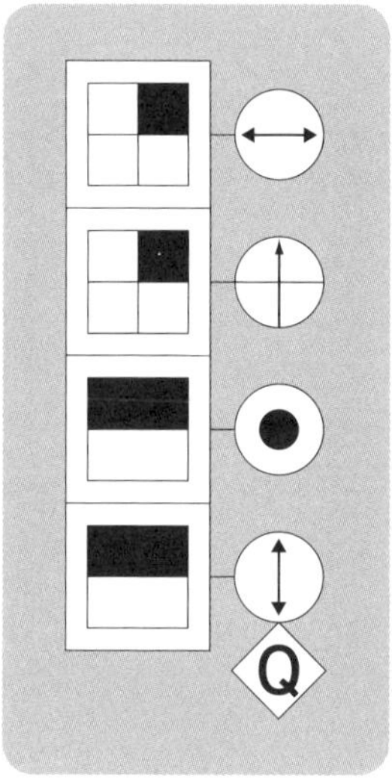

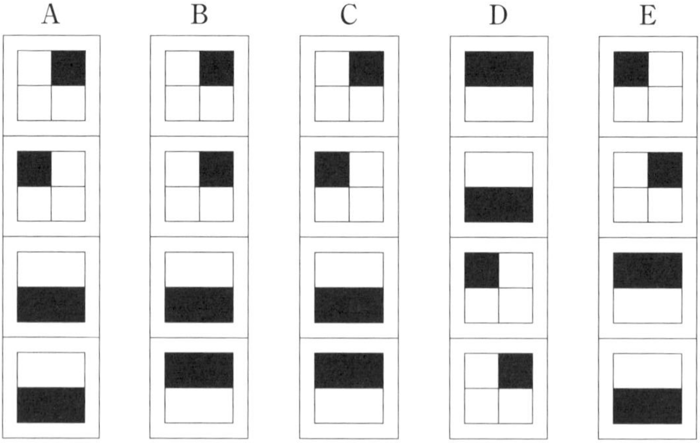

解答と解説

18 正解（C）

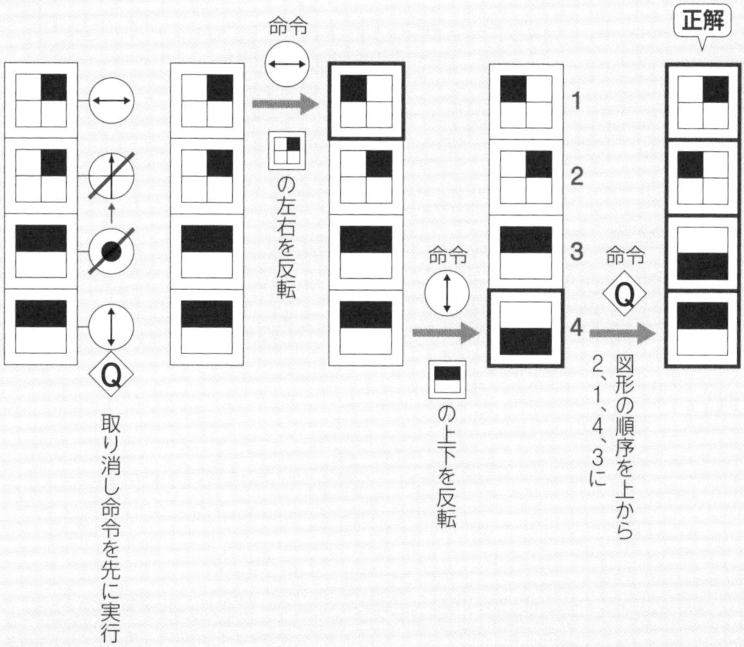

●（上の命令を取り消す）によって、↑（上の図形を消去）という命令は消える。したがって、↔（左右を反転させる）と、↕（上下を反転させる）、◇Q（図形の順序を上から2、1、4、3にする）の3つの命令を実行すればよい。◇Qは上2つの入れ替え、下2つの入れ替えとなる。

問題

19

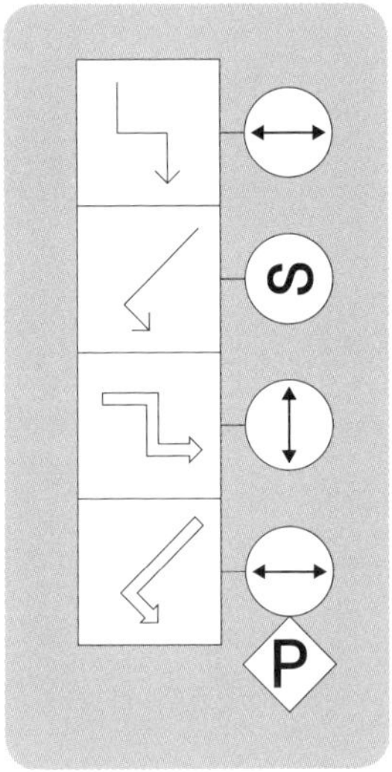

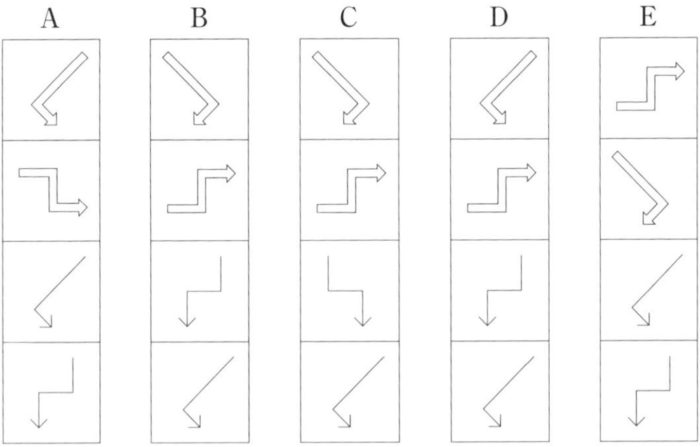

解答と解説

19 正解（B）

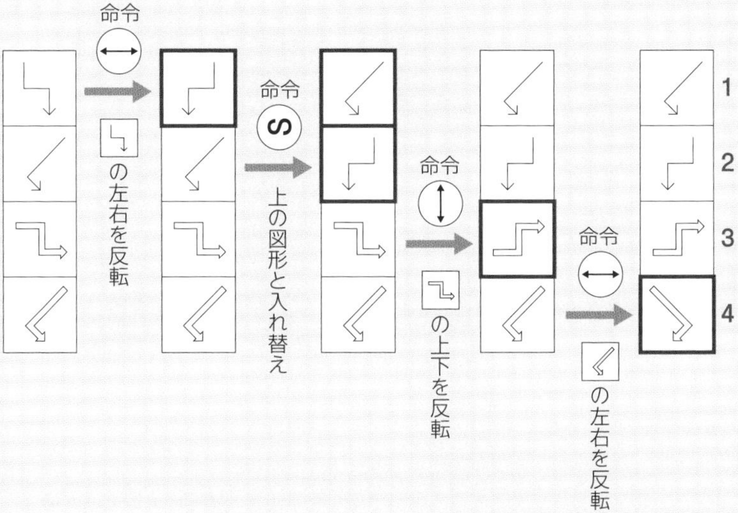

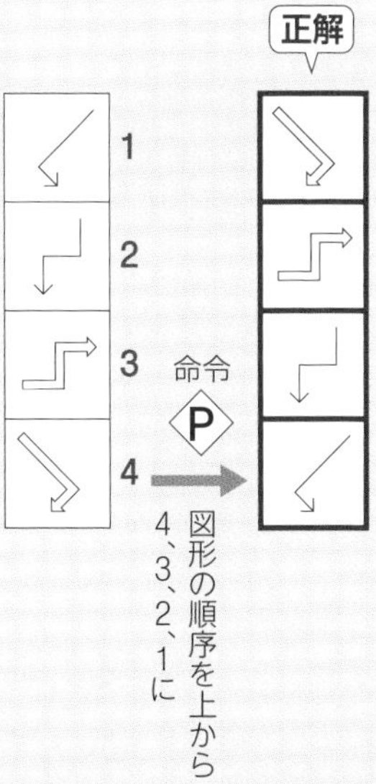

取り消し命令がないので、最初の命令から順に見ていく。細い線のものと二重線のものと、似た形だが、それぞれ慎重に左右反転、上下反転を行うこと。の左右反転は、の上下反転は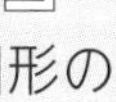である。最後に、（図形の順序を上から4、3、2、1にする）で図形を並べ替える。

問題

20

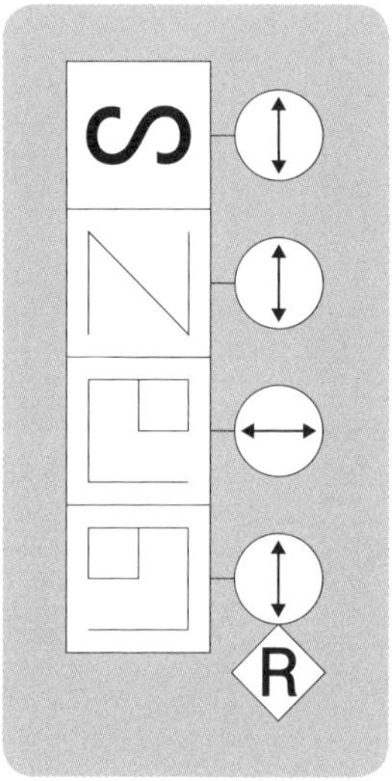

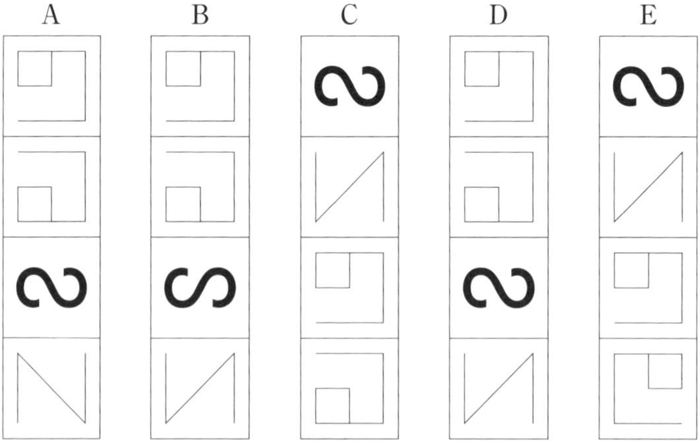

解答と解説

20　正解（D）

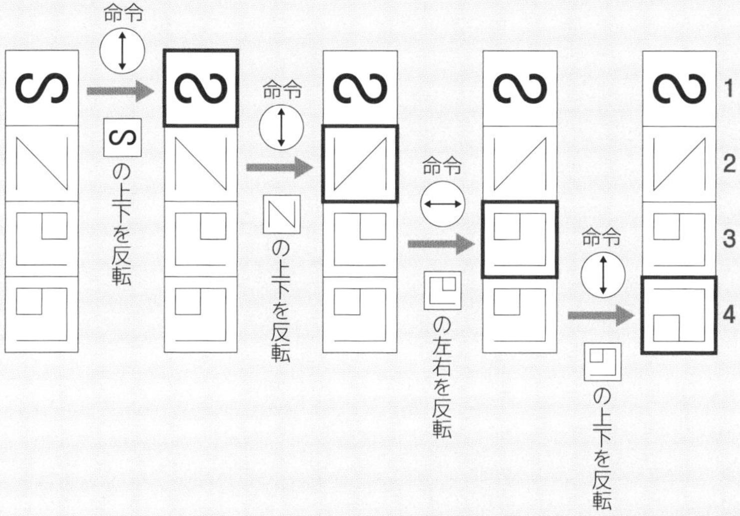

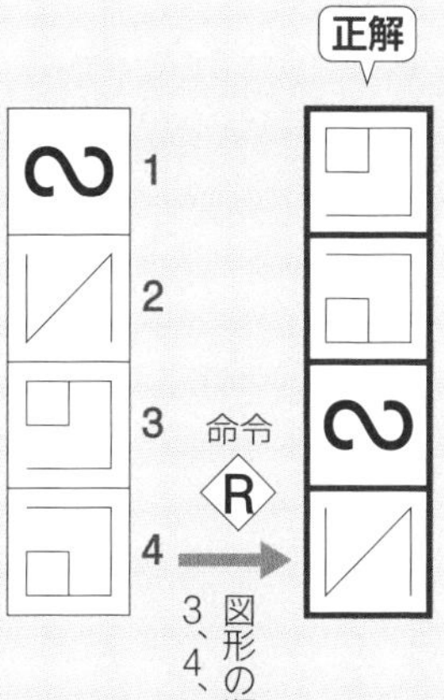

取り消し命令がないので、最初の命令から順に見ていく。今回はS、Nの上下反転に最大の注意を払うこと。Sの上下反転は、∽となる。ちなみに、左右反転もS→∽と同じである。Nの上下反転は、ИとなるNこちらの左右反転もN→Иとなり、やはり上下反転と同じになる。

問題

21

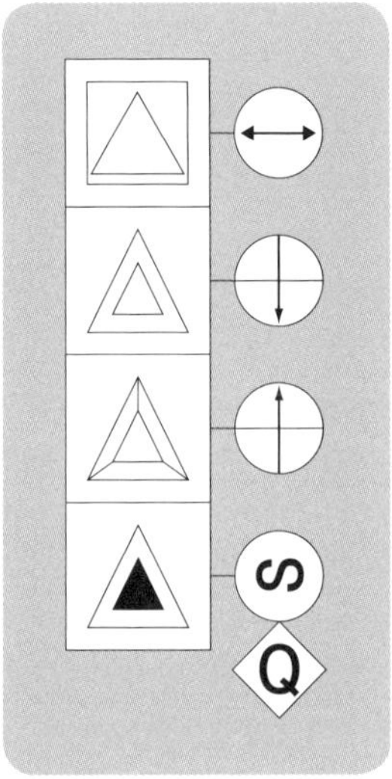

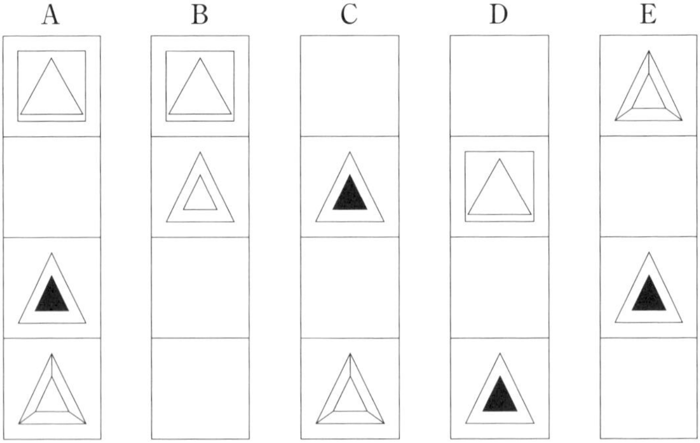

解答と解説

21 正解（D）

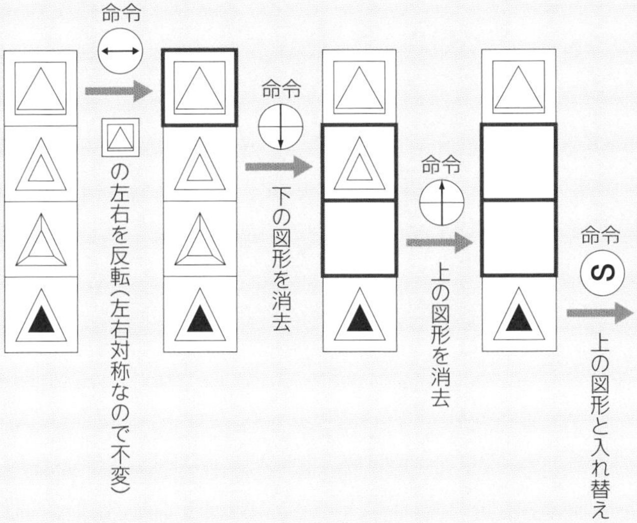

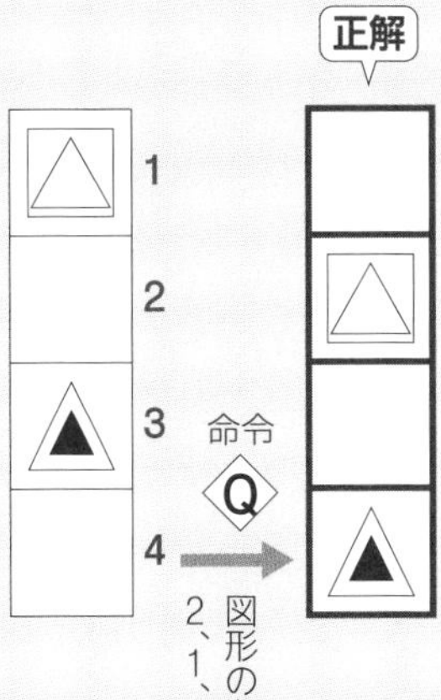

は左右対称だから、（左右を反転させる）により左右を反転させても変化しない。（下の図形を消去）と（上の図形を消去）を続けて実行すると、2番目と3番目は空欄となる。

次に、S（上の図形と入れ替え）で3番目の空欄と4番目のを入れ替えると、2番目と4番目が空欄となる。最後にQ（図形の順序を上から2、1、4、3にする）によって図形を並べ替える。

問題

22

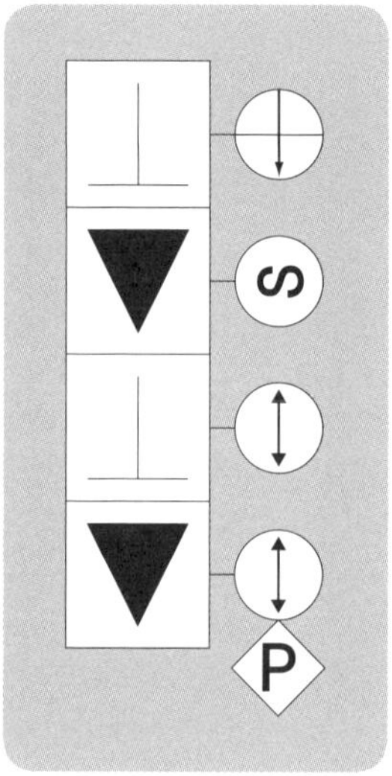

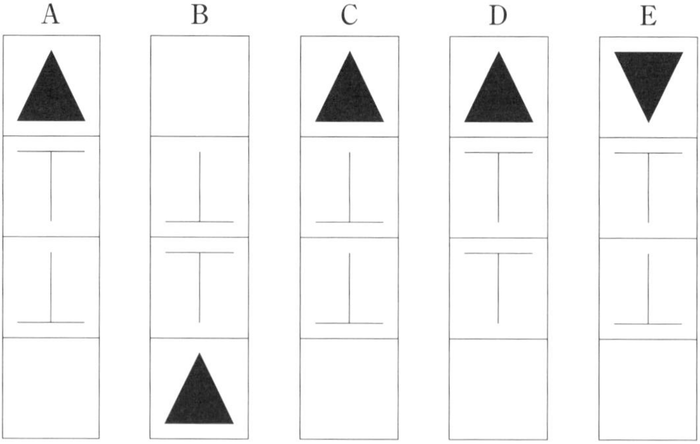

解答と解説

22　正解（A）

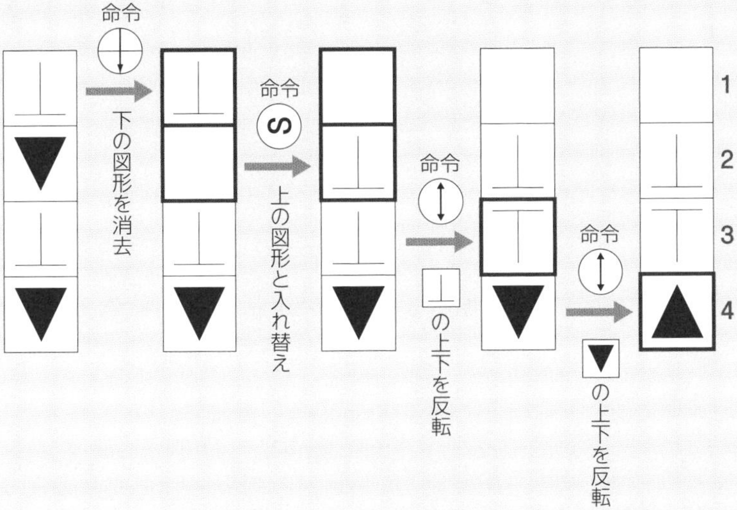

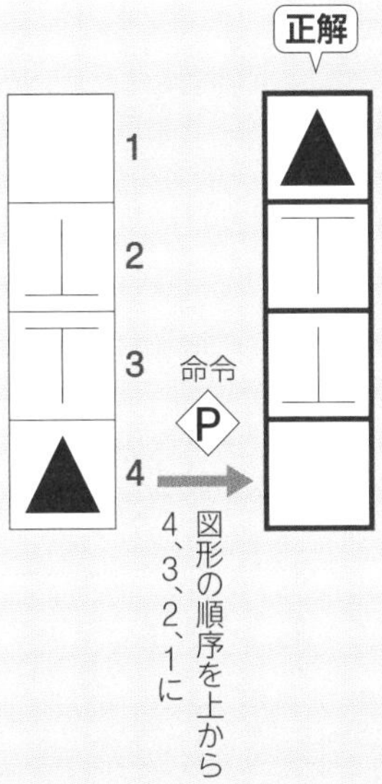

取り消し命令がないので、最初の命令から順に見ていく。

⊕（下の図形を消去）によって▼が消去される。次に、Ⓢ（上の図形と入れ替え）によって、1番目の図形と2番目の空欄を入れ替える。続く2つの命令↕（上下を反転させる）を実行し、最後にⓅ（図形の順番を上から4、3、2、1にする）によって図形の順序を入れ替える。

問題

23

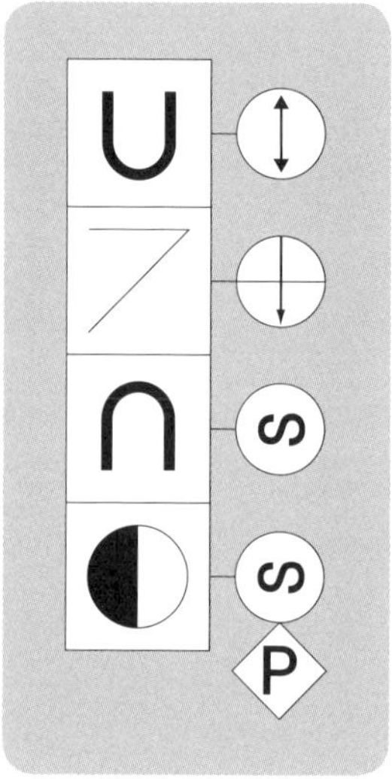

A　B　C　D　E

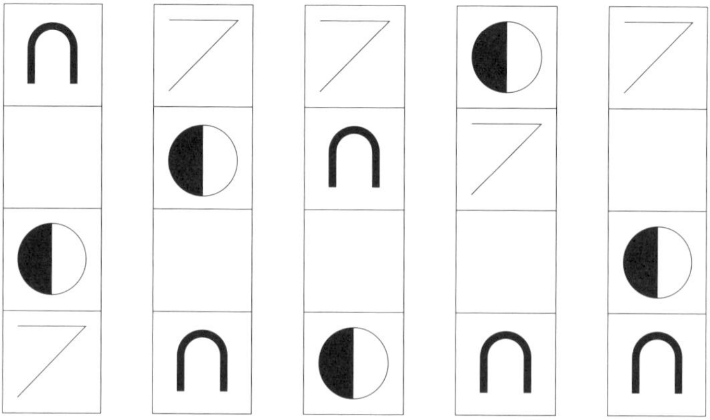

解答と解説

23 正解（B）

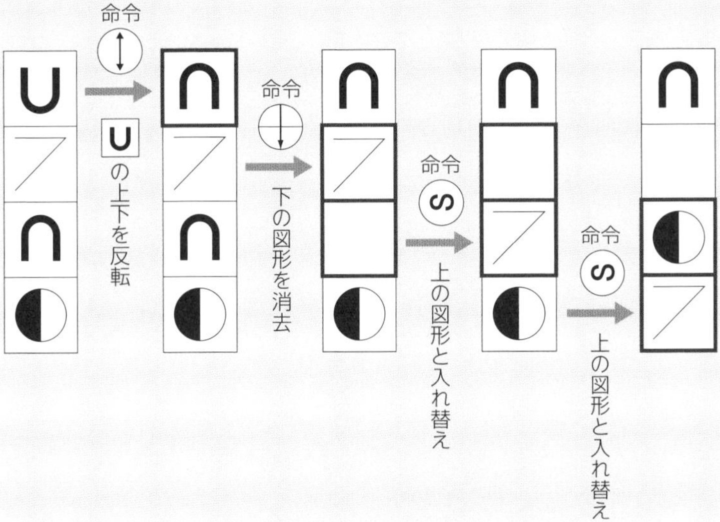

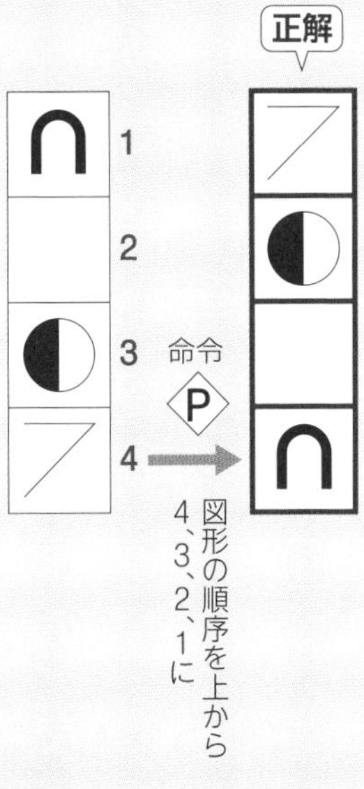

Uを上下反転させると∩。（下の図形を消去）によって3番目の図形が消える。さらに、S（上の図形と入れ替え）が2つ続くので、2番目と3番目、3番目と4番目の図形を入れ替える。最後にP（図形の順序を上から4、3、2、1にする）で並べ替える。

問題

24

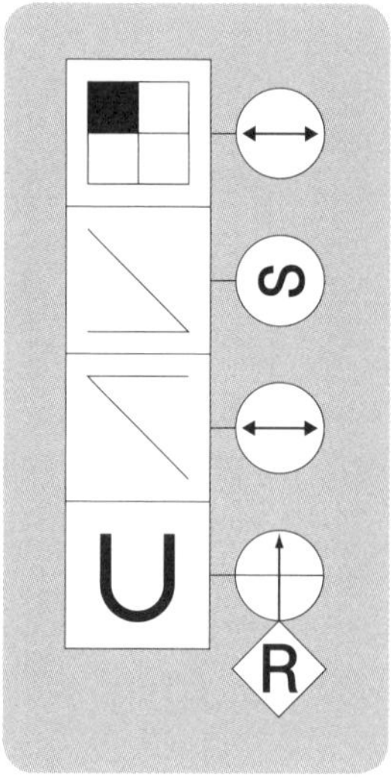

A　B　C　D　E

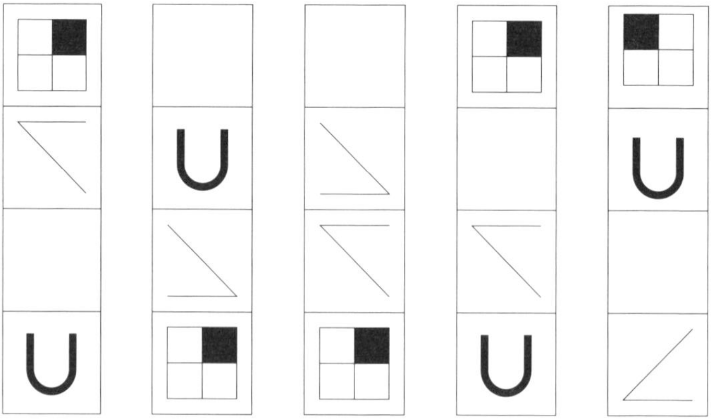

解答と解説

24 正解（B）

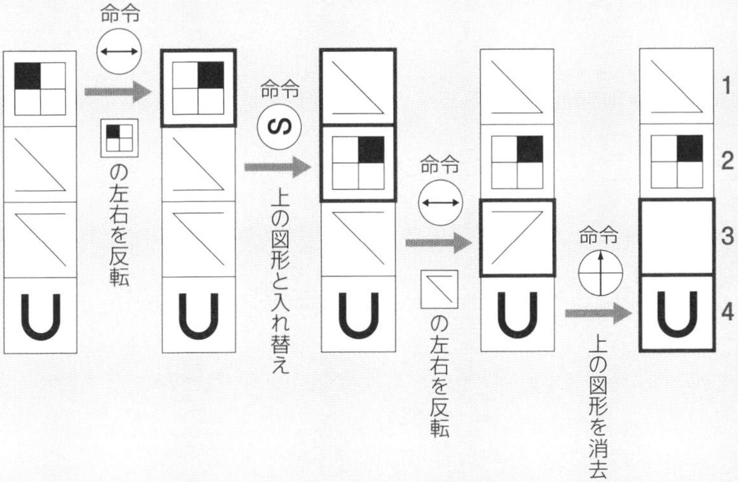

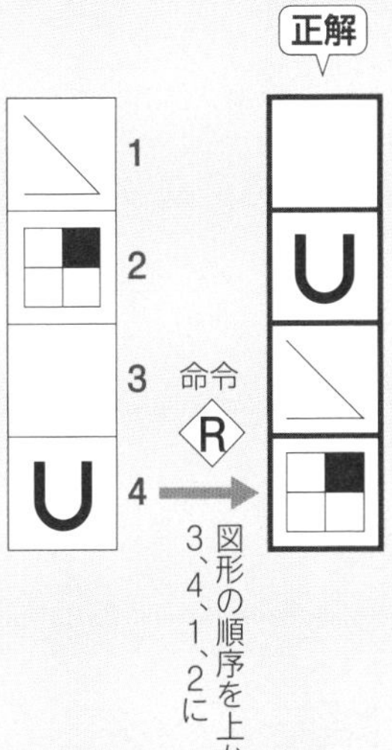

まず、の左右を反転させるととなる。次に、S（上の図形と入れ替え）によって、1番目と2番目の図形を入れ替える。さらに、（左右を反転させる）によってがとなり、（上の図形を消去）によって3番目が空欄になる。最後に、R（図形の順序を上から3、4、1、2にする）で3番目と4番目の図形をそのまま一番上に移動する。

問題

25

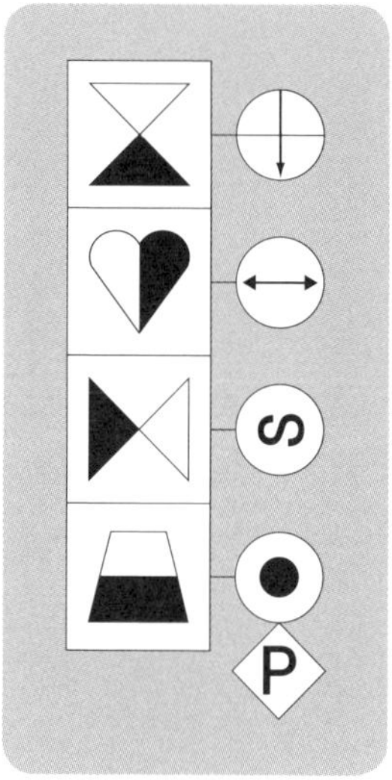

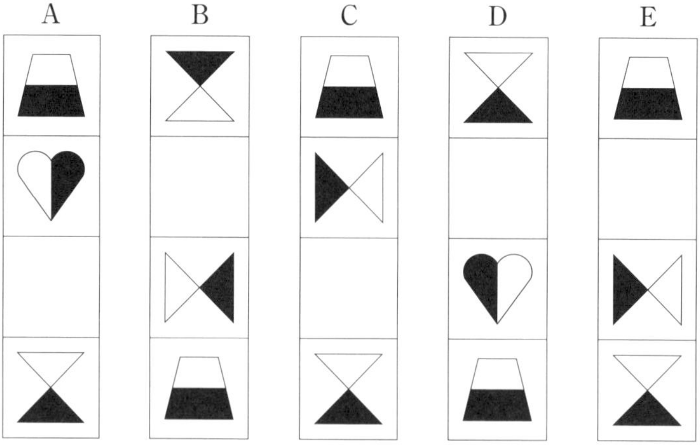

解答と解説

25 正解（C）

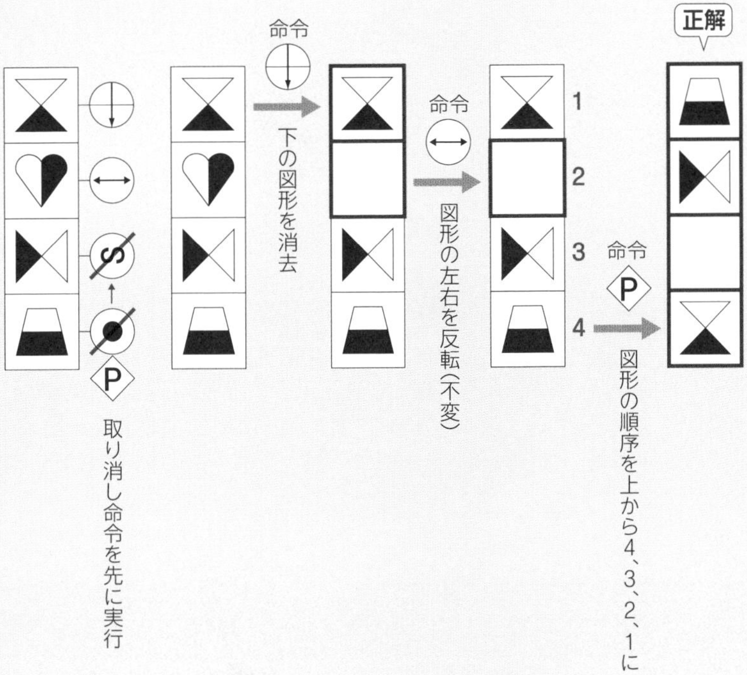

●（上の命令を取り消す）によって、Ⓢ（上の図形と入れ替え）が消える。上から順に⊕（下の図形を消去）、↔（左右を反転させる）、◇P（図形の順序を上から4、3、2、1にする）の3つの命令を実行すればよい。

まず、⊕によって、2番目の図形を消去。次に、↔を実行するが、図形が消去されているので変化はない。最後に◇Pによって図形の順序を入れ替える。

問題

26

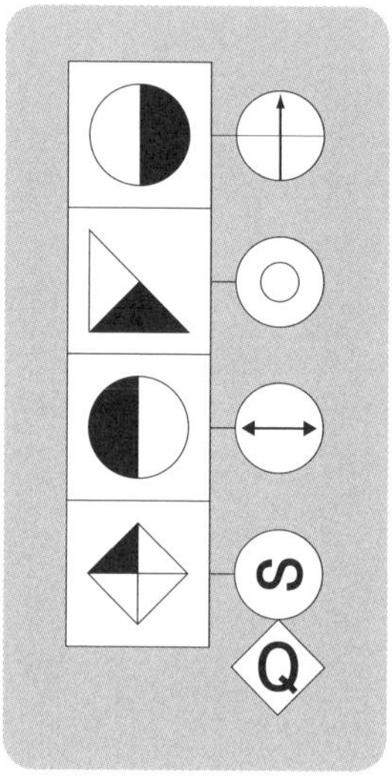

A　B　C　D　E

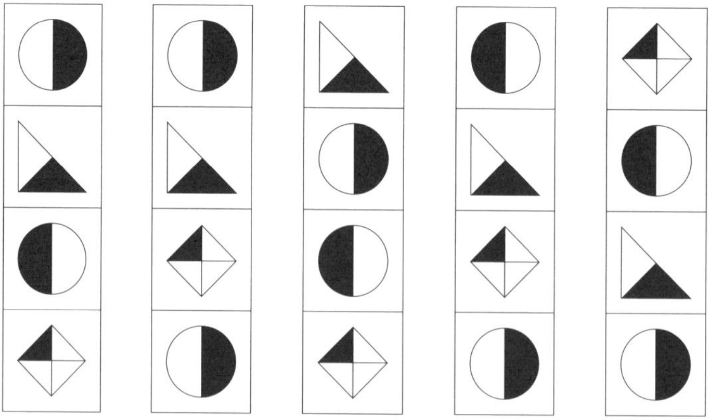

解答と解説

26 正解（C）

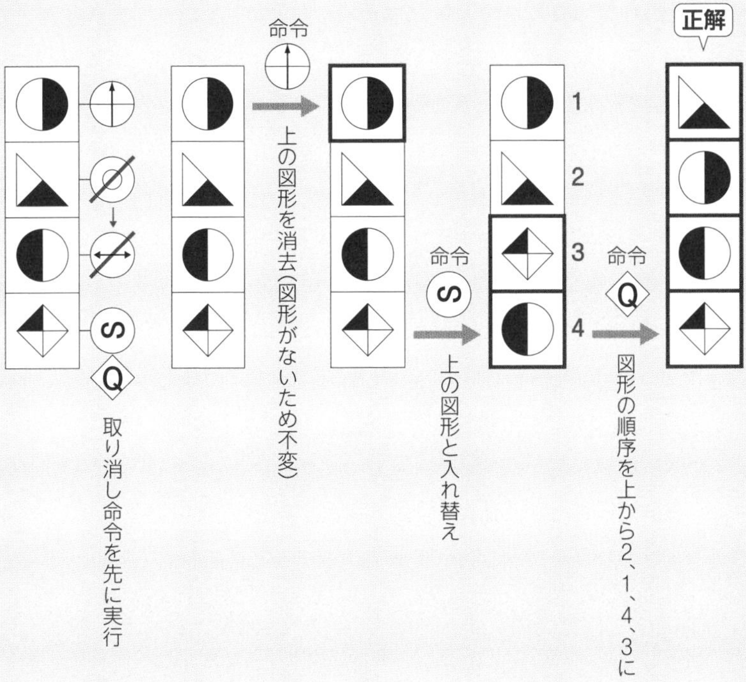

◎（下の命令を取り消す）によって↔（左右を反転させる）が消える。そのため、実際には⊕（上の図形を消去）、Ⓢ（上の図形と入れ替え）、◇Q（図形の順序を上から2、1、4、3にする）の3つの命令を実行すればよい。

順に見ていくと、⊕は、上の図形がないため、変化はない。次にⓈを実行して3番目と4番目の図形を入れ替える。最後に◇Qによって1番目と2番目の図形を入れ替え、さらに3番目と4番目の図形を入れ替える。

問題

27

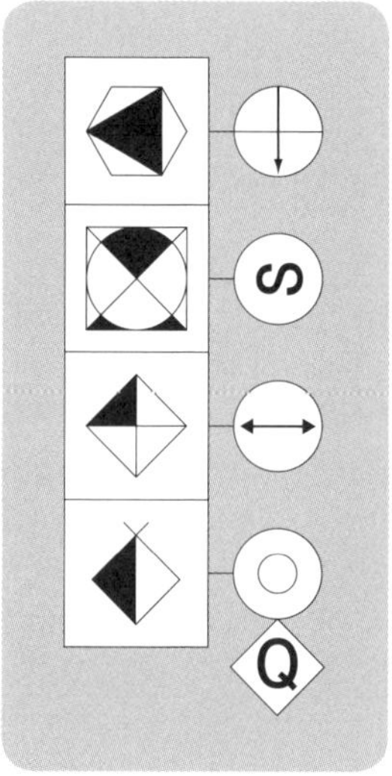

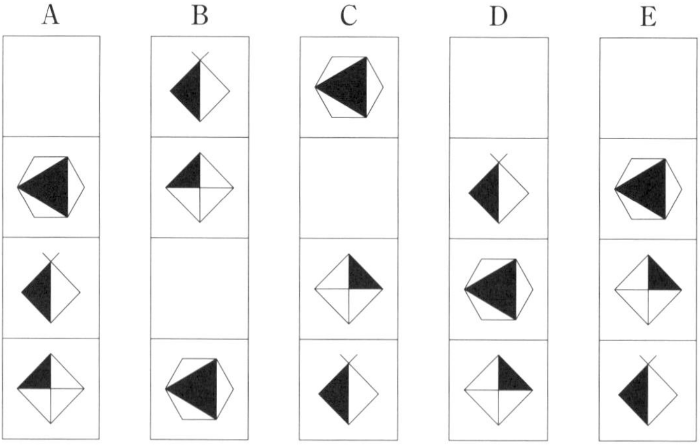

解答と解説

27 正解（E）

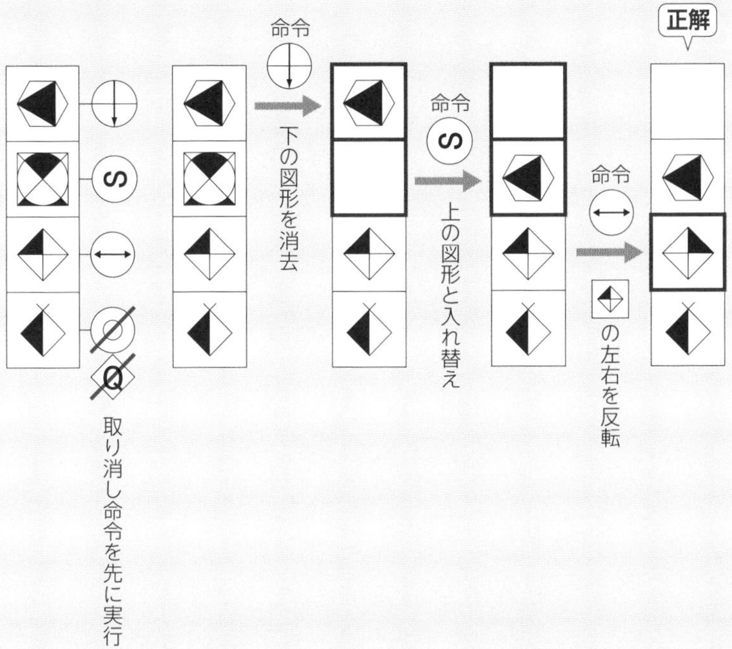

◎（下の命令を取り消す）があり、この命令によって、Q（図形の順序を上から2、1、4、3にする）は取り消される。残る命令、⊕（下の図形を消去）、S（上の図形と入れ替え）、↔（左右を反転させる）を順に実行する。⊕で2番目の図形が消え、Sで1番目が空欄となる。↔で3番目の図形を左右反転させる。

問題

28

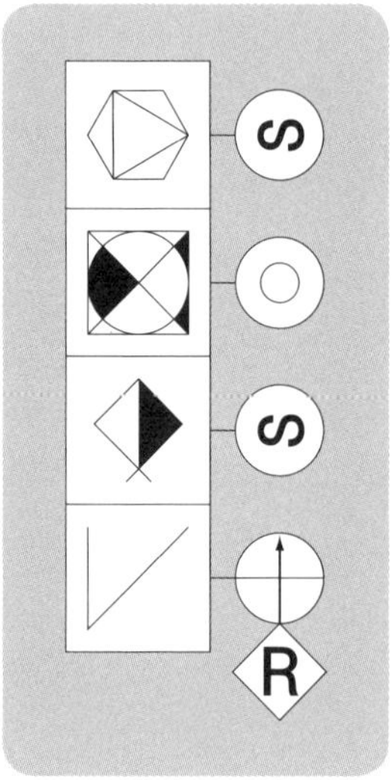

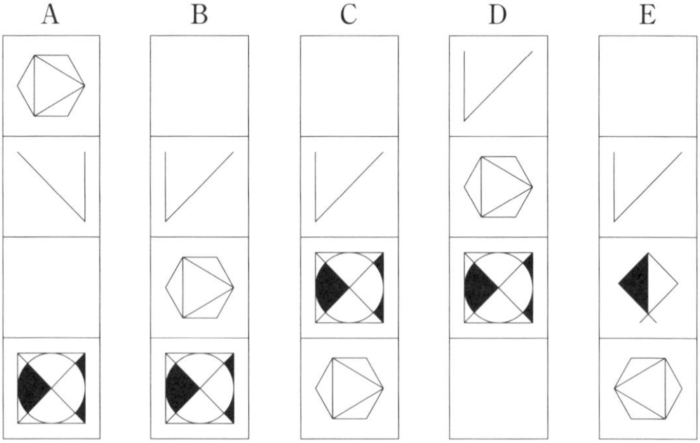

解答と解説

28 正解（B）

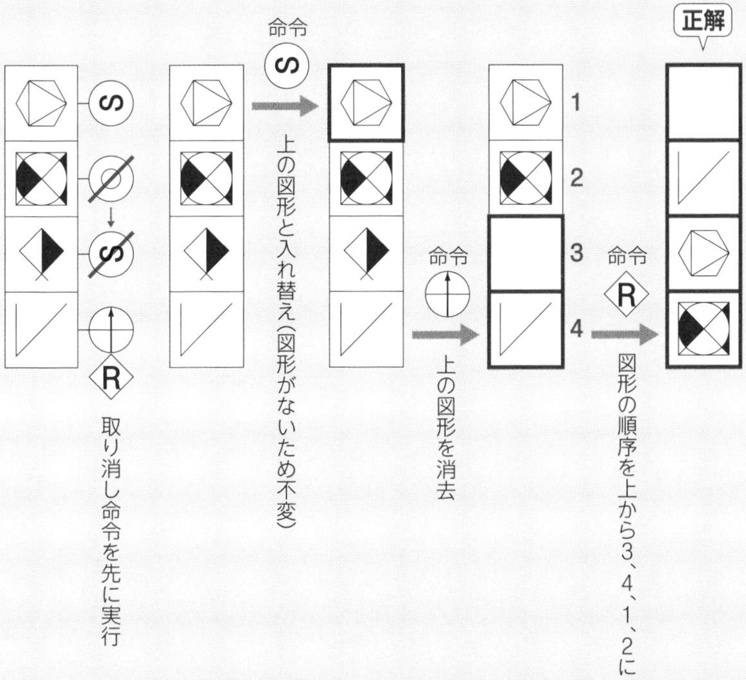

◎（下の命令を取り消す）によって、Ⓢ（上の図形と入れ替え）を取り消している。したがって、実際に実行する命令は、Ⓢ（上の図形と入れ替え）、⊕（上の図形を消去）と◇R（図形の順序を上から3、4、1、2にする）の3つとなる。

Ⓢは一番上にあるため、上の図形というものがなく、変化はない。◇Rでは、3番目と4番目の図形をそのまま一番上に移動するだけでよい。

問題

29

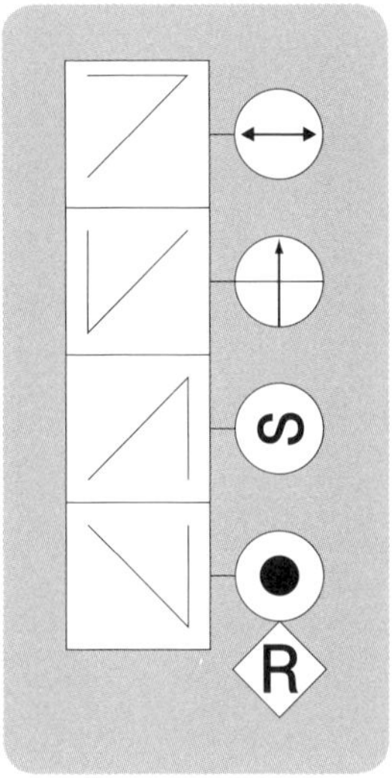

A　B　C　D　E

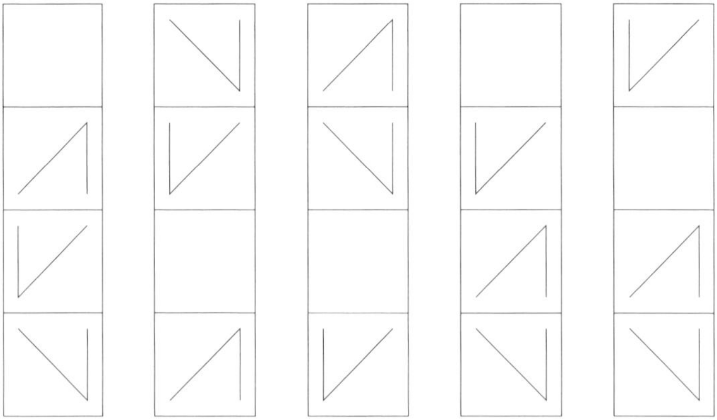

解答と解説

29 正解（C）

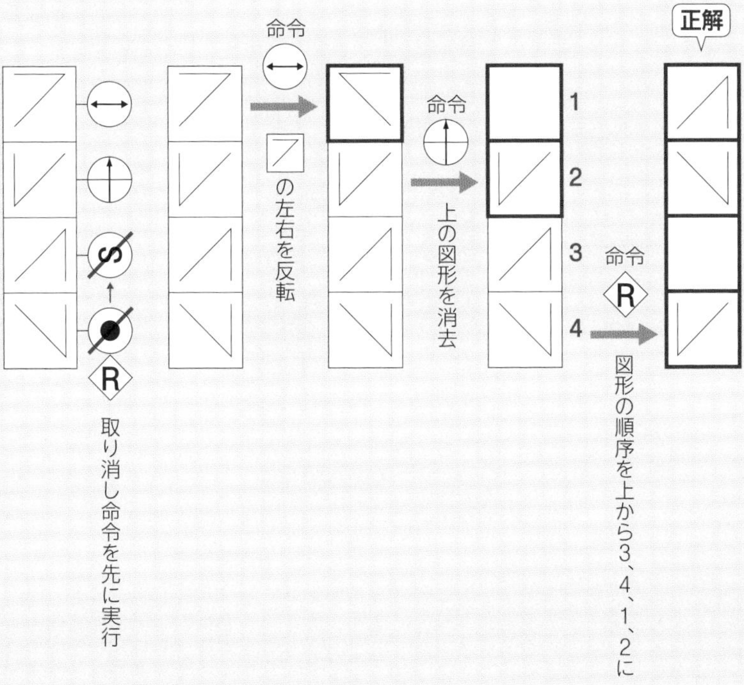

●（上の命令を取り消す）によって、Ⓢ（上の図形と入れ替え）が取り消されるので、実行する命令は、↔（左右を反転させる）、↑（上の図形を消去）、R（図形の順序を上から3、4、1、2にする）の3つとなる。

↔を実行すると1番目の図形が左右反転するが、これは次の↑によって消去される。最後に、Rによって、3番目と4番目の図形をそのまま一番上に移動する。

問題

30

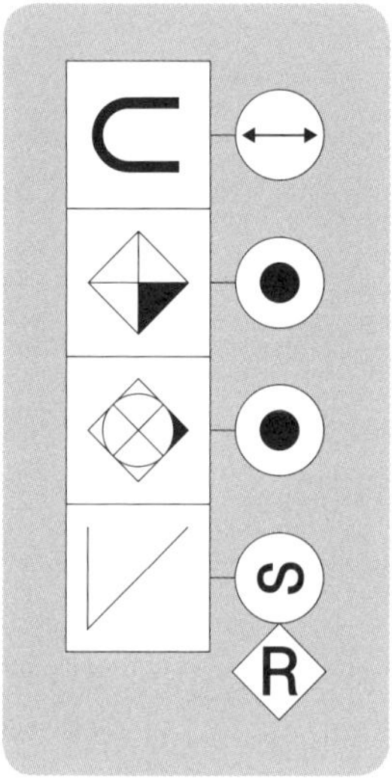

A　B　C　D　E

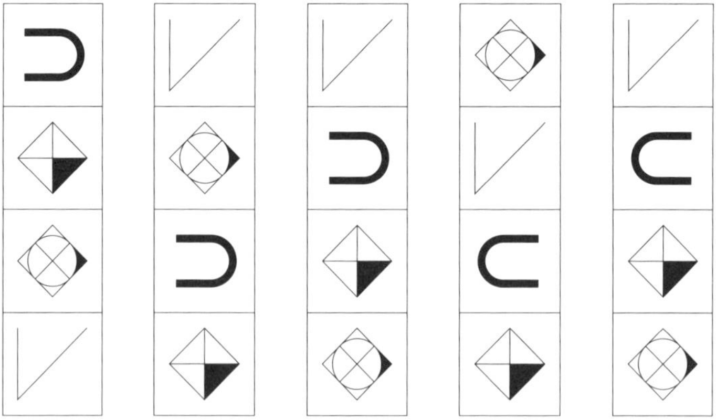

解答と解説

30 正解（B）

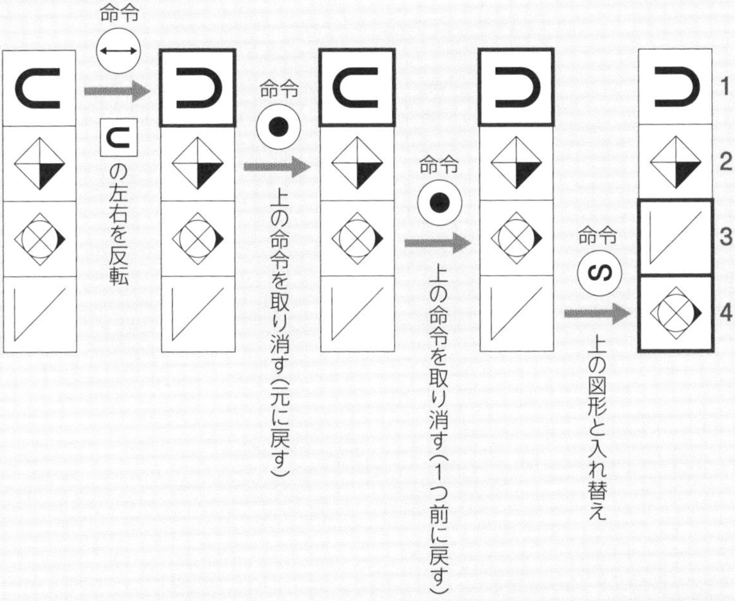

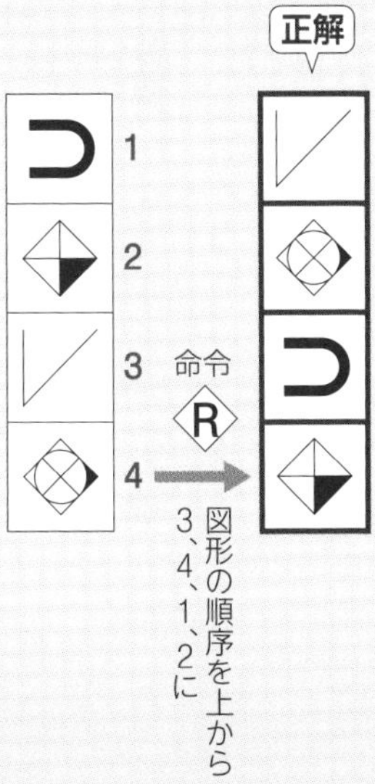

取り消し命令を先に実行するのが原則だが、この問題では●（上の命令を取り消す）が2つ並んでいることに注意したい。

順に見ていくと、↔（左右を反転する）が最初の●で取り消され、次の●で最初の●が取り消される。↔の命令は、この命令に対する取り消し命令が取り消されたことで有効になる。

問題

31

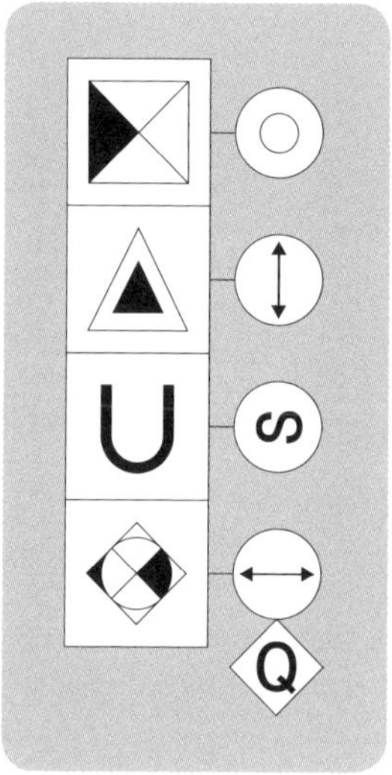

A

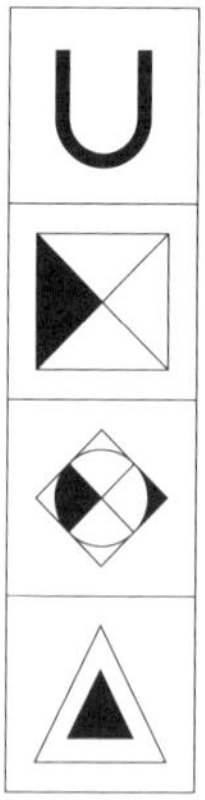

B

C

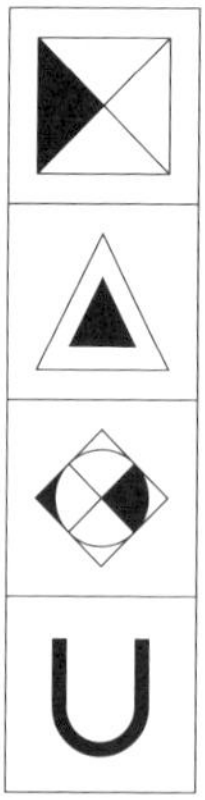

D

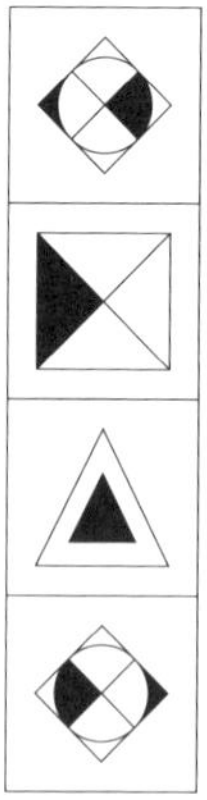

E

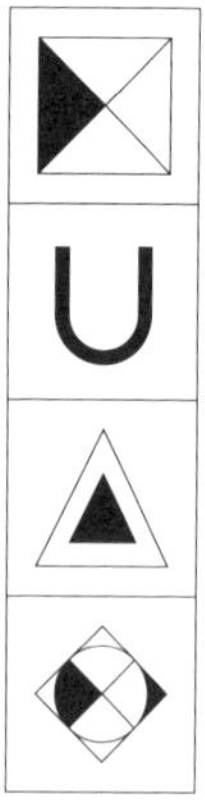

解答と解説

31 正解（A）

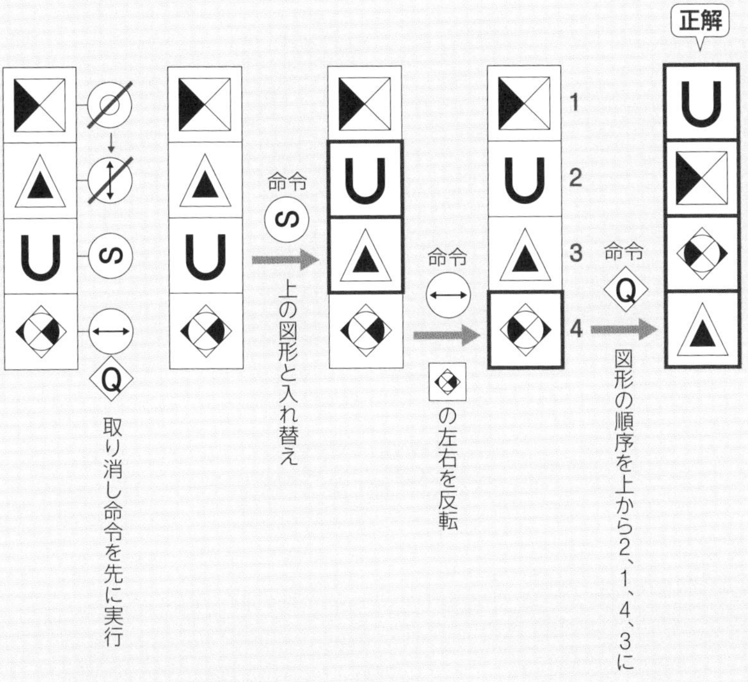

◎（下の命令を取り消す）によって、↕（上下を反転させる）が取り消され、実際には、Ⓢ（上の図形と入れ替え）、↔（左右を反転させる）、Q（図形の順序を上から2、1、4、3にする）の3つの命令を実行すればよい。

Ⓢによって、▲とUを入れ替え、↔によって◇を反転させると◇となる。最後に、Qを実行する。

問題

32

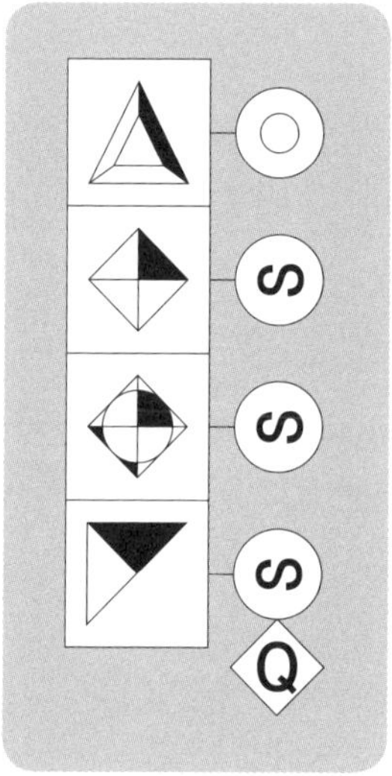

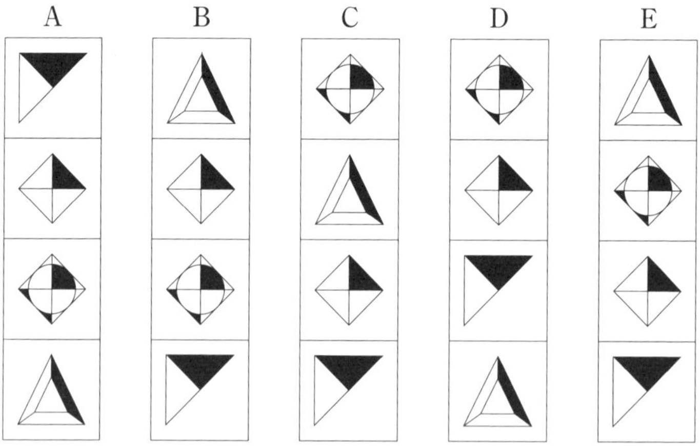

解答と解説

32 正解（C）

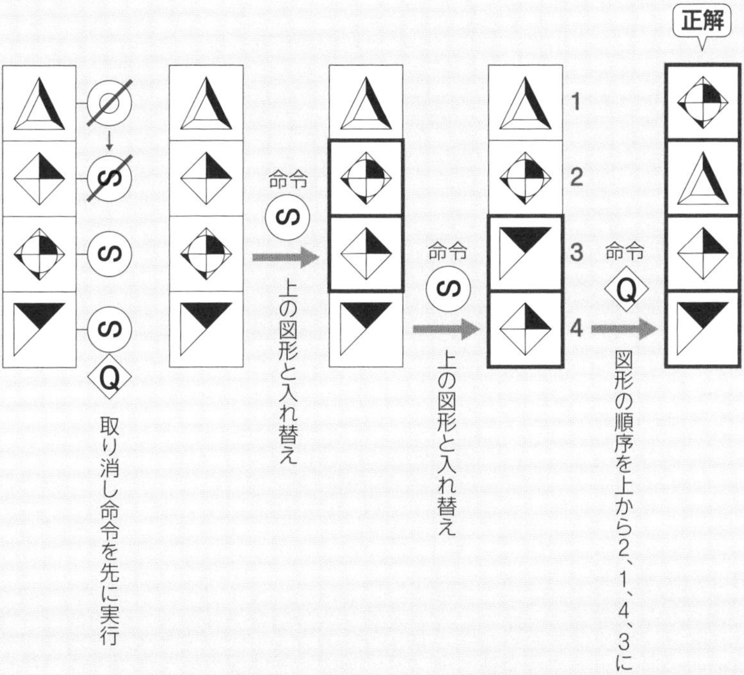

Ⓢ（上の図形と入れ替え）の命令が3つ並んでいるが、3つのうち、◎（下の命令を取り消す）の下にあるものは取り消されるから、入れ替え命令は2つ実行すればよい。

まず、Ⓢによって、2番目と3番目の図形を入れ替えて、次のⓈによって、3番目と4番目の図形を入れ替える。最後に、◇Q（図形の順序を上から2、1、4、3にする）を実行する。

問題

33

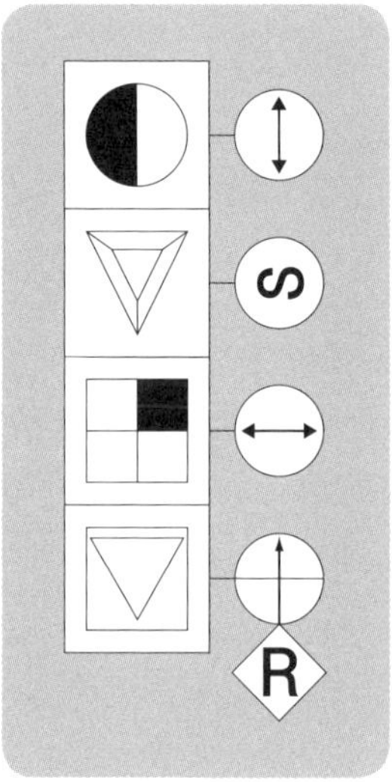

A　B　C　D　E

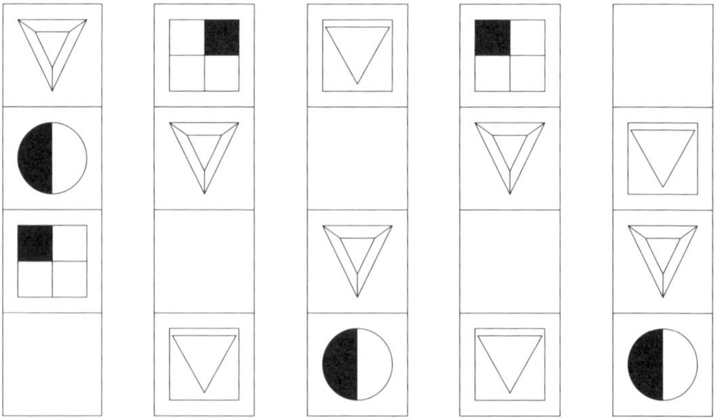

解答と解説

33 正解（E）

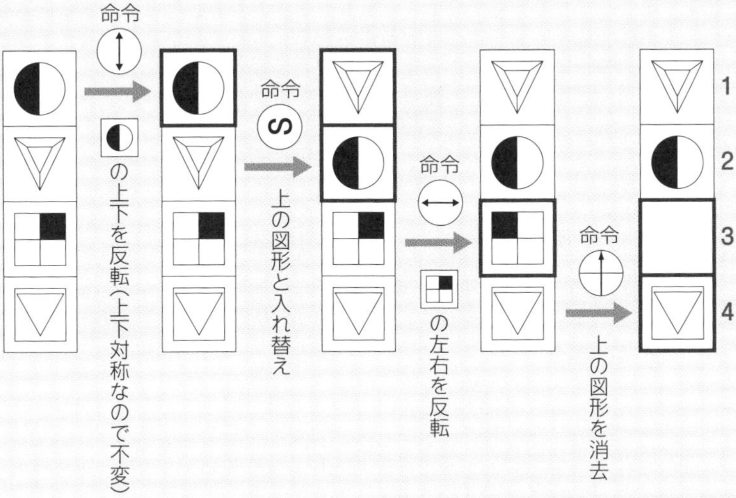

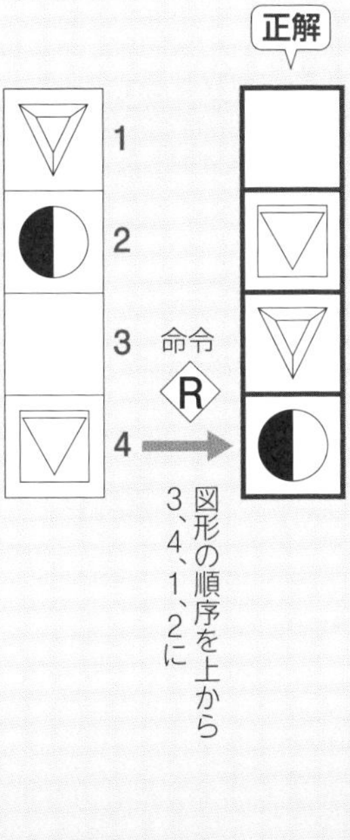

取り消し命令がないので、1つずつ命令を実行する。は上下方向に対称だから、（上下を反転させる）で反転させても変わらない。S（上の図形と入れ替え）で1番目と2番目の図形を入れ替える。（左右を反転させる）でがとなるが、これは次の（上の図形を消去）で消去される。最後に、R（図形の順序を上から3、4、1、2にする）を実行する。

問題

34

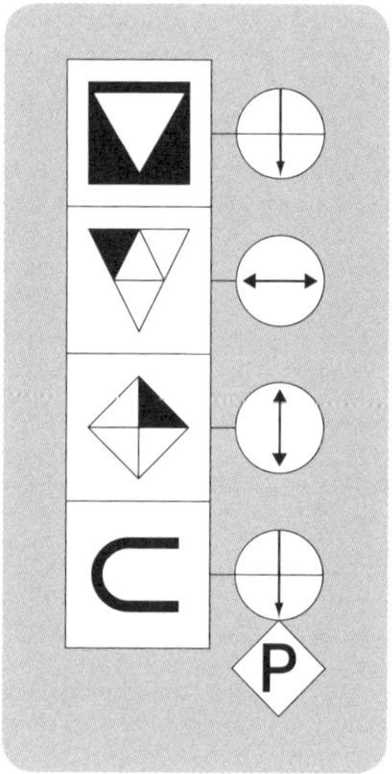

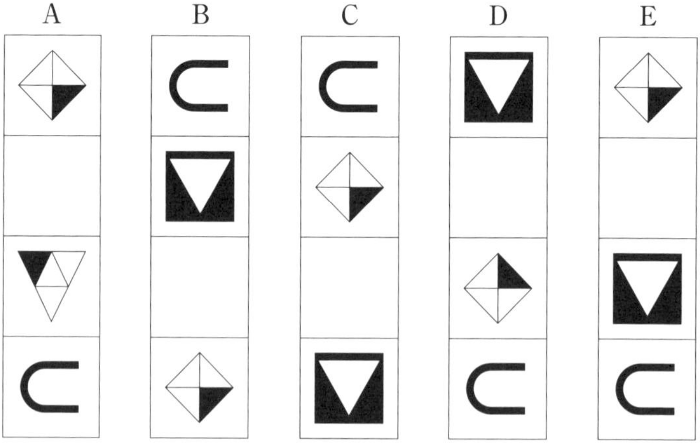

解答と解説

34 正解（C）

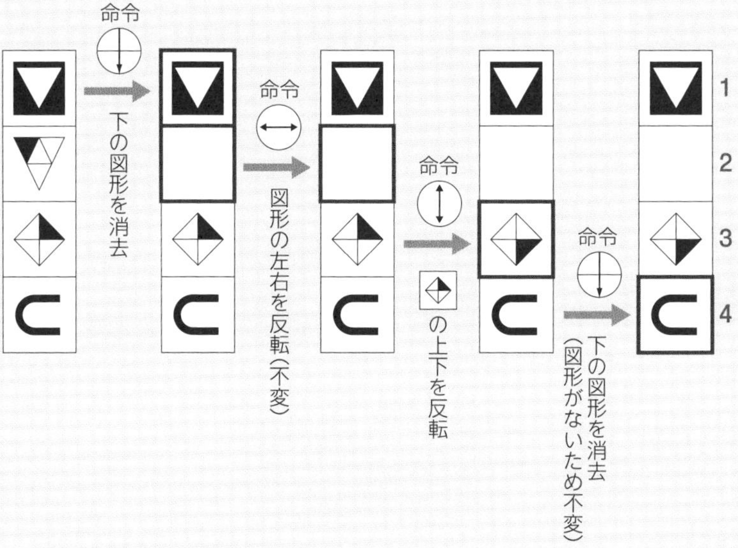

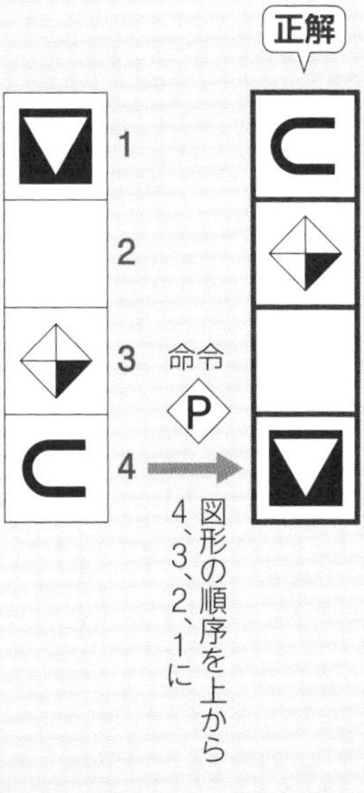

上から1つずつ命令を実行する。（下の図形を消去）によって、が消去され、次の（左右を反転させる）の命令は、図形がないため変化はない。（上下を反転させる）ではとなる。次の（下の図形を消去）によって消去される図形はない。最後に、P（図形の順序を上から4、3、2、1にする）で図形の並びを上下反対にする。

問題

35

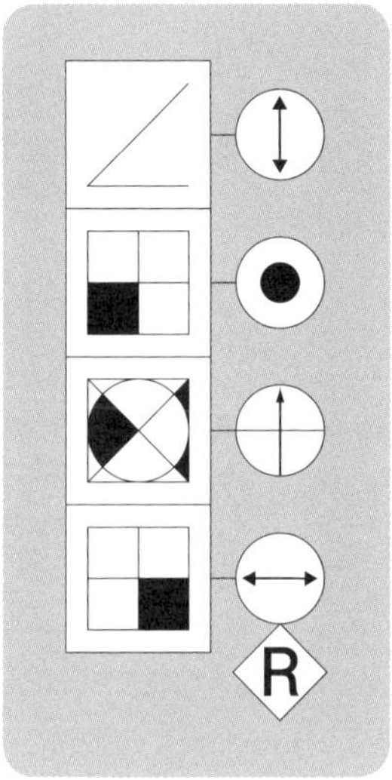

A　B　C　D　E

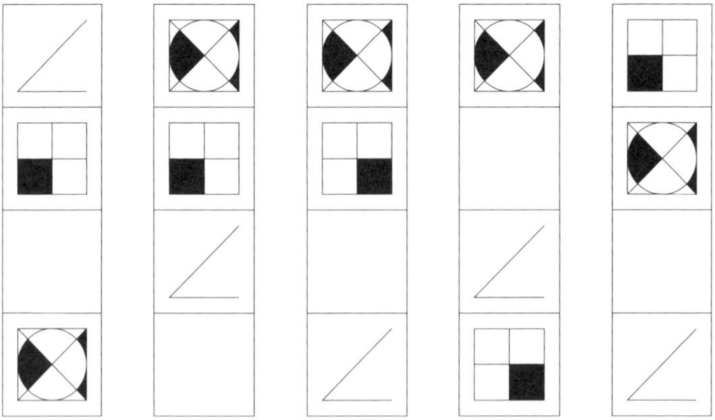

解答と解説

35 正解（B）

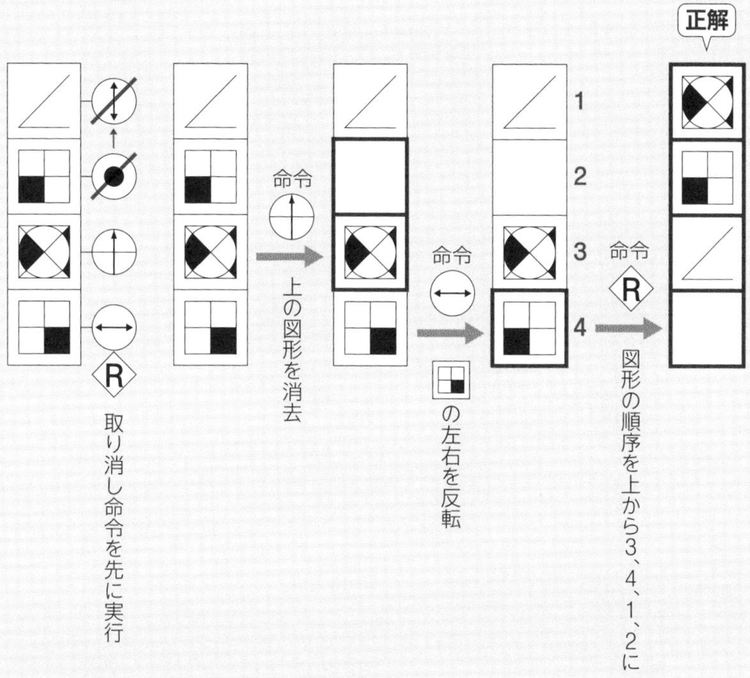

●（上の命令を取り消す）によって、↕（上下を反転させる）が取り消されるから、実際には、⊕（上の図形を消去）、↔（左右を反転させる）、◇R（図形の順序を上から3、4、1、2にする）の3つの命令を実行すればよい。

⊕によって が消去され、次に、↔によって が となる。最後に、◇Rを実行する。

問題

36

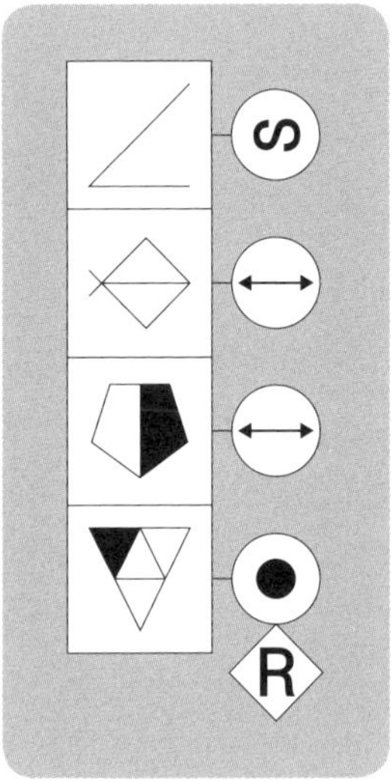

A　B　C　D　E

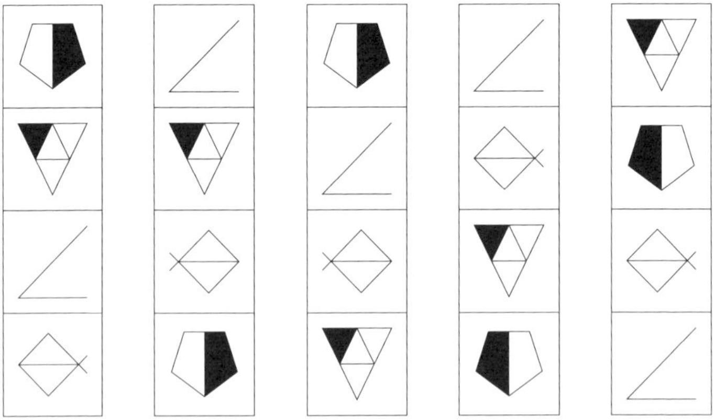

解答と解説

36 正解（A）

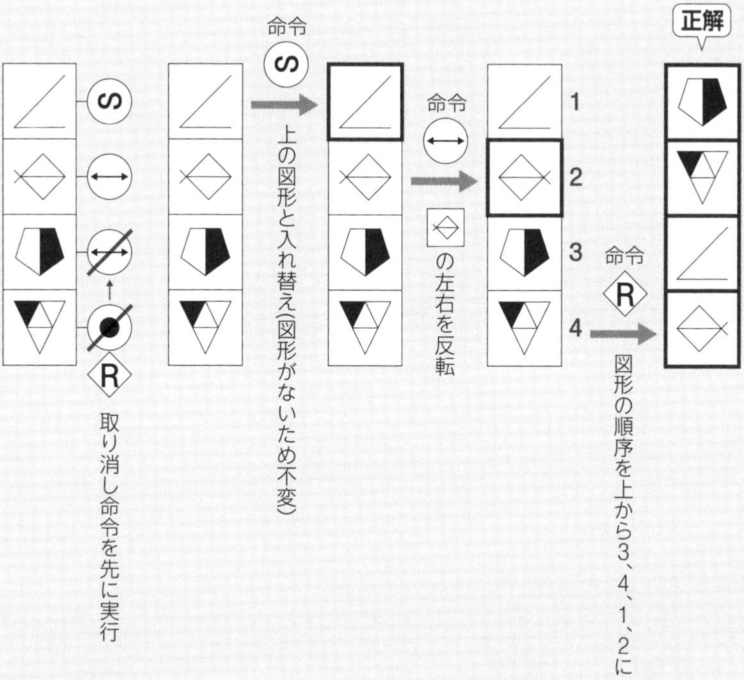

●（上の命令を取り消す）によって、3番目の命令↔（左右を反転させる）が取り消されるから、実際には、上から順にⓈ（上の図形と入れ替え）、↔（左右を反転させる）、Ⓡ（図形の順序を上から3、4、1、2にする）を実行する。Ⓢは一番上にあるため、実行しても変化はない。

問題

37

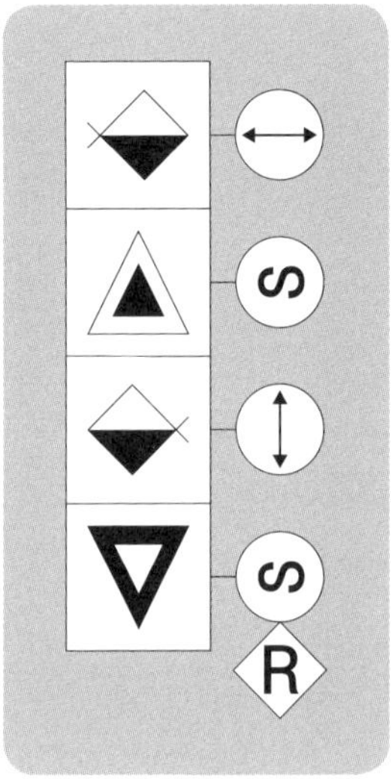

A　B　C　D　E

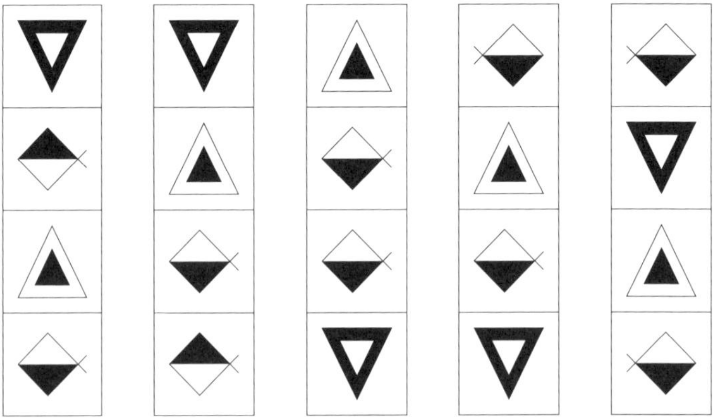

解答と解説

37 正解（A）

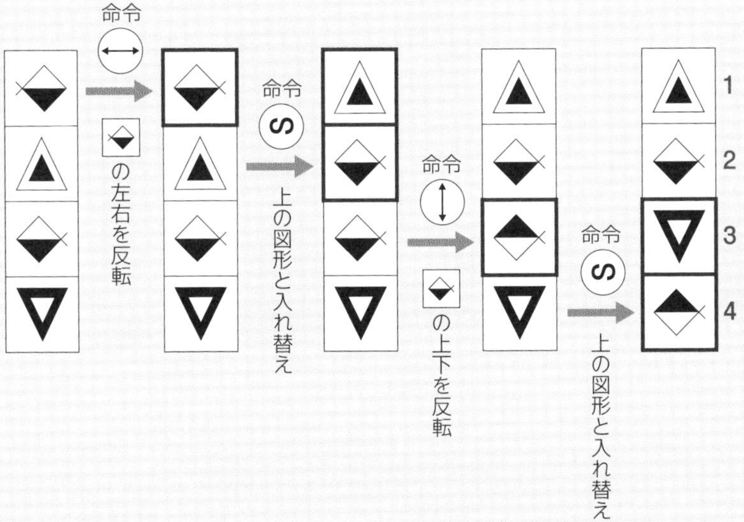

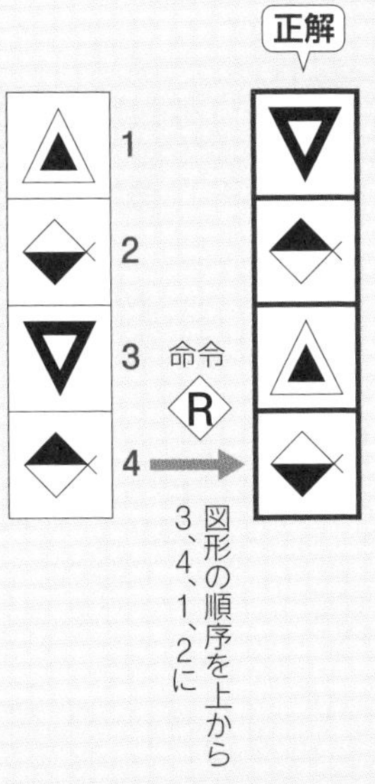

取り消し命令がないので、1つずつ命令を実行していく。を（左右を反転させる）で反転させると、S（上の図形と入れ替え）で1番目と2番目の図形を入れ替える。次に、（上下を反転させる）でがとなる。Sで3番目と4番目の図形を入れ替え、最後に、R（図形の順序を上から3、4、1、2にする）を実行する。

問題

38

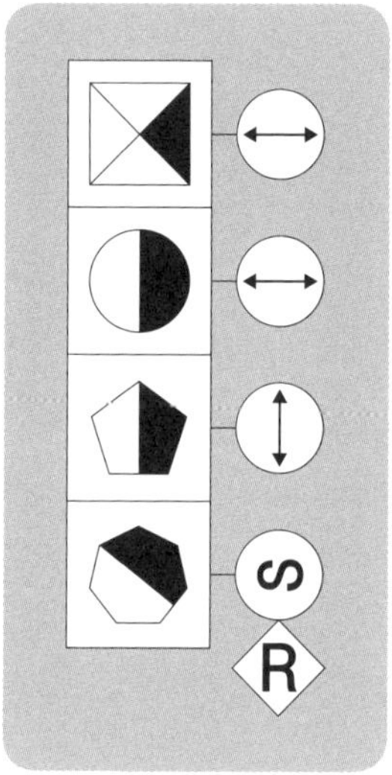

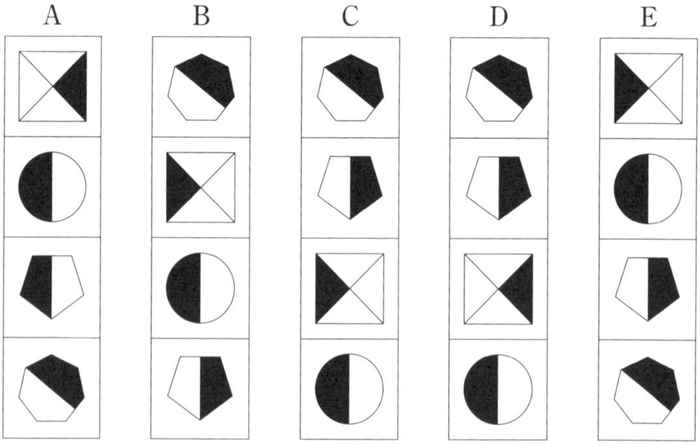

解答と解説

38 正解（C）

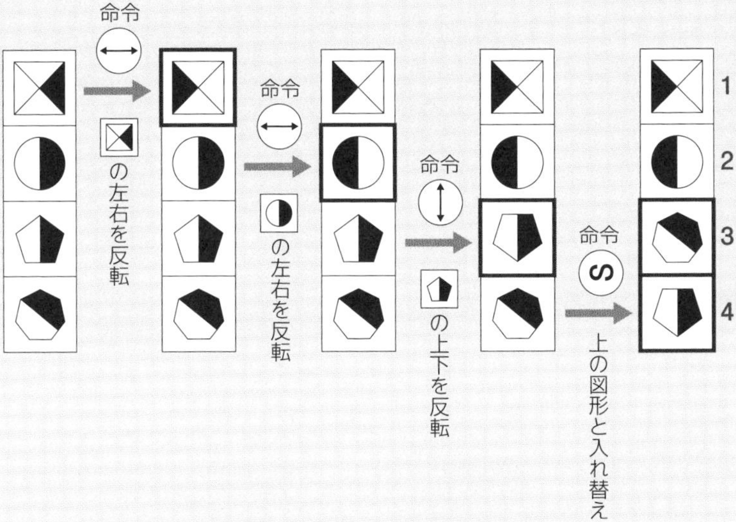

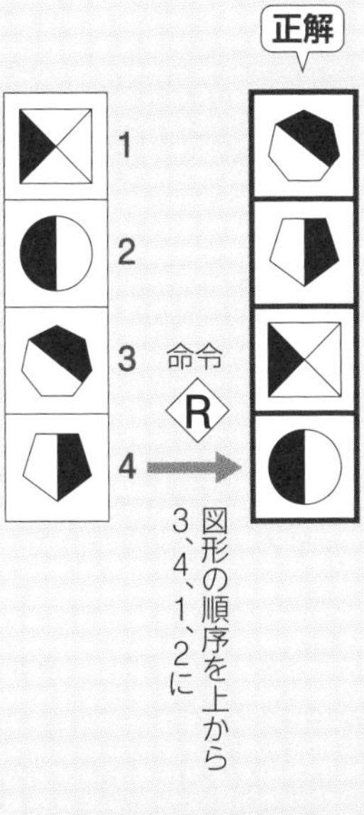

取り消し命令がないので、1つずつ命令を実行する。を（左右を反転させる）で反転させると、をで反転させると、を（上下を反転させる）で反転させるとになる。さらに、S（上の図形と入れ替え）で、3番目と4番目の図形を入れ替え、最後に、R（図形の順序を上から3、4、1、2にする）を実行する。

CAB暗号

39問
制限時間20分

暗号は、CABのPART4として出題され、図形の間に働く暗号の意味を推理することで、総合的な推理能力をみる。暗号図13題それぞれに設問が3つずつ出題され、計39問を制限時間20分で解く。解答は5つの選択肢から1つを選ぶ5択方式。元の図形がどう変化したか、1つずつ確認していくこと。

出題パターン分析

複数の暗号を経由して、箱の中の図形が変化していく過程を表しているのが暗号図。暗号のおもな意味には次のようなものがある。

回転▶時計回りに90度回転する
色▶白黒反転する(複数の図形のうち一部だけ変わる場合もある)
大きさ▶図形を大きくする、小さくする
増減▶右端の図形や文字を右側に追加、縦・横線を増やす・減らす
文字▶数字やアルファベットの並びを逆にする、数字を2倍にする
図形の変化▶丸を三角や四角にする、四角を丸や三角にする

攻略テクニック▶共通の変化、共通の暗号を見つける

まずは変化後の図形が元の図形とどう変わっているかチェックする。小さくなった、黒くなったなど、変化のようすをメモしておき、**変化した図形に共通の暗号を見つける。解読できた暗号には必ず意味を書いておく**こと。選択肢に「該当なし」が含まれているため、消去法で正解にたどりつけないこともあるので注意が必要だ。なお、1つの暗号図を解読し、3つの設問に答えるのに使えるのは**平均90秒強**。最初の簡単な問題で時間をかせごう。

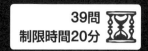

●**WebCAB　30問を16分**で解答する。画面に解読できた暗号を**メモする欄**があるのが特徴。難易度は紙ベースに比べてかなり高い。

問題例

下の例の、正方形の間にある円形の記号は、左の図形に対してなされる暗号命令です。この暗号により、左の図形は右の図形に変えられます。図形の変化から、暗号の意味を解読してください。

[例]

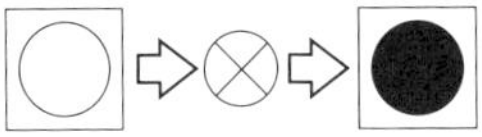

(⊗→黒くする)

矢印の方向に図形は変化していきます。矢印は２種類ありますが、図形が変化していく方向は同じ種類の矢印に限られ、別の種類の矢印には進みません。また、各暗号は同じブロック内でのみ共通の意味をもち、別のブロックでは別の意味をもちます。

以下の暗号図から暗号の意味を解読し、下の「？」に入る選択肢を１つ選びなさい。

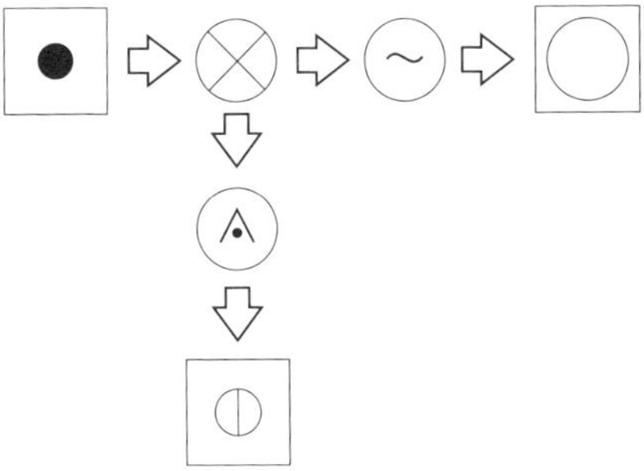

1

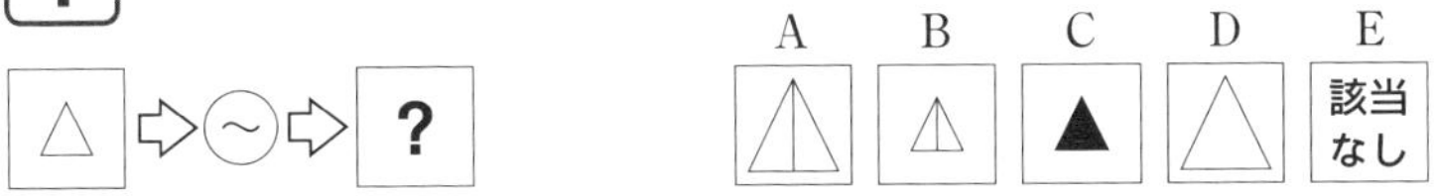

正解　1→D

問題例の設問にしたがい、次ページからの問題を解いてください

問題

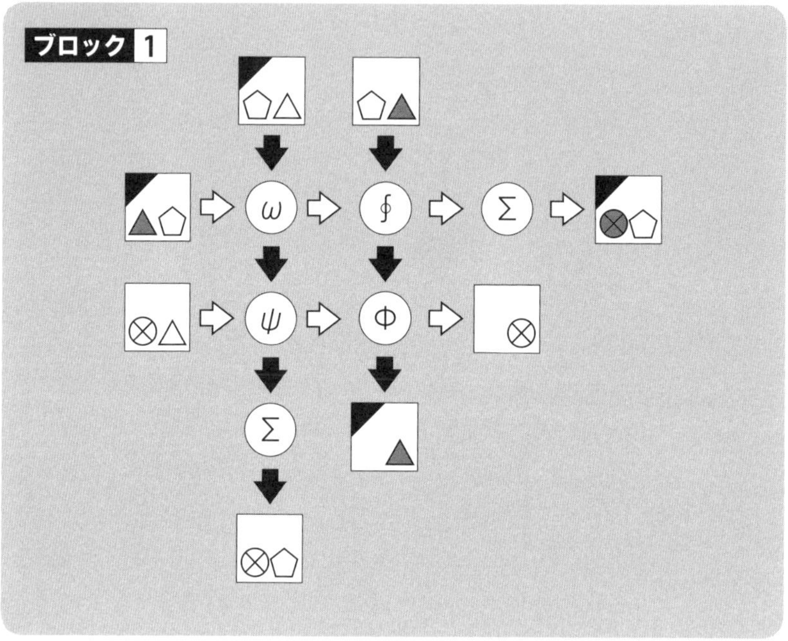

1

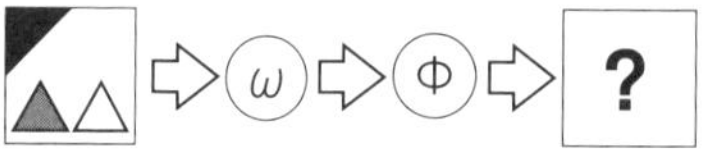

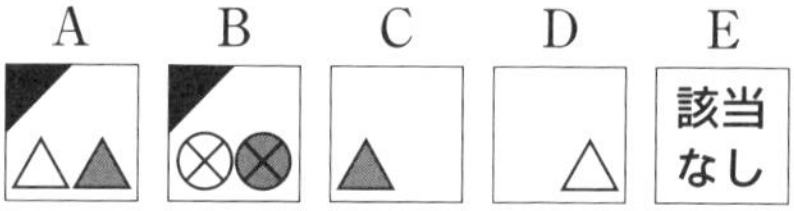

2

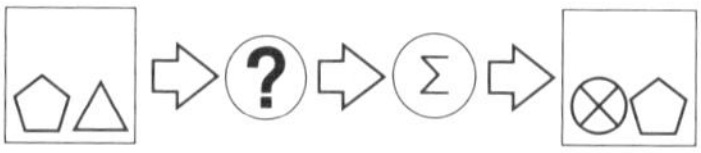

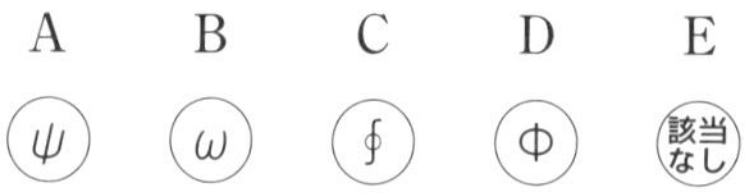

3

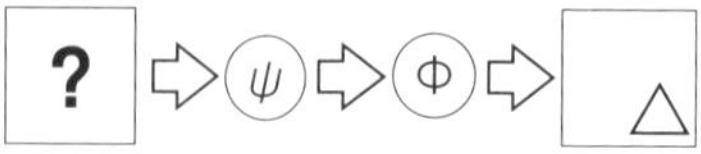

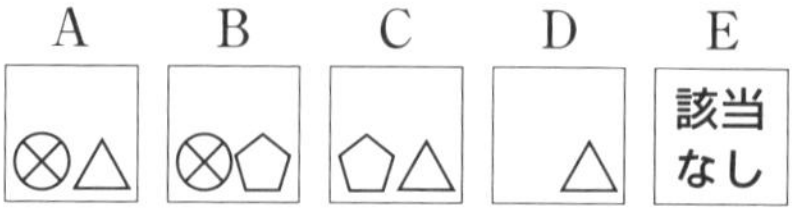

解答と解説

ブロック 1

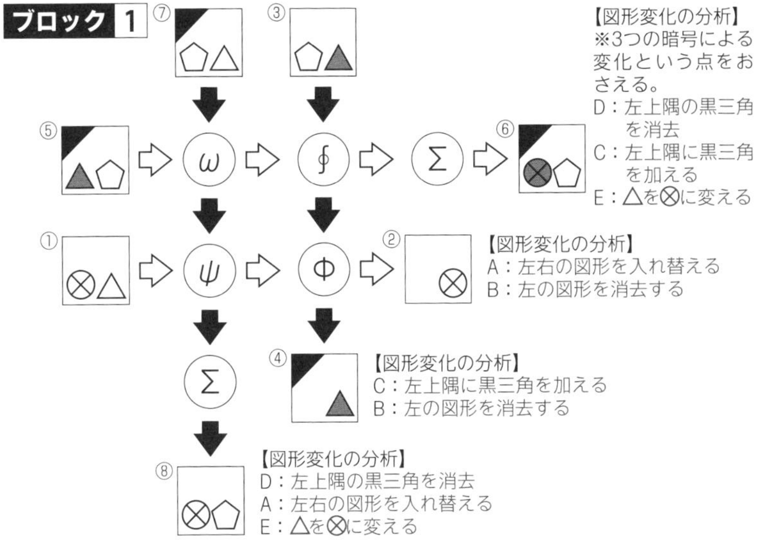

①→②と③→④の共通変化から、「B：左の図形を消去する」がΦ。そして、「A：左右の図形を入れ替える」がψ、「C：左上隅に黒三角を加える」が∮とわかる。次に⑤→⑥で∮が「左上隅に黒三角を加える」なので、「D：左上隅の黒三角を消去」がω、「E：△を⊗に変える」がΣと推定でき、⑦→⑧により確認できる。

1 正解 (D)

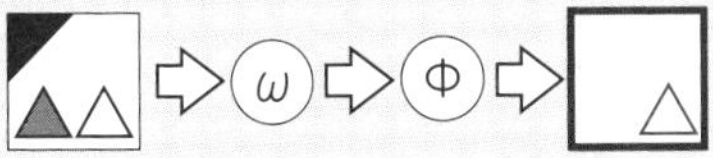

ωは「左上隅の黒三角を消去」、Φは「左の図形を消去する」。

2 正解 (A)

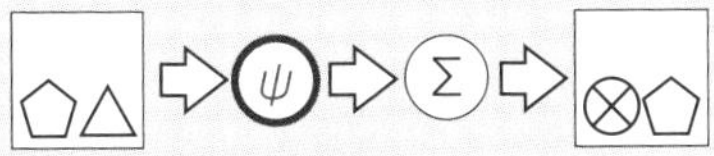

Σは「△を⊗に変える」。その前に左右の図形が入れ替わっている。

3 正解 (E)

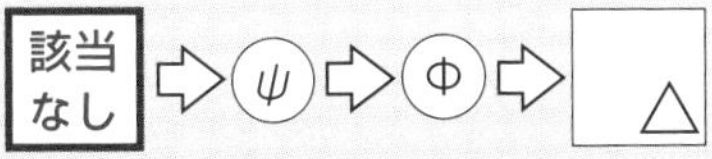

ψで左右を入れ替え、Φで左の図形を消去。その結果三角形が右側にある。つまり最初は左側にあった。該当する選択肢はない。

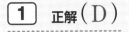

問題

ブロック 2

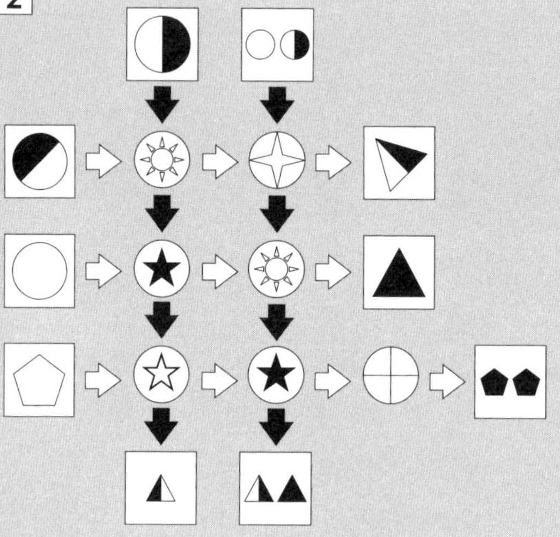

4

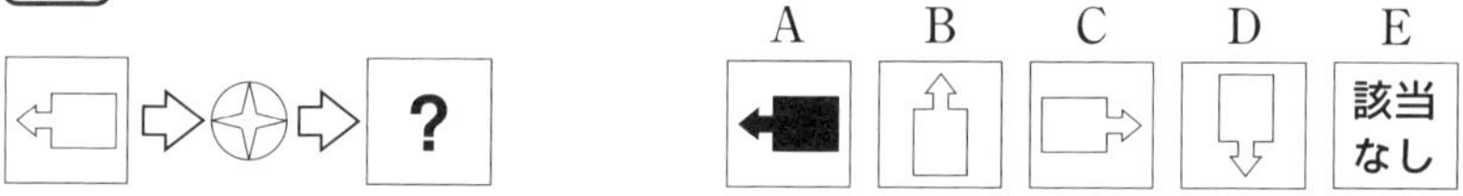

5

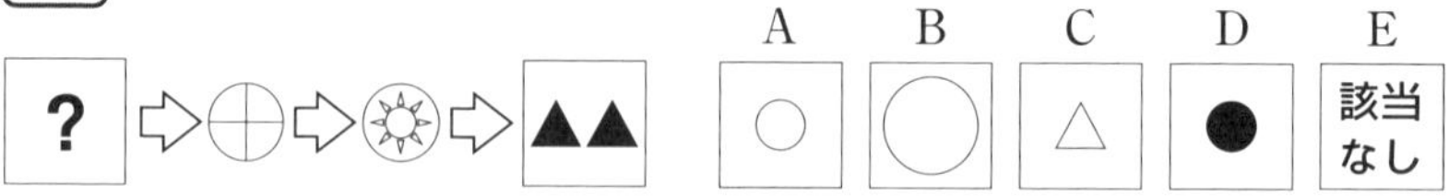

6

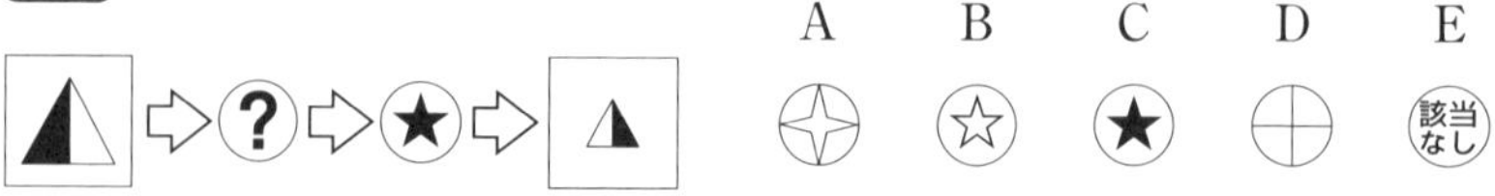

解答と解説

ブロック 2

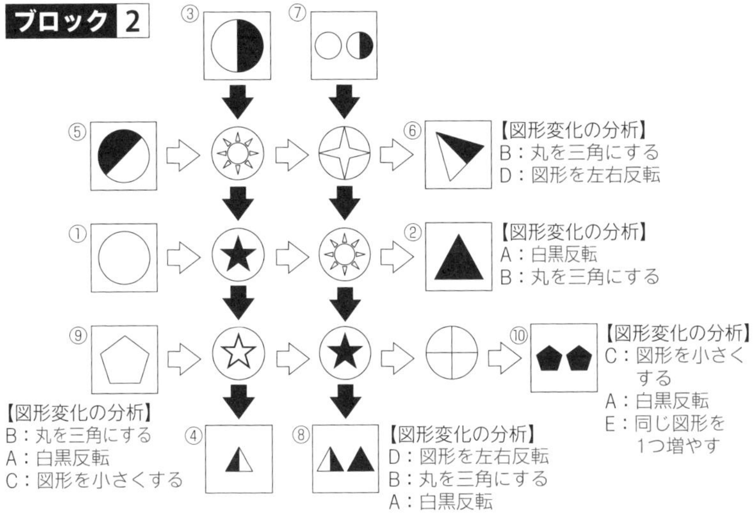

①→②は★☼より丸が三角になり白黒反転している。③→④も同じ暗号があり、丸が三角になり白黒反転している。⑤→⑥では★がなく三角になるので☼が「B：丸を三角にする」と決まり、★が「A：白黒反転」もわかる。③→④の残りの☆が「C：図形を小さくする」。⑤→⑥、⑦→⑧から✧が「D：図形を左右反転」、⑨→⑩の⊕が「E：同じ図形を1つ増やす」となる。

4 正解（C）

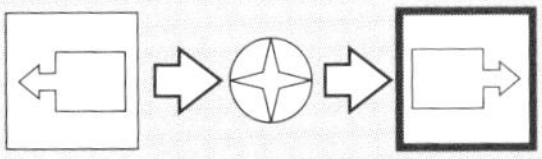

✧は「図形を左右反転」なので、正解はC。

5 正解（D）

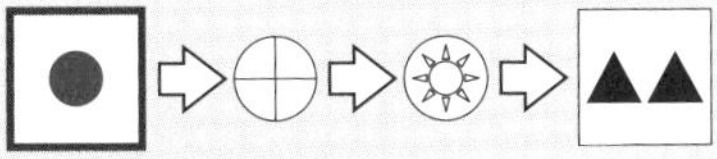

☼は「丸を三角にする」から変化前の図形は丸。⊕は「同じ図形を1つ増やす」から変化前は1つ。正解はD。

6 正解（B）

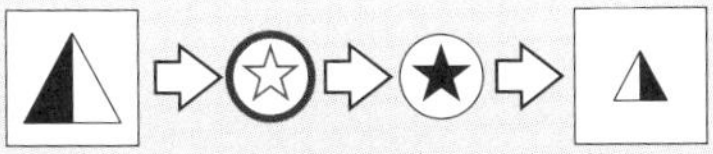

★は「白黒反転」から変化前は◭。もとの図形は大きいので、正解は「図形を小さくする」のB。

問題

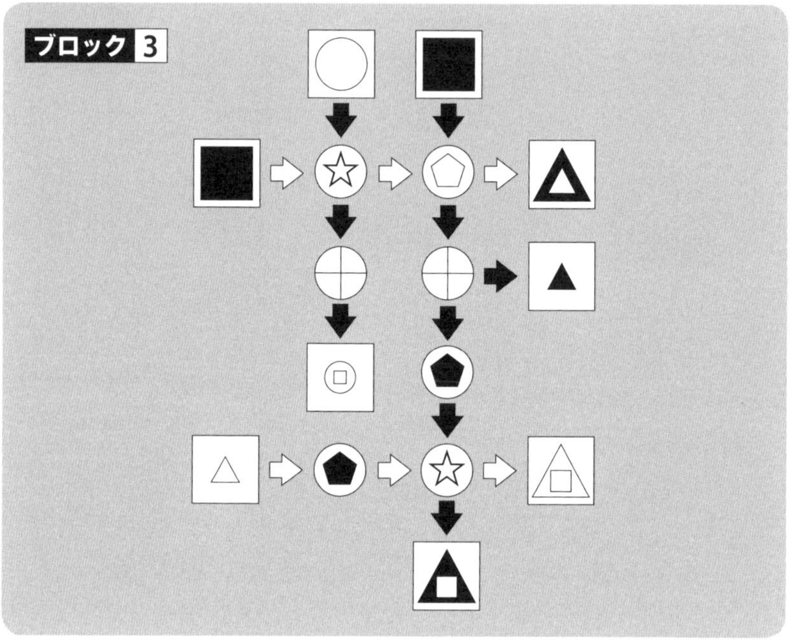

7

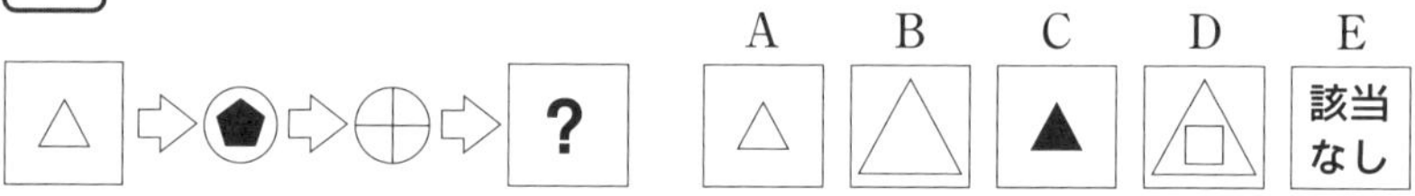

8

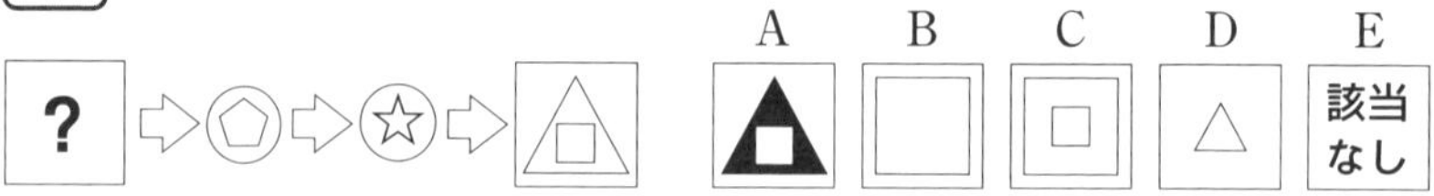

9

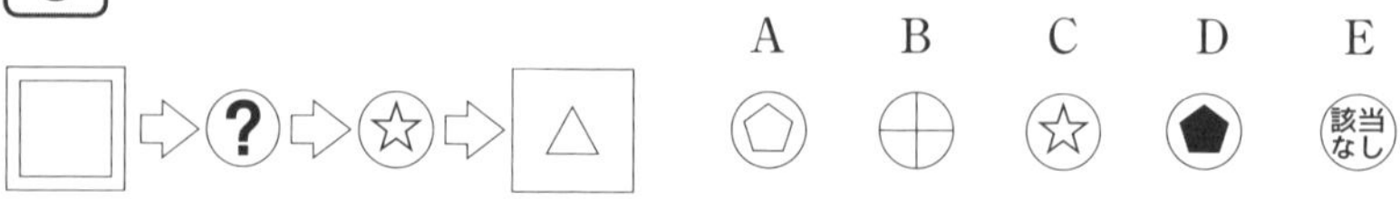

解答と解説

ブロック 3

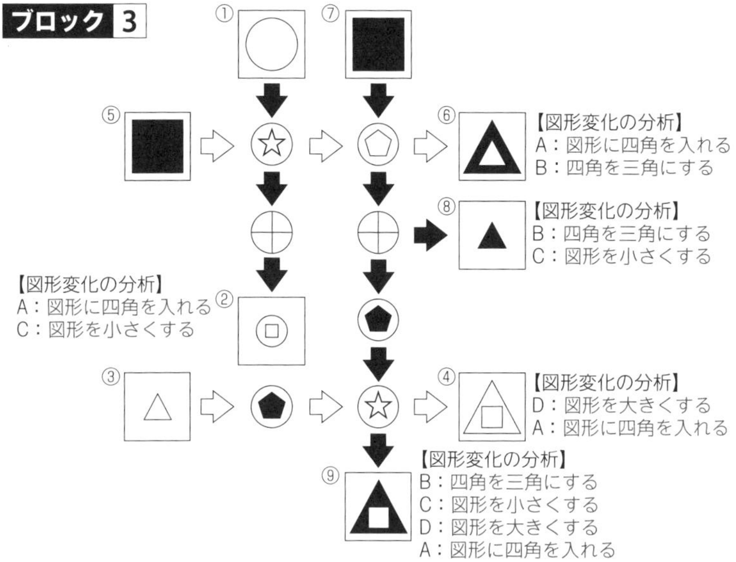

①→②、③→④の共通変化から「A：図形に四角を入れる」が☆とわかり、⑤→⑥は☆で四角を入れたあと三角になっており「B：四角を三角にする」が⬠とわかる。⑦→⑧から「C：図形を小さくする」が⊕とわかる。そして、③→④などから「D：図形を大きくする」が⬟とわかる。

7 正解（A）

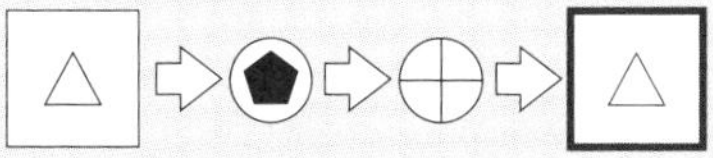

⬟で「図形を大きく」して⊕で「小さくする」ので、元に戻る。

8 正解（B）

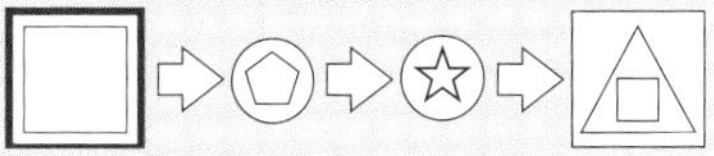

⬠で「四角を三角に」して☆で「四角を入れる」ので、最初はB。

9 正解（E）

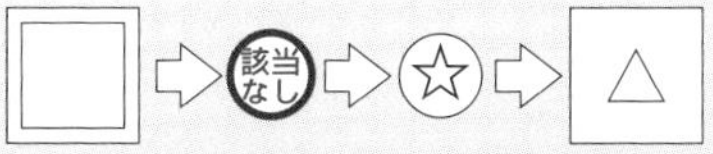

☆で四角を入れるはずだが最終形に四角はなく、1つめにどの暗号を入れても成立しない。

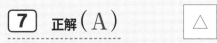

問題

ブロック 4

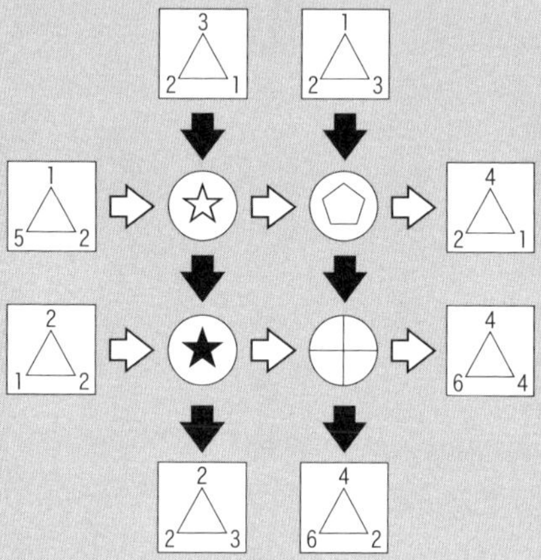

10

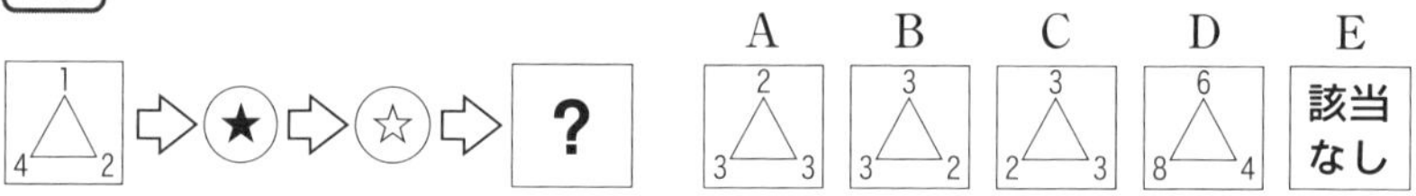

11

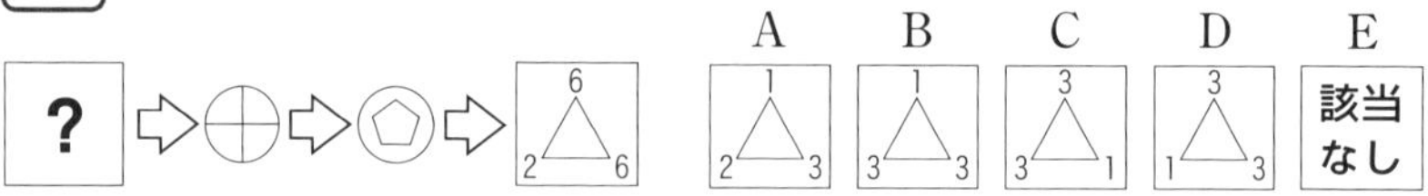

12

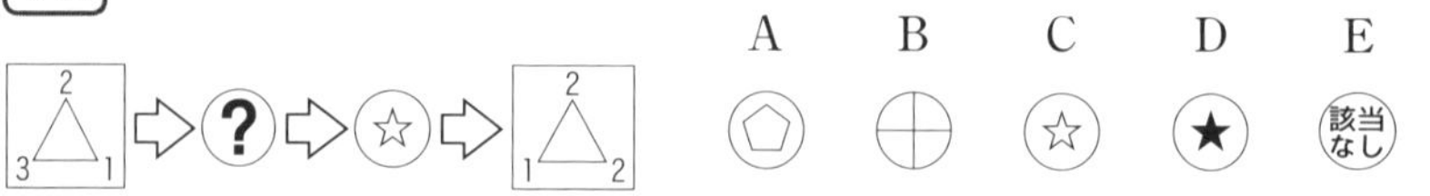

解答と解説

ブロック 4

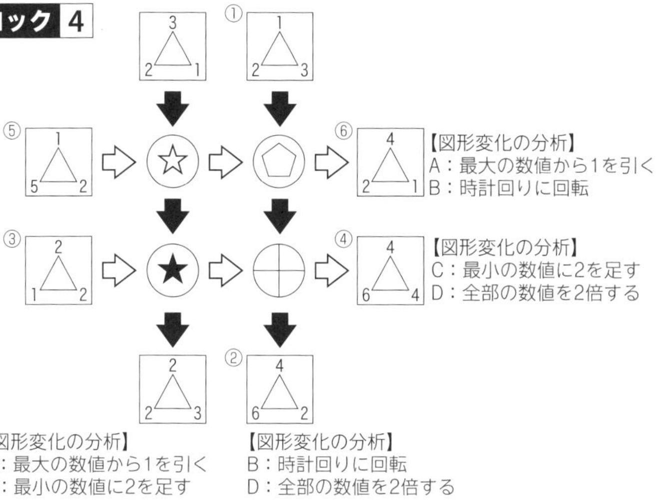

①→②の変化は、数値が2倍になって時計回りに回転している。ほかのところで数値2倍になっているのは③→④が考えられ、「D：全部の数値を2倍する」が⊕、「B：時計回りに回転」が⬠とわかる。④の左下の数値6は2倍した結果なのでもとは3。③の1が3になったことから「C：最小の数値に2を足す」が★とわかる。また、⑤→⑥で回転前に左下にあった5が4になっている変化より「A：最大の数値から1を引く」が☆とわかる。

10 正解（B）

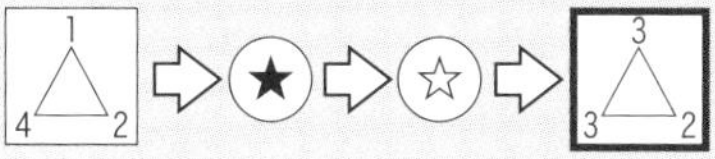

★は「最小の数値に2を足す」で1→3、☆は「最大の数値から1を引く」で4→3。正解はB。

11 正解（C）

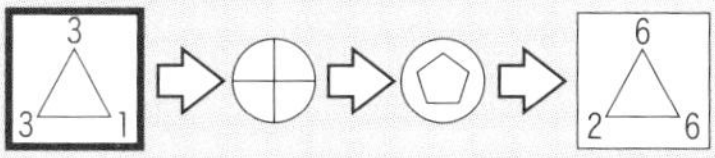

⬠は「時計回りに回転」で回転前は右下が2。⊕は「全部の数値を2倍する」からもとの数値はそれぞれ半数。正解はC。

12 正解（A）

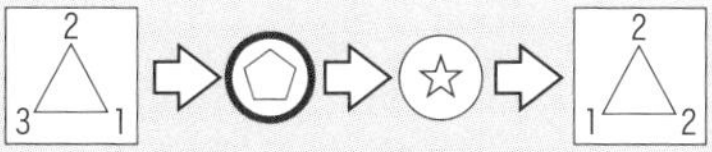

変化前・後に1があり、⊕★は該当しない。正解はA。

問題

ブロック 5

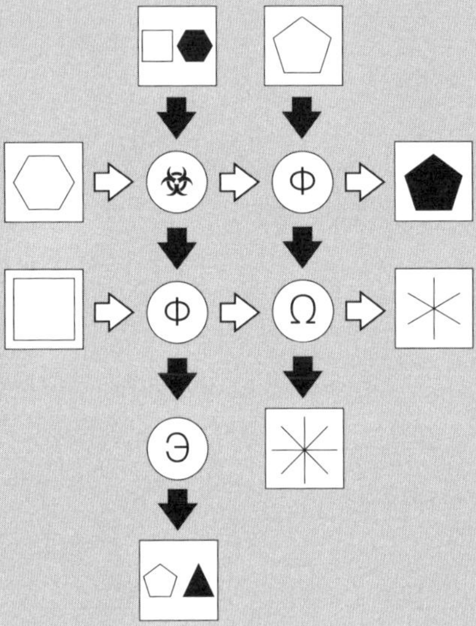

13

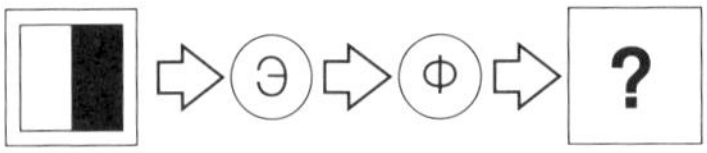

A　B　C　D　E

14

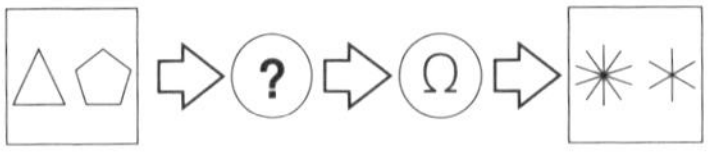

A　B　C　D　E

15

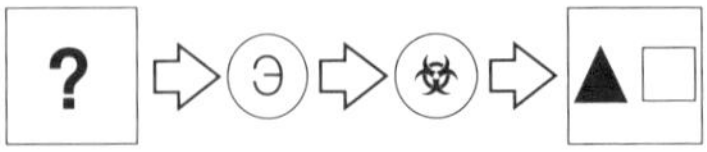

A　B　C　D　E

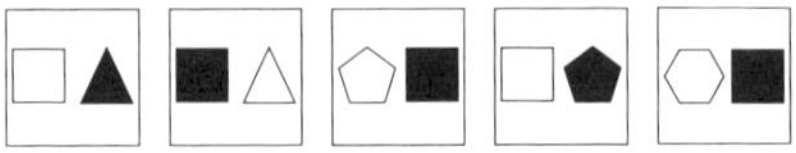

解答と解説

ブロック 5

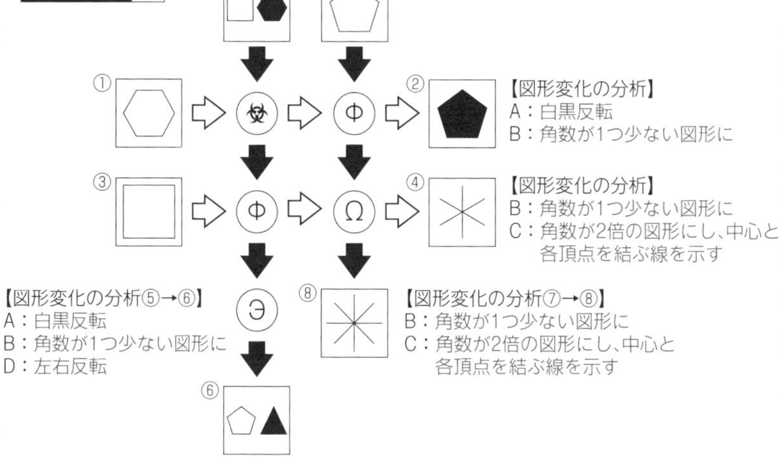

まず、共通して含まれるΦが「B：角数が1つ少ない図形に」とわかる。次に③→④と⑦→⑧から、Ωが「C：角数が2倍の図形にし、中心と各頂点を結ぶ線を示す」とわかる。すると☣の「A：白黒反転」が定まり、残るЭが「D：左右反転」となる。

13 正解（D）

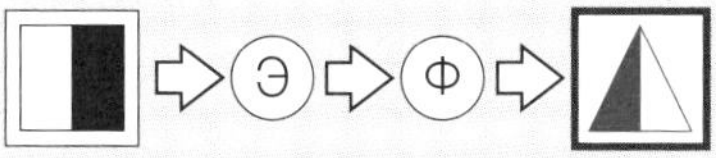

Эは「左右反転」、Φは「角数が1つ少ない図形に」なので、正解はD。

14 正解（C）

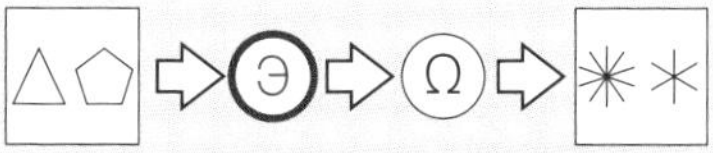

Ω「角数が2倍の図形にし、中心と各頂点を結ぶ線を示す」により十角形と六角形となる前は、五角形と三角形。最初の形はこれの左右反転の形なので、正解はC。

15 正解（B）

☣「白黒反転」、Э「左右反転」により、正解はB。

問題

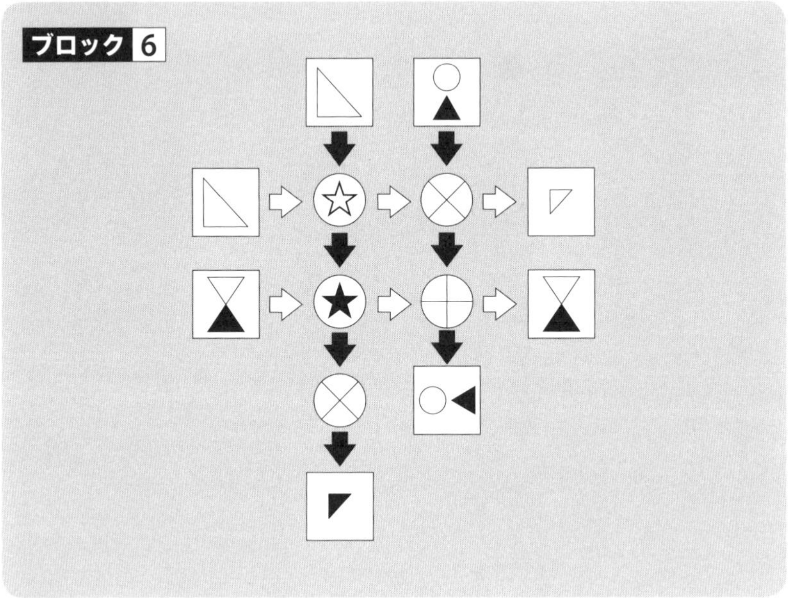

16

A B C D E

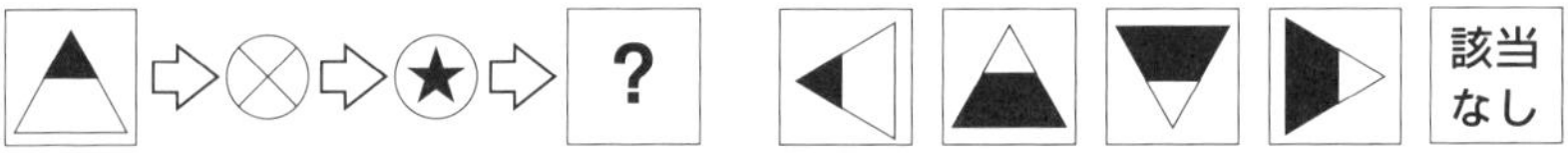

17

A B C D E

18

A B C D E

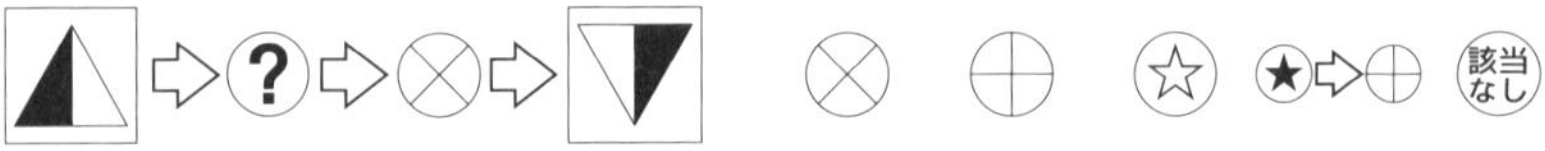

解答と解説

ブロック 6

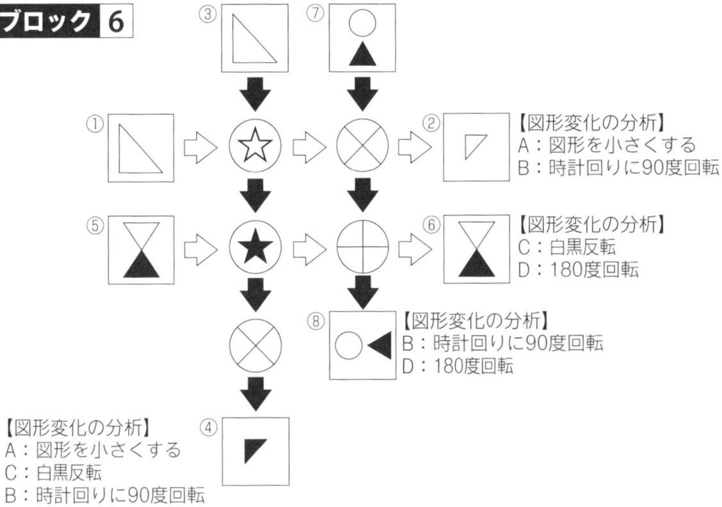

①→②、③→④の共通変化から☆⊗は「A：図形を小さくする」「B：時計回りに90度回転」のいずれか。よって③→④の残り★は「C：白黒反転」。この暗号を含む⑤→⑥を見ると変化の前後で同じ図形だが、2つの暗号によって結果的に同じになったと考えるべき。★で「C：白黒反転」させ⊕で「D：180度回転」させると同じ図形になる。⑦→⑧から⊗は「B：時計回りに90度回転」となり、残る☆が「A：図形を小さくする」となる。

16 正解（D）

⊗は「時計回りに90度回転」、★は「白黒反転」。正解はD。

17 正解（C）

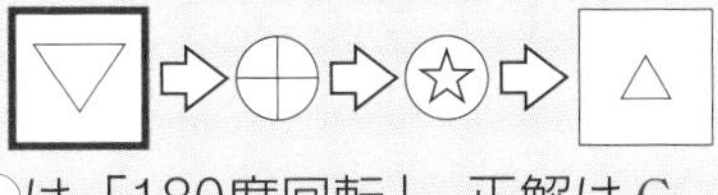

☆は「図形を小さくする」、⊕は「180度回転」。正解はC。

18 正解（A）

⊗は「時計回りに90度回転」から変化前は▶、もう1つ「時計回りに90度回転」の暗号があると元の形になる。正解はA。

問題

ブロック 7

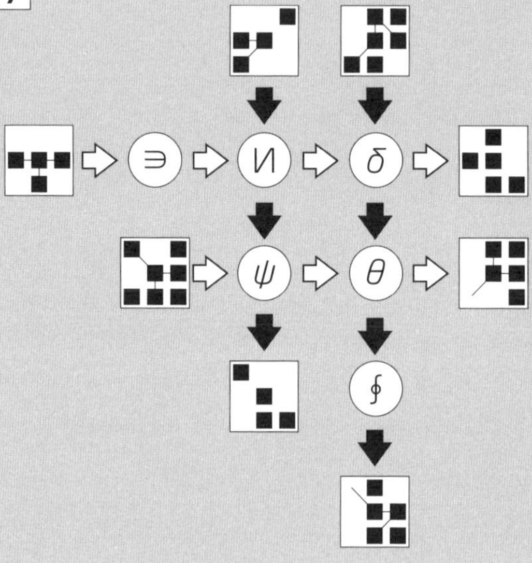

19

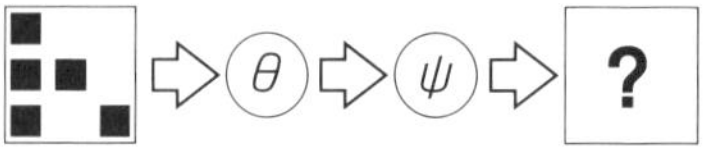

A B C D E

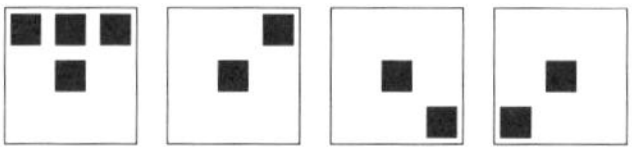

E 該当なし

20

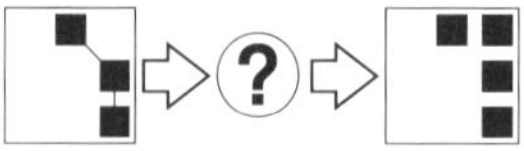

A δ⇨И
B И⇨∮
C ∋⇨ψ
D И⇨∋
E 該当なし

21

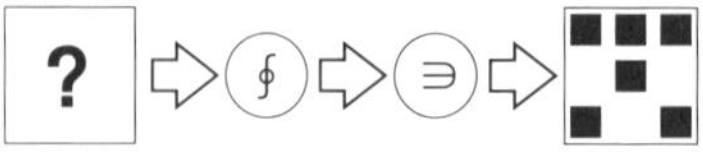

A B C D E

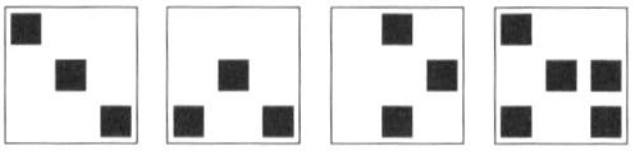

E 該当なし

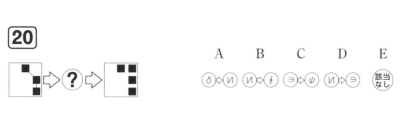

解答と解説

ブロック 7

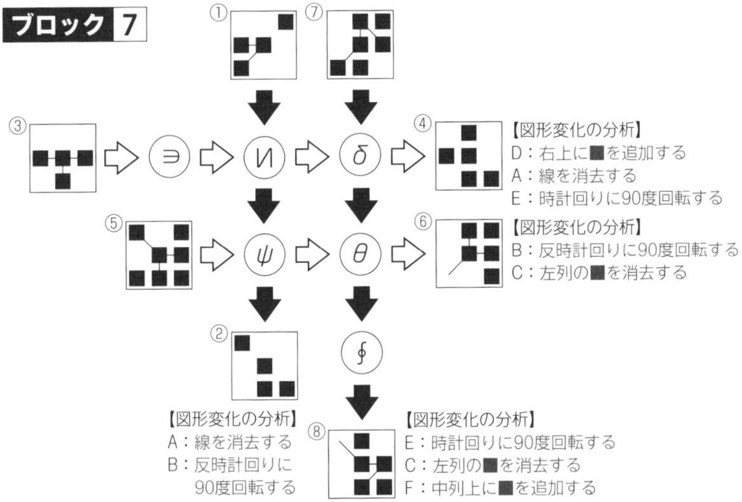

①→②と③→④から(И)が「A：線を消去する」とわかり、同時に(ψ)が「B：反時計回りに90度回転する」とわかる。⑤→⑥から(θ)が「C：左列の■を消去する」とわかる。⑦→⑧から(δ)が「E：時計回りに90度回転する」、(∮)が「F：中列上に■を追加する」となり、残る(∋)が「D：右上に■を追加する」。

19 正解（B）

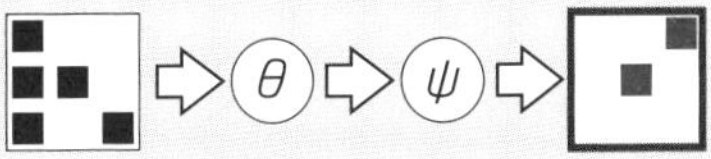

(θ)は「左列の■を消去する」、(ψ)は「反時計回りに90度回転する」。

20 正解（D）

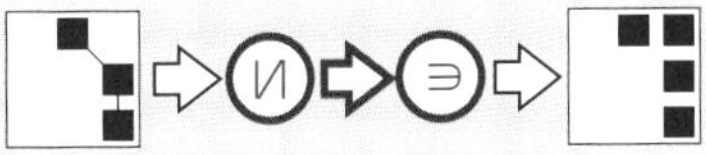

線を消去して（(И)）、右上に■を追加（(∋)）。正解はD。

21 正解（E）

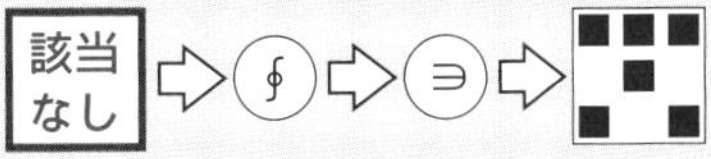

(∮)と(∋)により追加された■を除くと、中央、右下、左上、左下に■がある形が正しい。

問題

ブロック 8

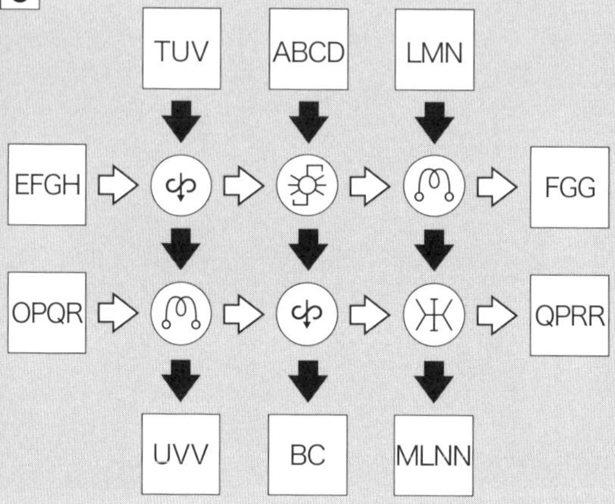

22

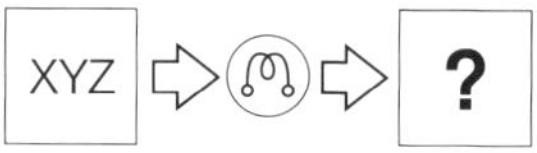

A	B	C	D	E
WXYY	YX	XYZ	XYZZ	XWXY

23

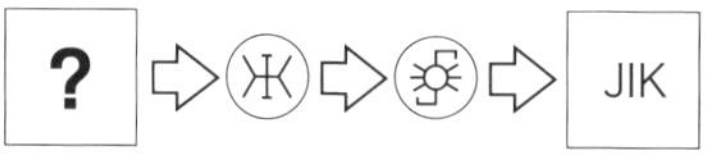

A	B	C	D	E
JJK	IJKL	IIJ	JKK	JIKL

24

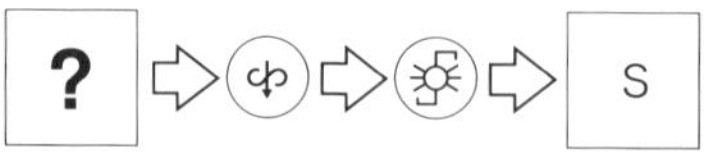

A	B	C	D	E
QRS	STU	RRS	TTS	SST

解答と解説

ブロック 8

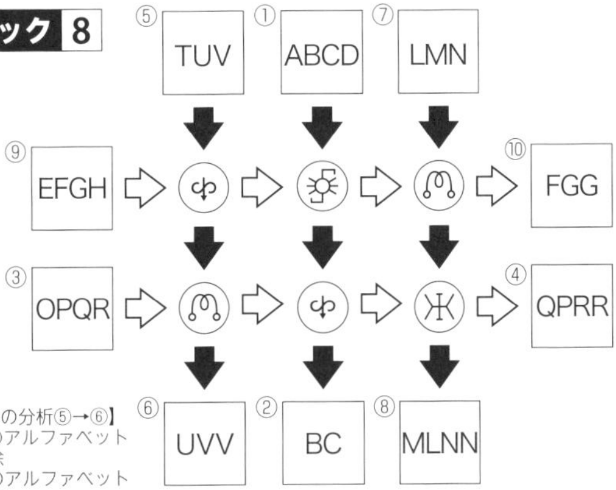

【図形変化の分析⑤→⑥】
A：左端のアルファベットを削除
C：右端のアルファベットを追加

【図形変化の分析①→②】
B：右端のアルファベットを削除
A：左端のアルファベットを削除

【図形変化の分析⑦→⑧】
C：右端のアルファベットを追加
D：左2つのアルファベットを入れ替え

【図形変化の分析⑨→⑩】
A：左端のアルファベットを削除
B：右端のアルファベットを削除
C：右端のアルファベットを追加

【図形変化の分析③→④】
C：右端のアルファベットを追加
A：左端のアルファベットを削除
D：左2つのアルファベットを入れ替え

①→②は両端のアルファベットが削除されていることから、☼と㊥のどちらかが右端または左端のアルファベットを削除となる。③→④と共通の㊥が「A：左端のアルファベットを削除」となることから（Oが消えRが残っているため）、「B：右端のアルファベットを削除」は☼である。③→④と⑤→⑥の共通のⓜは、共に右端のアルファベットRおよびVが追加されていることから、「C：右端のアルファベットを追加」である。⊛は③→④のPQがQPに、⑦→⑧のLMがMLに変化していることから、「D：左2つのアルファベットを入れ替え」と推定する。

22 正解（D）

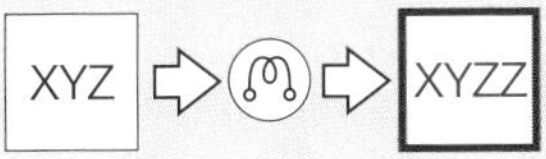

ⓜは「右端のアルファベットを追加」であるから、正解はD。

23 正解（B）

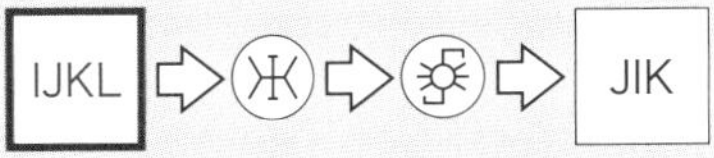

⊛は「左2つのアルファベットを入れ替え」、☼は「右端のアルファベットを削除」であるから、正解はB。

24 正解（E）

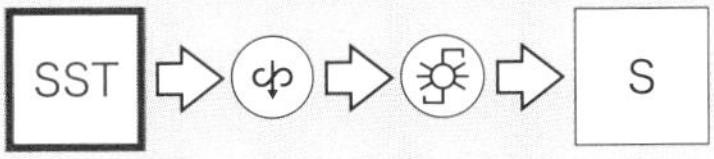

㊥は「左端のアルファベットを削除」。☼は「右端のアルファベットを削除」。したがって真ん中がSである選択肢を選ぶ。

問題

ブロック 9

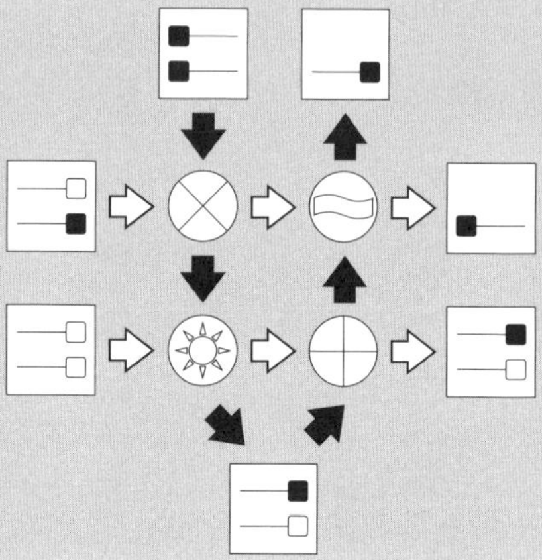

25

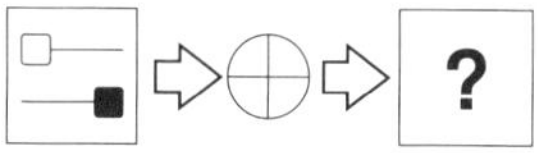

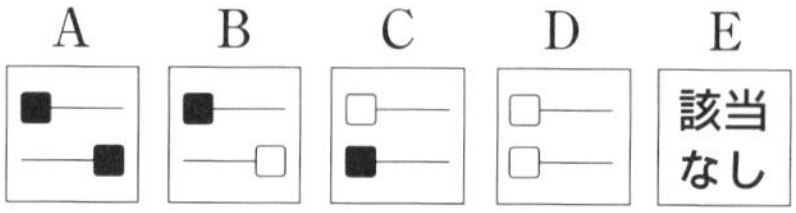

26

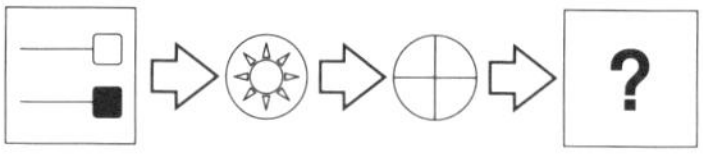

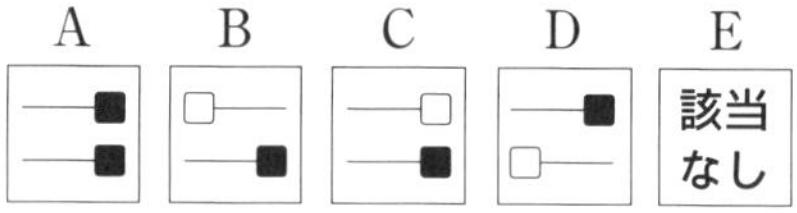

27

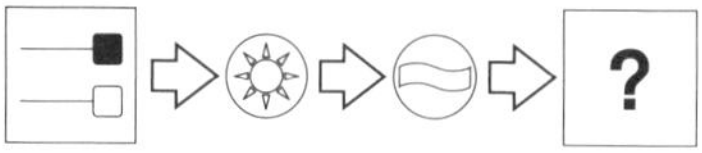

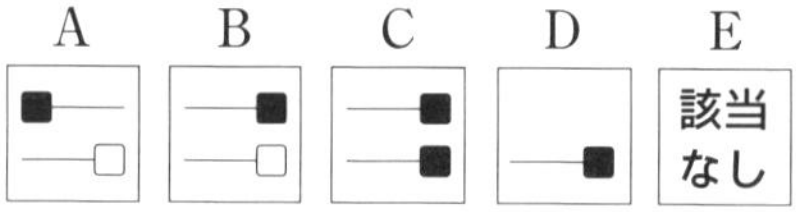

解答と解説

ブロック 9

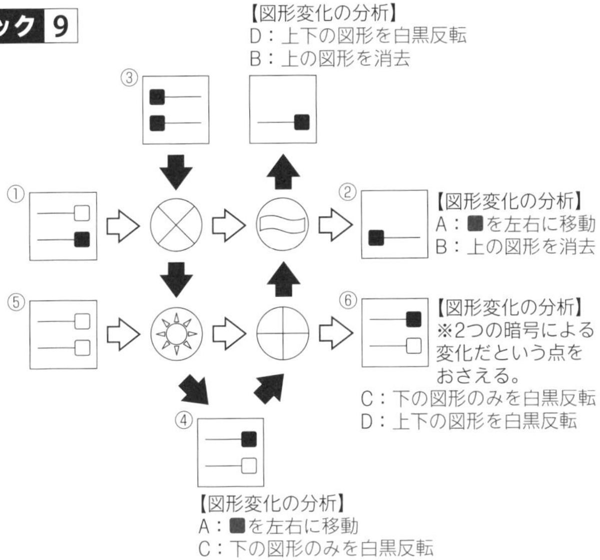

①→②、③→④の共通変化から⊗が「A：■を左右に移動」。したがって、⊜が「B：上の図形を消去」、☼が「C：下の図形のみを白黒反転」。残る⊕が「D：上下の図形を白黒反転」。⑤→⑥で検証する。

25 正解（B）

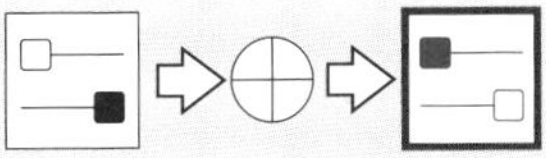

⊕は「上下の図形を白黒反転」。したがって正解はB。

26 正解（A）

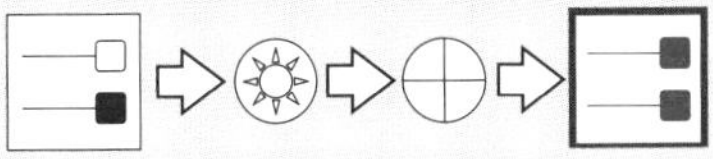

☼は「下の図形のみを白黒反転」、⊕は「上下の図形を白黒反転」。正解はA。

27 正解（D）

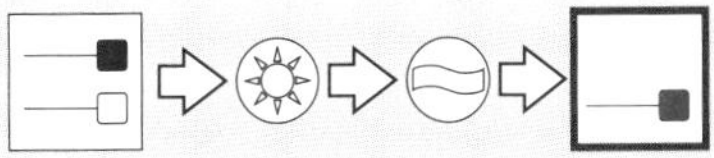

☼は「下の図形のみを白黒反転」、⊜は「上の図形を消去」。正解はD。

問題

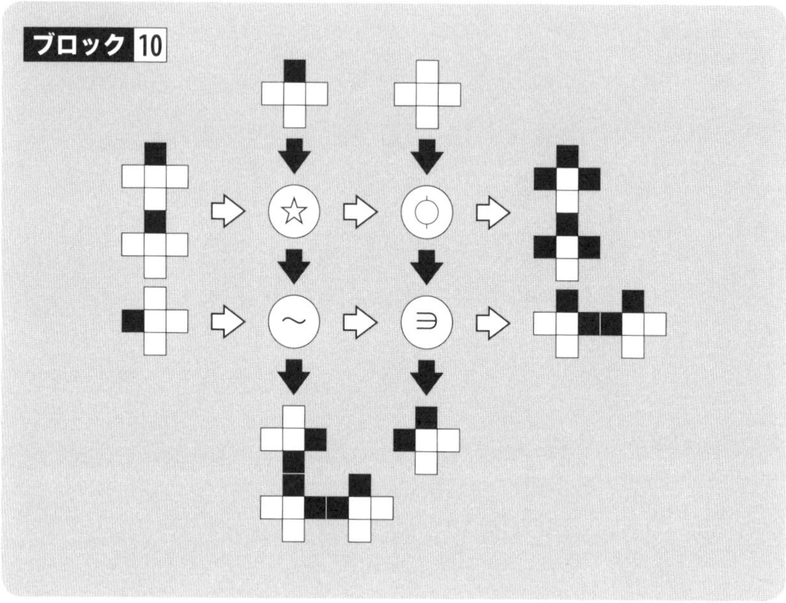

28

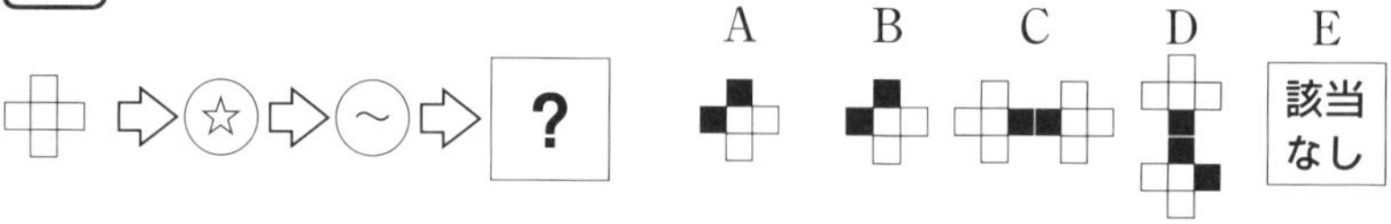

29

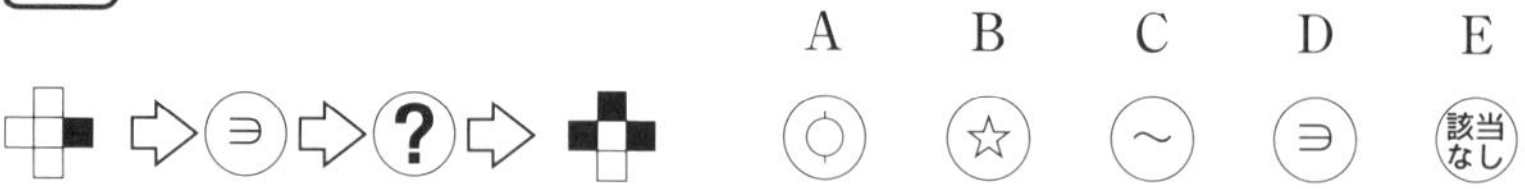

30

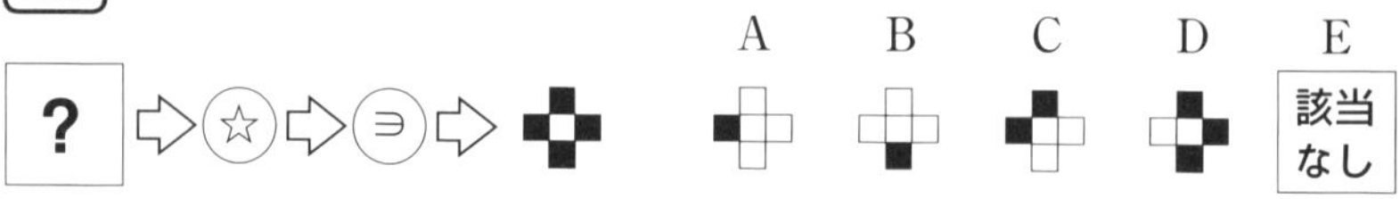

解答と解説

ブロック 10

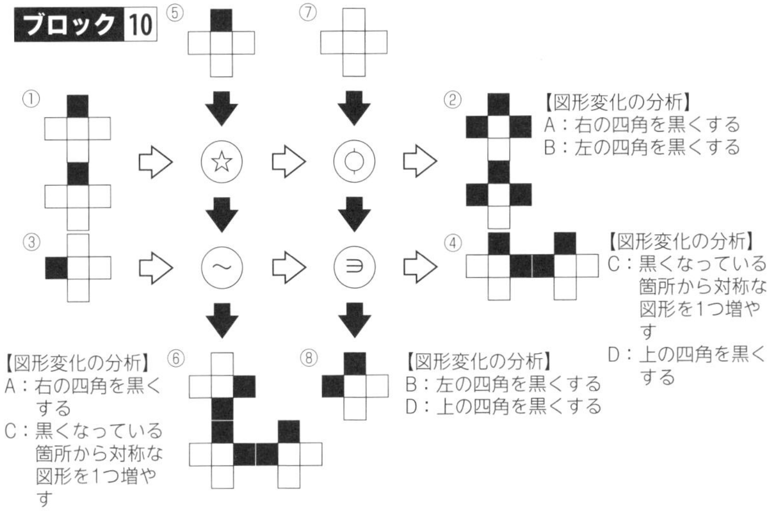

①→②、⑦→⑧の共通変化から、「B：左の四角を黒くする」が⌽とわかる。よって、「A：右の四角を黒くする」が☆、「D：上の四角を黒くする」が∋。残る暗号～は図形の数を増やすと推定できる。～は「C：黒くなっている箇所から対称な図形を1つ増やす」。

28 正解（C）

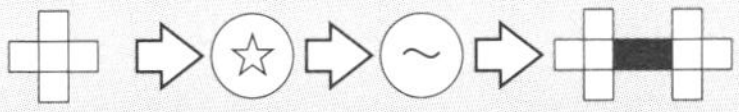

☆は「右の四角を黒くする」、～は「黒くなっている箇所から対称な図形を1つ増やす」なので、正解はC。

29 正解（A）

∋は「上の四角を黒くする」。正解は「左の四角を黒くする」の⌽。

30 正解（E）

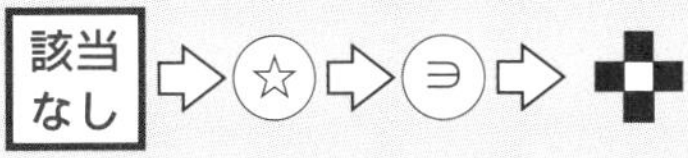

☆は「右の四角を黒くする」、∋は「上の四角を黒くする」。よって元の図形は左と下が黒くなる。該当する選択肢はない。

問題

ブロック 11

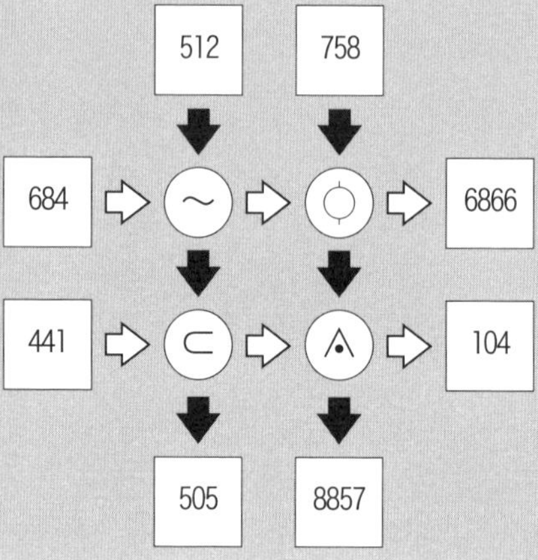

31

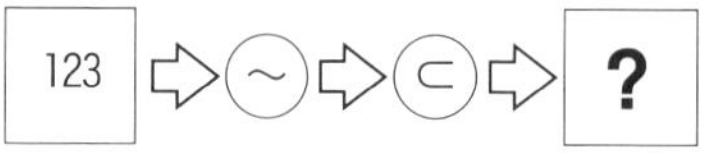

A	B	C	D	E
3211	301	1231	101	該当なし

32

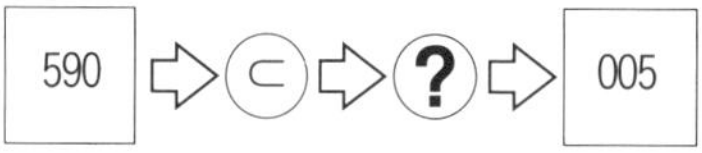

A　B　C　D　E

33

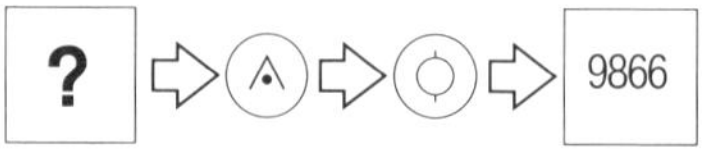

A	B	C	D	E
698	986	689	968	該当なし

解答と解説

ブロック 11

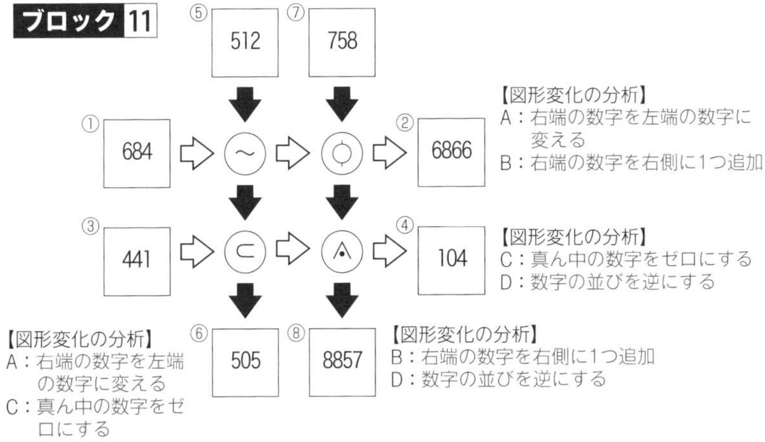

③→④、⑤→⑥の共通変化「C：真ん中の数字をゼロにする」が⊂とわかる。よって、「D：数字の並びを逆にする」は∧と推定できる。①→②、⑦→⑧の共通暗号は数字の数を増やすものと考えられる。⑦→⑧の変化とわかっている暗号∧より、◎は「B：右端の数字を右側に1つ追加」と考えられる。よって、～は「A：右端の数字を左端の数字に変える」。

31 正解（D）

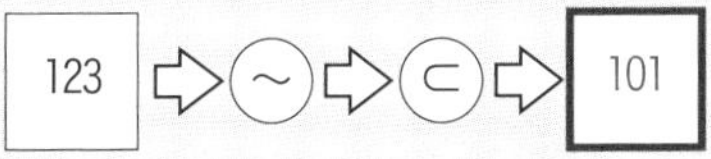

～は「右端の数字を左端の数字に変える」、⊂は「真ん中の数字をゼロにする」。よって、正解はD。

32 正解（A）

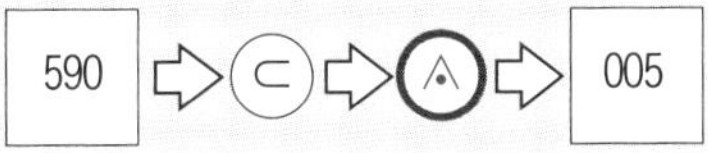

⊂は「真ん中の数字をゼロにする」。590→500に変化し、005になるのは、「数字の並びを逆にする」で、正解は∧。

33 正解（C）

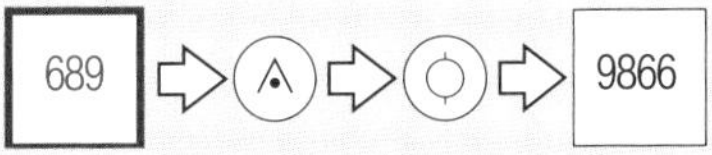

∧は「数字の並びを逆にする」、◎は「右端の数字を右側に1つ追加」。逆に進むと、9866→986、986→689。

問題

ブロック 12

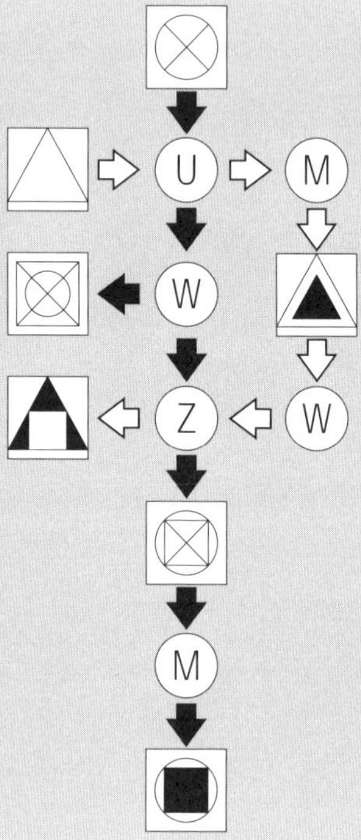

34

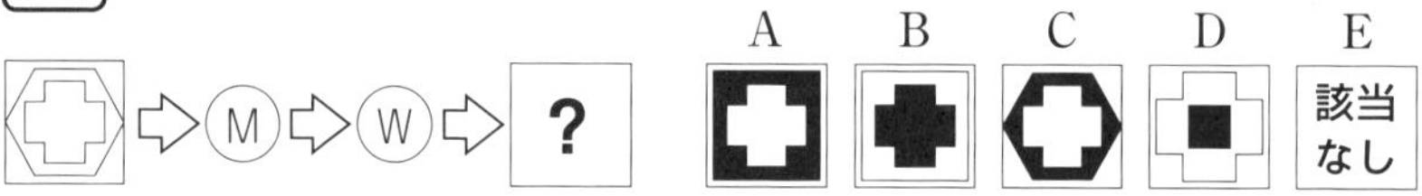

35

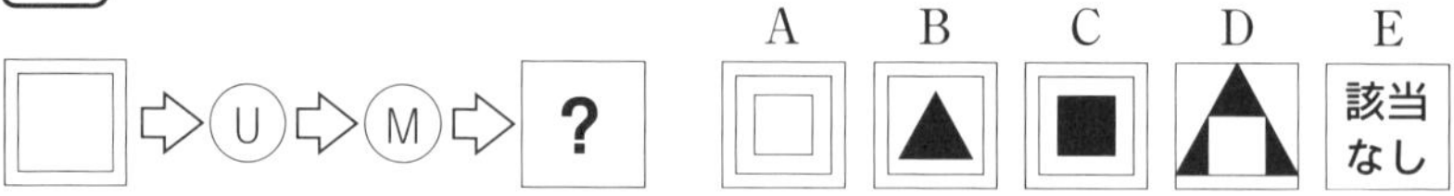

36

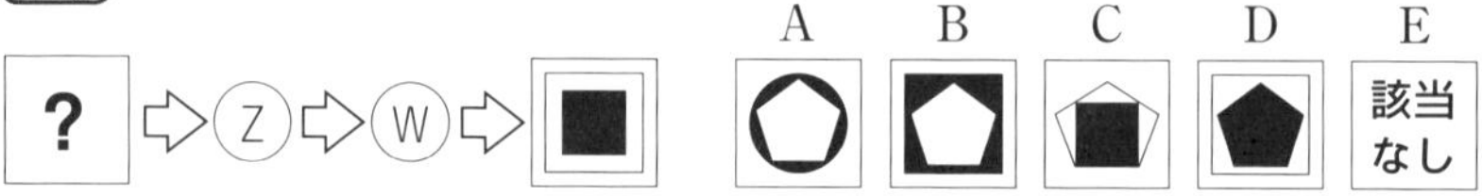

解答と解説

ブロック 12

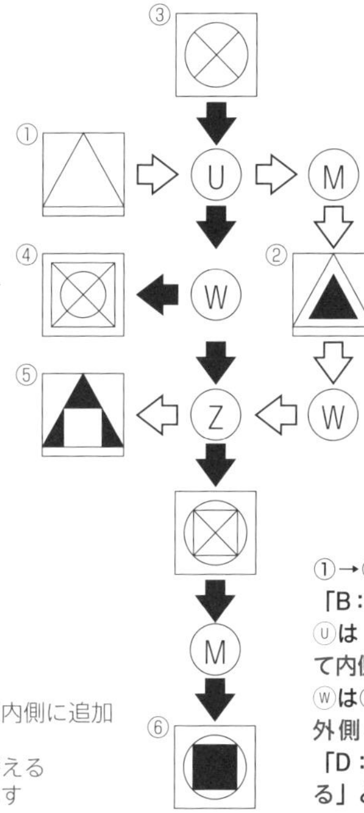

【図形変化の分析③→④】
A：同じ図形を小さくして
　内側に追加
C：外側の図形を四角に

【図形変化の分析①→②】
A：同じ図形を小さくして
　内側に追加
B：内側の図形を塗りつぶす

【図形変化の分析②→⑤】
C：外側の図形を四角に
D：内・外の図形を入れ
　替える

【図形変化の分析③→⑥】
A：同じ図形を小さくして内側に追加
C：外側の図形を四角に
D：内・外の図形を入れ替える
B：内側の図形を塗りつぶす

①→②と⑥の前のⓂからⓂは「B：内側の図形を塗りつぶす」。Ⓤは「A：同じ図形を小さくして内側に追加」と推定できる。Ⓦは②→⑤と③→④から「C：外側の図形を四角に」、Ⓩは「D：内・外の図形を入れ替える」とわかる。

34 正解（B）

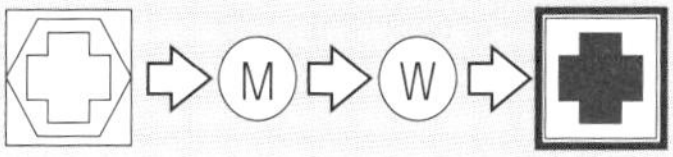

Ⓜ「内側の図形を塗りつぶす」、Ⓦ「外側の図形を四角に」による。

35 正解（C）

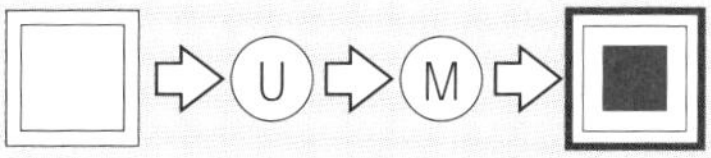

Ⓤは「同じ図形を小さくして内側に追加」。

36 正解（B）

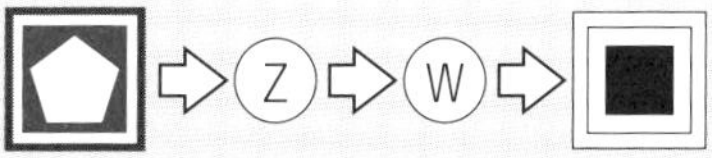

1つ前のⓌが「外側の図形（本問では五角形）を四角に」。もう1つ前のⓏは「内・外の図形を入れ替える」。

問題

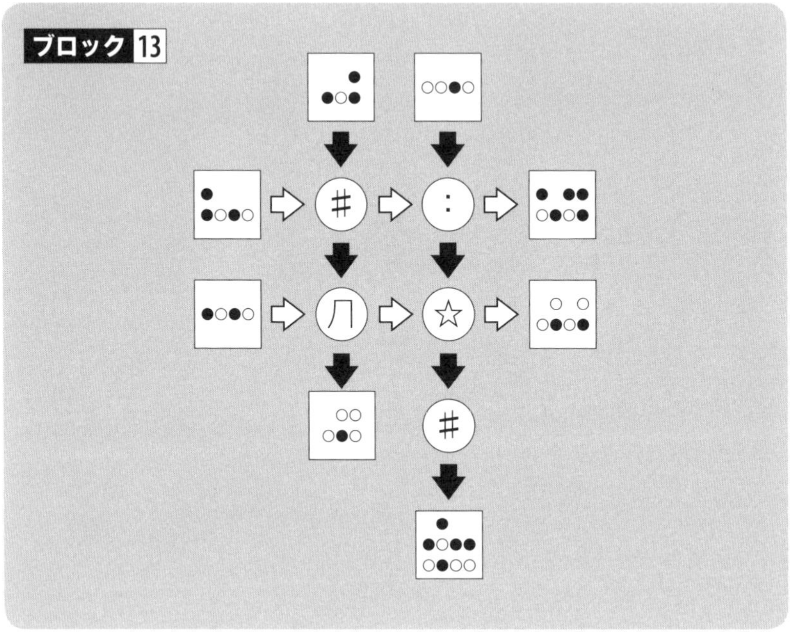

37

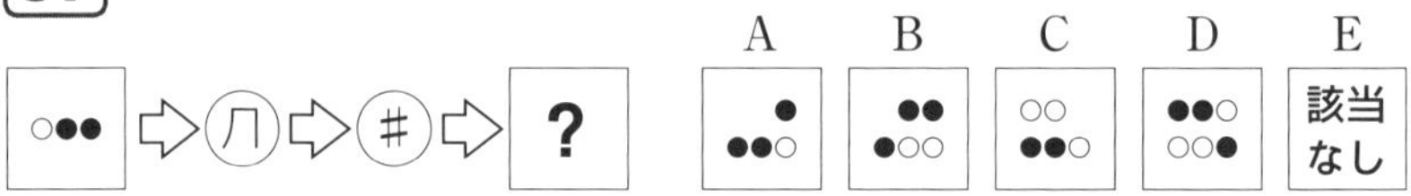

38

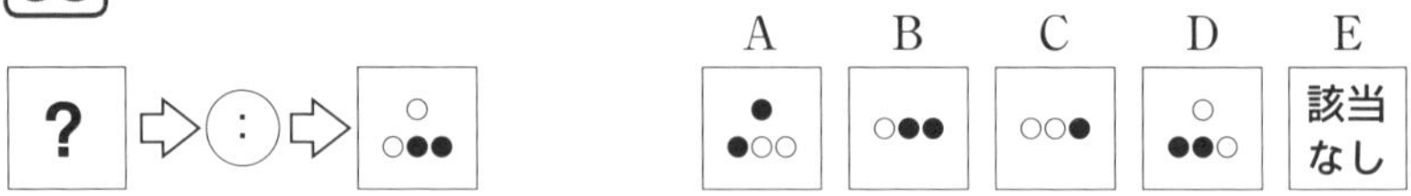

39

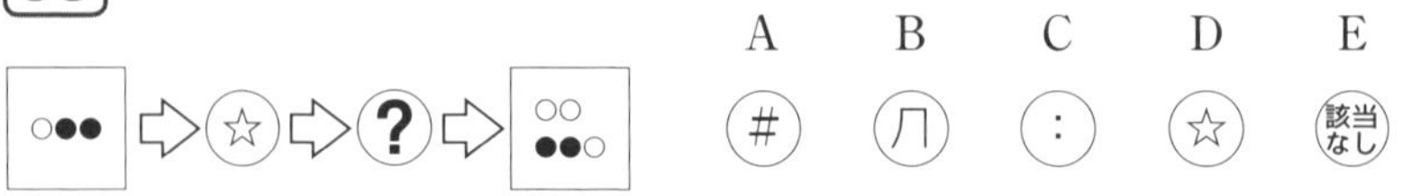

解答と解説

ブロック 13

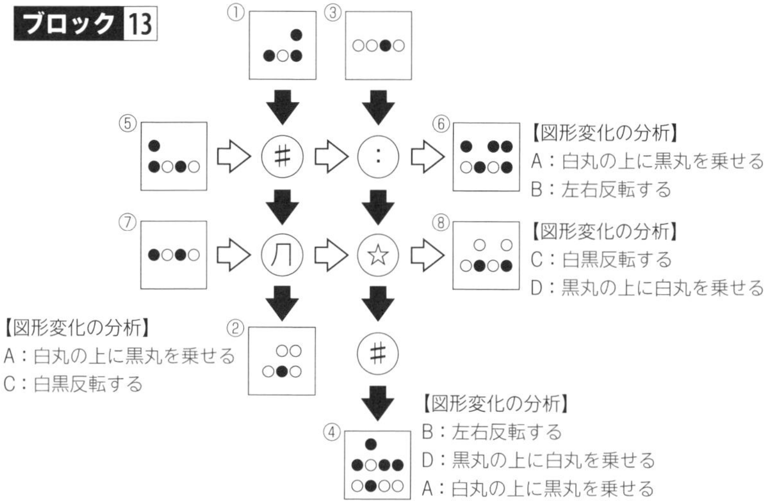

⑦→⑧において(冂)が左右反転か白黒反転かの判断が難しいが、①→②の左右対称でない図形から「C：白黒反転する」と判断する。また、(♯)は「A：白丸の上に黒丸を乗せる」であることがわかる。⑤→⑥は(♯)により白丸の上に黒丸を乗せたあとに、(:)により「B：左右反転する」を実行したといえる。さらに、(☆)は⑦→⑧から「D：黒丸の上に白丸を乗せる」であることがわかる。

37 正解（B）

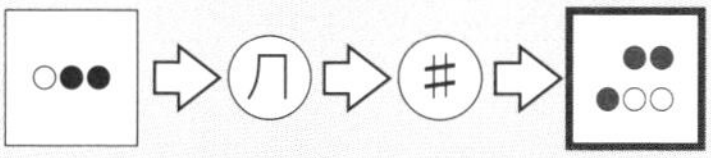

(冂)は「白黒反転する」、(♯)は「白丸の上に黒丸を乗せる」。

38 正解（D）

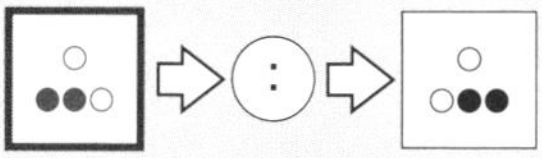

(:)は「左右反転する」である。

39 正解（C）

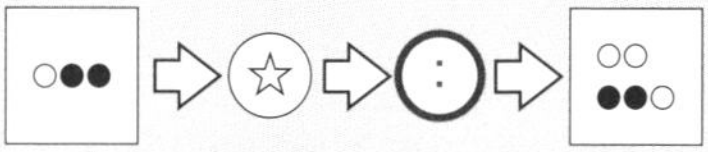

(☆)は「黒丸の上に白丸を乗せる」。さらに左右反転させたものであるから、正解はC。

WebCABって?

●CABのWebバージョン、WebCAB

紙ベースの試験より、費用や手間が少なくてすむというメリットから、近年Webテストを実施する企業が増えている。特に、就職希望者が多いテレビ局などの大手企業で一次選考として利用されるケースが多い。CABも、次章で述べるGABも、Webテストとしても実施されている。

●WebCABの内容

制限時間は、CABが95分（性格検査を含む）に対して、WebCABでは72分と短くなっているが、問題数が少ないため、1問あたりにかけられる時間にはさほど違いがない。能力検査が「暗算」「法則性」「命令表」「暗号」の4つに分けられているのも同じだ。しかし、同じ種類の検査であっても、出題傾向が違うものがあるので注意が必要となる。

たとえば「暗算」。CABでは計算の結果を求めるが、WebCABでは計算式中の空欄に入る数値を求める形になっている（P.24～参照）。他の3つは基本的にCABと同様の出題だが、難易度が高いといわれている。感覚的に1～2ランク上というところだ。

●CAB対策をしたうえで、さらにWebCAB対策を

難易度は異なるが、基本となる解法は同じだ。まずはCABの各解法をしっかり身につけたい。そのあとで、より難易度の高い問題にチャレンジしていく。なお、WebCABでは「暗号」以外はメモしていくことができない。その対策も考えておこう。

第2章

GAB

言語
計数

GABの概要

GABは、「総合適性テストGAB」という商品名でSHL社から発売されている適性検査で、大学・短大の新卒総合職の採用を目的として開発された。マークシート、webテスト、テストセンター形式がある。知的能力（言語理解、計数理解）の測定にあわせて、バイタリティなどの９特性、将来のマネジメント適性、職務適性を予測する。コンサルティング分野などで使われていたが、最近では幅広い業種・職種の採用試験に使われるようになり、同社のCABとあわせて、適性検査で多く使われている。

構成

GABは**知的能力テスト**、**性格検査**の2つに分かれる。性格検査はCABと共通、知的能力テストが**知的能力を測る**もので、下表の2PARTからなる。

知的能力テストの種類	問題数	制限時間
PART1 ▶ **言語**	13長文52問	25分
PART2 ▶ **計数**	40問	35分

※C-GAB plusは計数29問15分、言語32問15分、英語24問10分

特徴

GABの知的能力テストは、言語能力、計数能力の2つをみる。CABとは違い、一見したところ、さほどとっつきにくくは思えない。しかし、いわゆる国語能力、計算能力を測定する学力検査とは、似て非なるものだ。国語や数学の試験とは異なり、漢字や文法、方程式などの知識を問われることはないが、言語、計数ともに、**基本的な読解力が必要**とされる。

「言語」では、**文章の論理構造を理解しているかどうか**が測られる。すなわち、その文章で述べられている内容と、設問の内容が論理的に整合しているかどうかを判断しなければならない。慣れていないと、かなりとまどうだろう。

「計数」では、**図表の読み取り能力**が測られる。どの図表のどの部分について問われているかを判断して答えなければならない。難しくはないが、計算も必要となる。図表の読み取りは、他の適性検査や知能検査でもよく出題されるが、あとで詳しく説明するように、この検査では**どの図を使うかの判断が必要**となる。

問題数に圧倒されるようなことはないが、実際はCABと同様、解答スピードが求められる。論理的な文章読解、図表読み取りは他の適性検査、知能検査への対策とも共通する。類似問題をこなし、**論理的思考力の養成**と**問題形式に慣れる**ことで、突破をはかろう。

●WebGAB

インターネットを利用し、パソコン上で受験するもので、解答時間が短く、問題の難易度が異なるなど、マークシート方式と違う点も多い。

●C-GAB plus

性格検査OPQは事前にWebで受験し、知的能力テストをテストセンターで受験する（企業によってはオンライン監視型のWeb会場受験が可能）。紙、Webにない英語問題が出題される（P.270参照）。

GAB言語

13長文52問
制限時間25分

文章を読み、それに続く4つの設問文の正誤を判断することで、文章の論理構造を理解する能力を測る。13の文章に対してそれぞれ設問文が4つ、計52問を制限時間25分で解答する。解答は3択方式。自分の主観を入れず、文章内容に則して答える。

出題パターン分析

文章は、**250～500字程度**であり、それほど長いものは出題されない。内容はいわゆる**論説文・解説文**であり、事実の列挙やものごとの経過を述べたものが多い。

攻略テクニック▶本文中に設問の根拠があるか確認

求められているのは、**本文内容と合致するかどうか**の判断だ。選択肢に正しい、間違っているという言葉があるが、記述内容自体が正しいかどうかが問われているのではないことに注意したい。

設問で述べられているすべてのことの根拠が本文中にあれば「本文内容から正しい」であり、本文中に反対の根拠があれば「本文内容から間違っている」ことになる。また、本文にない記述は、たとえ常識に照らして明らかであっても「判断できない」ものになる。

単純計算で1つの問題を**約30秒**で解答しなければならない。ほとんどの時間は文章を読み込むことに費やされるだろう。文章構造を頭にしっかり入れ、解答は短時間ですませたい。

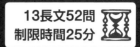

問題例

次の文を読み、続く設問それぞれについて、以下のA、B、Cのいずれに当てはまるか判断し、その記号を1つ選びなさい。なお、自分の価値観や常識、細かい言葉じりで判断しないでください。

A：本文の内容から明らかに正しい、または正しい内容が含まれている。
B：本文の内容から明らかに間違っている、または間違った内容が含まれている。
C：本文の内容からは、正しいか間違っているかは判断できない。

「障害があることは不便だが、不幸ではない」と言った人がいる。しかし、実際にはどうだろう。少なくとも現在の日本では、不便だが不幸ではないと言い切れる人がどれだけいるか、疑問だ。不便は実際上の問題だが、不幸は心の問題だ。不便は補えるが、不幸は補えない。不幸を作りだすのは、満たされていない思いであり、認められていない気持ちだ。障害のある人に同情し、哀れむことでは、この思いや気持ちは埋められない。

1 障害があると不便だ。

2 不幸は気のもちようなので、考え方しだいで補える。

3 同情の気持ちは尊い。

4 日本では障害のある人は不幸だ。

正解　1→A　2→B　3→C　4→C

※選択肢A、Bについて、相互に矛盾した内容と思われるが、実際のGABではこのような表現で出題されるため、本書もその形に準じている。解答にあたっては、A→「明らかに正しいもの」、B→「明らかに間違っているもの」と解釈して問題はない。

問題例の設問にしたがい、次ページからの問題を解いてください

問題

1

推理小説には、3つのタブーがある。「探偵自身が犯人であってはならない」「事件が解決しないまま終わってはいけない」「犯人は偶然捕まってはいけない」である。いわば、書き手と読者の間の暗黙の了解である。こうして読者は、謎解きの楽しみとともに、暖かい暖炉のそばや炬燵で読書の醍醐味を満喫することになる。推理小説には、「伏線」というものがある。最後の謎解きの部分を、作家が読者にそれとなく文中で示唆する、ヒントのようなものだ。しかし、急いでストーリーだけを追う読者は、それに気づかないこともある。そのためには、精読、熟読こそおすすめだ。登場人物の繊細な心情の変化を味わい、巧みに張られた伏線を見破り、犯人やトリックを自分なりに考えることができれば、真のミステリー愛好家の仲間入りというものだ。もちろん、推理小説以外の、一般の小説やエッセイにも伏線は用意されている。いわゆるオチと結びつくものも多い。いずれにしても、飛ばし読みではなく、精読する人にだけ与えられるプレゼントに変わりはない。

1 伏線は、推理小説に特有の作家から読者へのプレゼントである。

2 推理小説のタブーが破られた作品を読むのも、また楽しいものである。

3 伏線に気づかない読者のほうが、気づく読者より多い。

4 推理小説は、精読することがおすすめだ。

A：本文の内容から明らかに正しい、または正しい内容が含まれている。
B：本文の内容から明らかに間違っている、または間違った内容が含まれている。
C：本文の内容からは、正しいか間違っているかは判断できない。

解答と解説

1 正解（B）

伏線の手法を用いて読者を楽しませることは、推理小説ではもちろんのこと、「一般の小説やエッセイにも伏線は用意されている。いわゆるオチと結びつくものも多い」と述べられており、推理小説に特有のものとはいえない。

2 正解（C）

推理小説の３つのタブーについては触れられているが、タブーを破った推理小説が存在するかどうかは、本文からはわからない。

3 正解（C）

伏線に気づく読者と、気づかない読者のどちらが多いのかは、本文からは判断できない。

4 正解（A）

「急いでストーリーだけを追う読者は、それに気づかないこともある。そのためには、精読、熟読こそおすすめだ」と述べられており、本文の記述どおりである。

問題

2

人間と機械やコンピュータの大きな違いは、人間は物忘れをするということだ。物忘れを厳密にいえば、いったん脳にしまいこんだ記憶をうまく取り出せないことをいう。人の名前や、地名などの固有名詞を始めとして、昨日の食事のメニューや、好きな歌の歌詞など、すぐに言えないことがある。特に年齢が進むとその傾向が顕著になる。また、反復して使用しない記憶は、どんどん記憶の箱の隅のほうに押しやられて、取り出すことがいっそう困難になる。一説では、年齢が進むにつれて物忘れが多くなるのは、年齢に比例して脳の中に蓄積される記憶も増大するので、1つの記憶の占める割合が必然的に低下するからであるらしい。同様のことは、時間の速さの感じ方にもいえる。10歳の子供より、60歳の人は6倍の人生の時間を過ごしている。同じ1年を過ごすにおいても、10歳の子供は今まで生きた時間の10分の1を過ごしたことになるが、60歳の人にとっては、当然60分の1でしかない。だから、1年という決められた単位時間は、瞬時に過ぎるように感じるというのだ。

5 10歳の子供は、60歳の人に比べて、1年が経つのをもどかしく感じる。

6 年齢が進むにつれて、脳細胞が減少するので、物忘れが激しくなる。

7 60歳の人にとっては、人生の60分の1でしかない1年は、とても速く過ぎていくように感じる。

8 いったん脳に収めた記憶がなくなることを物忘れという。

A：本文の内容から明らかに正しい、または正しい内容が含まれている。

B：本文の内容から明らかに間違っている、または間違った内容が含まれている。

C：本文の内容からは、正しいか間違っているかは判断できない。

解答と解説

5 正解（C）

10歳の子供が、「1年が経つのをもどかしく感じる」かどうかは、本文からは判断できない。

6 正解（B）

年齢が進むにつれて物忘れが多くなることは述べられているが、その原因については「年齢に比例して脳の中に蓄積される記憶も増大するので、1つの記憶の占める割合が必然的に低下するからであるらしい」とあり、脳細胞が減少することとはしていない。

7 正解（A）

1年を過ごすことについて、「60歳の人にとっては、当然60分の1でしかない。だから、1年という決められた単位時間は、瞬時に過ぎるように感じる」とある。

8 正解（B）

物忘れについては、記憶がなくなるわけではなく、「いったん脳にしまいこんだ記憶をうまく取り出せないことをいう」とある。

問題

3

友人であれ、恋人や夫婦であれ、よい人間関係を長く維持することは難しいものだ。出会った当初は、わずかな時間も離れたくないと思うが、いつのまにか「倦怠期」を迎えて、相手の存在が重荷になったりする。老境に入ったと思われる夫婦が、仲睦まじいようすで散歩をしている光景などを見ると、微笑ましいというより、むしろうらやましく感じる人も多いだろう。よい人間関係を作り上げ、持続するにはそれなりのコツと努力が必要である。それには、互いに個人の自由な活動世界と時間をもつことから始める。自由な時間に、自分のやりたいことを存分に成し遂げるのだ。そして、ときどき接触する。互いに活動している分野の成果も失敗点も、あますところなく開示して、刺激やアドバイスを受ける。このような人間関係は、互いの合意のもとに、築き上げる努力なくして、自然に形成することは難しい。いつも一緒にいる「べったり夫婦」というのは、ただ相手を拘束しているだけで、二人とも成長できない。よい人間関係の基本は、互いに相手を解放しあうことから始まる。

9 「べったり夫婦」は、実は愛情が欠乏しているというケースが多いものだ。

10 1つの目標を共同で達成することは、よい人間関係を築く基本である。

11 よい人間関係を持続するには、そのようになるタイミングを待つ努力が必要である。

12 自分の活動の失敗点もパートナーに知らせることは、よい人間関係につながるものである。

A：本文の内容から明らかに正しい、または正しい内容が含まれている。
B：本文の内容から明らかに間違っている、または間違った内容が含まれている。
C：本文の内容からは、正しいか間違っているかは判断できない。

解答と解説

9 正解（C）

「べったり夫婦」については、「ただ相手を拘束しているだけで、二人とも成長できない」とは述べられているが、その夫婦に「愛情が欠乏している」ケースが多いかどうかは判断できない。

10 正解（B）

よい人間関係を築くコツは、「1つの目標を共同で達成すること」ではなく、「互いに個人の自由な活動世界と時間をもつこと」とあるので、逆の内容である。

11 正解（B）

よい人間関係は、「互いの合意のもとに、築き上げる努力なくして、自然に形成することは難しい」とあり、タイミングを待っているだけではできないものである。

12 正解（A）

「互いに活動している分野の成果も失敗点も、あますところなく開示して、刺激やアドバイスを受ける」ことが、よい人間関係を作り上げるコツなので、正しい。

問題

4

日本の食料自給率は、江戸時代には100％であったが、いまや40％を割り込んでいる。その国の国民が食べる食料を、国内産でどれだけまかなっているかの目安を食料自給率というが、自給率は低下する一方である。その主因は、日本人の食生活が変化したことである。日本人が米をたくさん食べなくなり、唯一ともいえる自給作物の米の消費が減少し、その結果1970年以後価格下落を防ぐ目的から、長く減反政策がとられていた。その一方で、輸入飼料に依存しなければならない畜産物や小麦類の消費が増加している。現在の日本の牛肉の42％は国産であるが、牛を育てるのに必要な飼料の73％は輸入されており、結局牛肉の自給率は、42％×27％＝11％になる。また加工食品の購入や、外食回数が増加していることも原因のひとつだ。政府の試算では、全国でいも類を栽培すれば、国民1人あたりが1日の生活に必要なエネルギーとして十分な2,000キロカロリーは確保できるという。しかし飽食に慣れた日本人が、いも類だけで生活できるだろうか。

13 飼料を輸入に頼る畜産物の消費増加は、日本の食料自給率を押し下げる大きな原因である。

14 日本人の食生活が変化した理由は、米の減反政策の影響によるところが大きい。

15 政府は、いも類の増産を奨励している。

16 牛肉の自給率は、他の食品の平均自給率より、やや高い程度である。

A：本文の内容から明らかに正しい、または正しい内容が含まれている。
B：本文の内容から明らかに間違っている、または間違った内容が含まれている。
C：本文の内容からは、正しいか間違っているかは判断できない。

解答と解説

13 正解（A）

日本では食生活の変化により、「輸入飼料に依存しなければならない畜産物や小麦類の消費が増加している」が、それは、食料自給率を低下させている要因であるといえる。

14 正解（B）

因果関係が逆である。本文では、「日本人が米をたくさん食べなくなり、唯一ともいえる自給作物の米の消費が減少し、その結果1970年以後価格下落を防ぐ目的から、長く減反政策がとられていた」とあり、米の消費減少→減反政策となる。減反政策が原因となって食生活が変化したのではない。

15 正解（C）

「政府の試算では、全国でいも類を栽培すれば、国民1人あたりが1日の生活に必要なエネルギーとして十分な2,000キロカロリーは確保できる」とあるが、特に政府が増産を奨励しているかいないかは、本文からは不明である。

16 正解（B）

日本の食料自給率は40%を割り込んでいるとあるので、30%台であることが読み取れる。それに対して、牛肉の自給率は、本文中で計算されているように、11%である。したがって、牛肉の自給率は他の食品の平均自給率より大幅に低いことがわかる。

問題

5

動物どうしのけんかは、相手を殺さないことが多い。ユーラシア大陸に生息するダマジカ（鹿の一種）は、けんかをするとき、互いに肩をいからして威圧しあい、角を上下に揺すぶる。その後、頭を下げて角をぶつけあう。この力くらべで、長く持ちこたえたほうが勝ちになる。この方法は、互いに致命傷にならない。鹿どうしのけんかでは、角で相手の横腹を突くことが最も危険であり、勝ちやすい。しかし、ダマジカは、相手が何かの都合で横腹を見せると、角を振り下ろす動作をやめる。他の動物、たとえば人間に身近な犬や猫が、互いに争っている光景を目撃する機会はあるが、殺しあうことはない。これは、何万年、何十万年と続く動物の歴史の中で、本能的に彼らが身につけた「知恵」であるらしい。例外的なのは人間だ。人間は、悲惨な結末を迎えるけんかをする生物である。人間は万物の霊長であると威張っているが、その道徳心は、実はどの動物よりも低いレベルにあるのかもしれない。

17 **犬や猫など身近な動物には人間にしつけられたことで身についた知恵があり、互いに争うことはあっても殺しあう姿を見せることはない。**

18 **人間は必ず悲惨な結末のけんかをする。**

19 **ダマジカのけんかは腹をぶつけあい、長く持ちこたえたほうが勝ちになる。**

20 **ダマジカは、相手が弱みを見せると、わざと攻撃をやめる。**

A：本文の内容から明らかに正しい、または正しい内容が含まれている。

B：本文の内容から明らかに間違っている、または間違った内容が含まれている。

C：本文の内容からは、正しいか間違っているかは判断できない。

解答と解説

17 正解（B）

「人間に身近な犬や猫が、互いに争っている光景を目撃する機会はあるが、殺しあうことはない」と述べられており、設問文の後段は正しい。しかし、それは人間にしつけられたことで身についた知恵ではなく「何万年、何十万年と続く動物の歴史の中で、本能的に彼らが身につけた」知恵によるらしいとしている。

18 正解（C）

一般的に、人間どうしが争う場合、その結末が「必ず」悲惨なものになるわけではないことは、常識である。しかし、本文では、「人間は、悲惨な結末を迎えるけんかをする生物である」と述べられているだけで、その「悲惨な結末」が、必ずそうなるのか、そうなることもあるのかは不明である。したがって、明確には判断できない。

19 正解（B）

ダマジカは頭を下げて角をぶつけあう方法でけんかをする。腹をぶつけあうのではない。

20 正解（A）

鹿の最大の弱点は横腹であるが、「ダマジカは、相手が何かの都合で横腹を見せると、角を振り下ろす動作をやめる」とある。

問題

6

がんの原因は、ウイルス、化学物質、環境因子などいくつもあげられるが、細胞の突然変異説が今のところ有力だ。しかし突然変異の理由は解明されていない。がんの治療方法には、外科手術、化学療法、放射線治療、免疫療法があげられる。がんが、初めに発生した部位から他の組織や臓器に拡大することを転移という。がん細胞は自ら増殖しようとする。転移は、がんの進行度が速くなっていることを意味する。手術などで除去しきれなかったがんが、再び増殖することを再発という。

世界がん研究基金ではがん予防方法として、肥満にならないこと、適度な運動、体重増加の原因となる飲食物の制限、植物性食品摂取、動物性食品の制限、アルコール制限、塩分制限、サプリメントに頼らない、母乳での育児、治療後の生活改善の10か条をあげている。がんは、心疾患、老衰と並ぶ3大死亡原因のひとつで、死因の3割を占めている。

21 **がん予防の最大の条件は禁煙である。**

22 **がんは、細胞の突然変異が主因であるが、突然変異を起こす理由は不明である。**

23 **がん細胞が発生した部位以外のところで増殖することを再発というが、これはがんの進行速度が速くなっていることを表す。**

24 **がんは、近年になって死亡原因のトップにまでなった。**

A：本文の内容から明らかに正しい、または正しい内容が含まれている。
B：本文の内容から明らかに間違っている、または間違った内容が含まれている。
C：本文の内容からは、正しいか間違っているかは判断できない。

解答と解説

21 正解（C）

世界がん研究基金によるがん予防10か条があげられているが、特に喫煙や禁煙のことについては触れられていない。一般的には禁煙はがん予防に効果的であると考えられるが、本文からはわからない。

22 正解（A）

「細胞の突然変異説が今のところ有力だ」とある。またその理由については、「しかし突然変異の理由は解明されていない」とあるので、正しい。

23 正解（B）

「がん細胞が発生した部位以外のところで増殖すること」は、再発ではなく転移である。この設問文は、「再発」を「転移」に改めると正しくなる。

24 正解（C）

3大死亡原因のひとつにがんがあげられることは事実であるが、それが近年になってそうなったのか、またはそれ以前からもそうであったのかは不明である。また、がんは「死因の3割を占めている」とあるが、それが3大死亡原因のトップなのかどうかも確定できない。

問題

7

兵庫県豊岡市は鞄（かばん）作りが産業の中心といえる都市だが、最盛期は日本の鞄の8割を生産していた。もともと豊岡は柳行李（こうり）など柳製品の特産地であり、その歴史は奈良時代にさかのぼる。行李と鞄はものを入れて運ぶ道具という点が似ているので、さまざまな工夫を適用できる素地があった。大正時代にはすでに柳を使用した「鞄型柳行李」が考案されている。その後、生活様式の変化により柳製品の生産は減少する運命にあったが、柳製品製造の歴史で培われた技術を、早い段階からいろいろ工夫して鞄製品に適用してきたことが、後に鞄生産地としての一大発展につながった。日本独特の柳行李を製造する技術と、西欧伝来の鞄を製造する技術は、一見すると全く別のものだが、ものづくりにおける人間の技術というものは、非常に柔軟な面をもっている。たとえば、戦後には柳製の買い物用の手提げ籠（かご）などが考案されたが、これも上手な適用の一例であり、爆発的に生産量が伸びた製品である。

25 柳製の買い物用手提げ籠が考案されたのは戦後になってからである。

26 豊岡における柳製品作りは大正時代に始まった。

27 日本の柳行李を製造する技術と西欧伝来の鞄を製造する技術には相通ずるものがある。

28 豊岡市は最盛期には柳行李の8割を生産していた。

A：本文の内容から明らかに正しい、または正しい内容が含まれている。
B：本文の内容から明らかに間違っている、または間違った内容が含まれている。
C：本文の内容からは、正しいか間違っているかは判断できない。

解答と解説

25 正解（A）

「戦後には柳製の買い物用の手提げ籠などが考案されたが、これも上手な適用の一例であり、爆発的に生産量が伸びた製品」とある。

26 正解（B）

「豊岡は…柳製品の特産地であり、その歴史は奈良時代にさかのぼる」とある。

27 正解（C）

相通ずるものがあるかどうかは、本文からはわからない。

28 正解（C）

最盛期に日本の「鞄」の8割を生産していたとあるが、「柳行李」については本文からはわからない。

問題

8

一般的に、産出量が少なく工業的に重要な金属をレアメタルという。めがねのフレームに使われるチタンなどは、一般になじみ深いものである。近年、国際的に価格が高騰しているが、その理由は、主要産出国である中国が経済発展により、レアメタルの輸出から内需優先に転換したことが大きい。

レアメタルは、希少金属、特殊金属ともいわれる。わが国でレアメタルとされている金属は31種類あるが、どの金属をレアメタルに含めるかは、科学的な分類ではなく、国や機関により多少異なる。

レアメタルの産出地域には、偏りがみられ、バナジウムは、南アフリカ・中国・ロシアで世界のほぼ100%、タングステンは中国が90%近くを占める。したがって、供給変動の要因として産出国の政策転換、政治的混乱などがあげられ、投機対象にもなる。1983年からわが国も国家備蓄を始めた。ニッケル、クロム、タングステン、コバルト、モリブデン、マンガン、バナジウムの7種類を、国内消費量の約60日分を目安に貯蔵している。

29 近年のレアメタル価格高騰の理由は、世界各国の需要拡大である。

30 日本では、チタンなど7種類のレアメタルを、国家備蓄している。

31 銅を精錬する副産物としてレアメタルを抽出できる。

32 国によって、どの金属をレアメタルとするかの判断が異なるのは、科学的な分類ではないからである。

A：本文の内容から明らかに正しい、または正しい内容が含まれている。
B：本文の内容から明らかに間違っている、または間違った内容が含まれている。
C：本文の内容からは、正しいか間違っているかは判断できない。

解答と解説

29 正解（B）

レアメタルの価格が高騰している理由は、「主要産出国である中国が経済発展により、レアメタルの輸出から内需優先に転換したこと」によるもので、世界各国の需要拡大ではない。

30 正解（B）

日本では7種類のレアメタルの国家備蓄がされているが、その中にチタンは含まれていない。

31 正解（C）

レアメタルの抽出について、本文ではまったく触れられていない。ただし、銅を精錬する際にコバルトが副産物として採集できることは事実である。

32 正解（A）

本文中に「どの金属をレアメタルに含めるかは、科学的な分類ではなく、国や機関により多少異なる」と述べられている。

問題 9

「梅雨（つゆ）」は「ばいう」とも呼ばれる。日本のほかに朝鮮半島南部や中国の華南・華中、台湾でも見られる。世界各地の雨季とくらべて日本の梅雨の特徴は、それほど雨足の強くない雨が長期にわたって続くことだった。だが、近年の傾向として、梅雨明けがはっきりせず、またしとしと降るより、ザーッと降る雨が増えている。一般に北海道に梅雨はないとされるのは、梅雨前線がおもに本州上に停滞することや、梅雨の終わりには前線の勢力が衰え、北上する速度が非常に速くなることから、北海道で梅雨によると思われる降水が観測されないことが多いからである。梅雨の半ばに、いったん天候がやや長い期間にわたって回復することがあり、これを梅雨の中休みという。梅雨期間中の、短い晴れ間は梅雨晴れと呼ばれ、気温が高く湿度も高い。このため不快指数も高く、熱中症が起こりやすい。梅雨の期間中、ほとんど雨が降らない場合がある。これは空梅雨（からつゆ）という。空梅雨になると、夏場の水が確保できず、渇水の被害を引き起こす原因になる。

33 梅雨晴れの時期には、熱中症が発生しやすい。

34 中国大陸では、梅雨の時期には、短時間に強い雨が降ることが日本より多い。

35 北海道には梅雨がないという通説があるが、これは誤りである。

36 空梅雨とは、梅雨の途中で天候が一時的に回復する現象のことである。

A：本文の内容から明らかに正しい、または正しい内容が含まれている。

B：本文の内容から明らかに間違っている、または間違った内容が含まれている。

C：本文の内容からは、正しいか間違っているかは判断できない。

解答と解説

33 正解（A）

梅雨期間中の比較的短い晴れ間を梅雨晴れといい、この時期は「気温が高く湿度も高い。このため不快指数も高く、熱中症が起こりやすい」と述べられている。

34 正解（C）

本文では、強い雨が降ることが近年の日本の梅雨の傾向であると述べられている。しかし、中国と日本との雨の降り方の違いや、中国での降り方の特徴については述べられていない。

35 正解（B）

「一般に北海道に梅雨はないとされる」と述べられている。

36 正解（B）

「空梅雨」とは、「梅雨の期間中、ほとんど雨が降らない場合」のことであり、梅雨の途中で天候が一時的に回復する現象とは、梅雨の中休みのことである。

問題

10

現在、地球温暖化対策の一環としてエネルギー効率のよい機械を製造することは世界的課題であるが、そのなかでベアリングの果たす役割は重要である。部品どうしの摩擦を減少させ、焼きつきを防ぐ働きをするのがベアリング（軸受け）である。ベアリングは、機械の内部にあるので見えづらいが、回転部分をもつほぼすべての機械に使われている。1台の乗用車には、1000か所以上で使われているほどだ。

ベアリングには、2種類ある。内輪と外輪の間にある玉やころ（転動体という）が転がる「転がり軸受け（ボールベアリング）」と、転動体のない「滑り軸受け（バビットメタル）」の2つだ。一般にベアリングといえば、ボールベアリングを指す。ボールベアリングでは、金属製の玉の表面ができるだけ滑らかであることが最も重要である。

37 ベアリングを最も多く使用する機械は、自動車である。

38 金属製の玉の表面が滑らかなことが、滑り軸受けの最も重要なポイントである。

39 ベアリングは機械の内部にあるので、その存在に気づかれないことが多い。

40 ベアリングは、機械のエネルギー効率向上に重要な役割を担っている。

A：本文の内容から明らかに正しい、または正しい内容が含まれている。

B：本文の内容から明らかに間違っている、または間違った内容が含まれている。

C：本文の内容からは、正しいか間違っているかは判断できない。

解答と解説

37 正解（C）

１台の乗用車には、1000か所以上でベアリングが使用されているとは述べられているが、自動車が最も多くベアリングを使うかどうかは不明である。

38 正解（B）

滑り軸受けのベアリングには玉やころが使われていないので、玉の表面が滑らかかどうかは問題外である。玉の表面が滑らかでなければならないのは、転がり軸受け（ボールベアリング）である。

39 正解（C）

ベアリングは機械の内部にあるが、それが理由となって、存在に気づかれないかどうかは本文からはわからない。ベアリングの存在に気づかない人が多いかどうかが不明であるだけでなく、仮に気づかない人が多いとしても、その理由が、ベアリングが内部にあるからかどうかもわからない。

40 正解（A）

地球温暖化対策の一環として「エネルギー効率のよい機械を製造することは世界的課題である」とあり、さらに「そのなかでベアリングの果たす役割は重要である」と述べられているので、正しい。

問題

11

災害時の非常用食品として、長期保存されることが多いのが缶詰だ。食べないまま賞味期限を過ぎた缶詰も、味は落ちるものの、保存さえきちんとすれば、食べられなくなることは、まずない。缶詰の製造は、まず缶に調理した食品を詰める。次にフタをかぶせて中の空気を抜きながら、フタと側面を一緒に巻き込む二重巻き締めで密封する。そして缶に圧力を加えながら高熱で殺菌する。そんな缶詰だが、1995年の食品衛生法改正により、賞味期限の表示が義務づけられた。製造から3年にされるのが普通だ。よく知られていることだが、缶詰は、ナポレオンが戦場での食料の保存法を公募したところ、アペールという人が食品をびんに詰めてコルク栓で密封しておき、それを湯で加熱する方法を考えたことが起源だ。びん詰めの重くて持ち運びに不便だという点を改善したブリキを使った缶詰がイギリスで発明され、アメリカの南北戦争で普及した。しかし缶切りは発明されず、ハンマーやのみで開けていた。戦場では銃で撃って開けることもあったが、中身が飛び散って使い物にならなかったという。

41 缶詰は、食中毒などの心配の少ない食品である。

42 食品衛生法による賞味期限の義務づけ以来、缶詰を3年以内に消費する人が大半になった。

43 缶切りの発明は、戦場での缶詰開封の苦労の結果によるものである。

44 缶詰の製造は、高熱で殺菌した食材を缶の中に詰めることから始まる。

A：本文の内容から明らかに正しい、または正しい内容が含まれている。
B：本文の内容から明らかに間違っている、または間違った内容が含まれている。
C：本文の内容からは、正しいか間違っているかは判断できない。

解答と解説

41 正解（A）

缶詰は「食べられなくなることは、まずない」とある。さらに、高熱により確実に殺菌されているので、食中毒などの恐れは非常に少ないと考えられる。

42 正解（C）

1995年に、食品衛生法によって缶詰に賞味期限の表示が義務づけられ、それはおおむね3年とされることは述べられている。しかし、それによって、実際に缶詰を買って保存している人が、賞味期限を意識して3年以内に食べるかどうかについては触れられていない。

43 正解（C）

戦場において、缶詰を開けるのに苦労したことは述べられている。また、その当時缶切りは発明されていなかった。しかし、戦場での苦労が、現在存在する缶切りの発明につながったかどうかは、本文からは不明である。

44 正解（B）

缶詰製造の第一段階は、「缶に調理した食品を詰める」ことであり、この段階で「高熱で殺菌する」のではない。缶詰を密封したのち、「缶に圧力を加えながら高熱で殺菌する」のである。

問題

12

株式の取引方法には、現物取引と信用取引の2種類がある。現物取引とは、理論上は実際にその会社の株券を買う取引だ。一方、信用取引では、顧客はまず証券会社の口座に委託保証金を入金する。その金額は、おおむね30万円以上だ。そして委託保証金の約3倍の範囲で買いまたは売りの取引ができる。取引実行後、反対売買をすることで、その差額を受け取りまたは支払うことになる。信用取引の特徴は空売りができることだ。実際に保有しない会社の株が将来値下がりすると予測した場合、その会社の株券を証券会社から借りて売るのである。値下がりすれば、決済（反対売買）した時点で、売った金額と決済（買い戻した金額）との差額を受け取る。もちろん予測に反して値上がりした場合は差額を支払うことになる。信用取引では、手持ち資金以上の売買ができることから、当然リスクも増える。たとえば、会社の株を空売りした場合、その会社が倒産すれば、大きな利益を出すことになるが、逆に株価が大きく上昇すれば、理論上は無限の損失を被ることになる。

45 信用取引で株を買った場合、理論上は無限大の損失をすることがある。

46 証券会社では、顧客が損失を出さないためのいくつかのシステムを準備している。

47 空売りができるようになったことは、現在の信用取引制度の大きな特徴である。

48 空売りでは、手持ち資金以上の売買ができる。

A：本文の内容から明らかに正しい、または正しい内容が含まれている。
B：本文の内容から明らかに間違っている、または間違った内容が含まれている。
C：本文の内容からは、正しいか間違っているかは判断できない。

解答と解説

45 正解(B)

信用取引において、無限大の損失の可能性があるのは、株を買った場合ではなく、空売りをした場合である。買った場合は、仮にその企業が倒産したとしても、買った金額以上の損失が発生することはない。しかし、空売りの場合は、理論上、その会社の株価が無限大に上昇する可能性があるので、そのような場合に放置していれば無限大の損失を被ることになる。

46 正解(C)

証券会社が、顧客が損失を出さないシステムを準備しているかどうかは、まったく本文では触れられていないので、存在するかどうかは不明である。

47 正解(C)

信用取引の大きな特徴は、空売りもできることである。しかし、それが「現在」のものかどうかは本文からはわからない。証券売買制度が開始されて以来、どの時点で空売りという制度が設けられたのか不明なので、現在に特徴的な制度とは断定できない。

48 正解(A)

本文中に「信用取引では、手持ち資金以上の売買ができる」とあり、また、空売りは信用取引の特徴的な取引と述べられていることから、正しい。

問題

13

わが国で配達される郵便物の大半の宛名は手書きではなく「印字」されたものだという。昔の達筆の行書や草書の宛名に悩まされていた郵便配達の人は、むしろ歓迎という。それにしても、年賀状は、表も裏もパソコン製というものがめっきり増えた。12世紀に成立した、わが国最初の文芸評論書『無名草子』に、数人の女性が、それぞれこの世で最も素晴らしいと思うものを披露しあう場面があり、「夢」や「文字」があげられるなかに「手紙」だという人がいる。手紙は、遠方に住む人にも、直接対面するかのごとく意思を伝えることができる。むしろ直接対面では、言い出せないことさえも書くことができる。さらに、かつて交際していた人の手紙を見ると、その当時が懐かしく思い出され、亡くなった人の手紙は、その人の生前の姿をありありと思い出させるものである。人との交際は、ただ顔を合わせているときだけの心の交情だが、手紙ばかりは、永久に変わることなく素晴らしいという。メールの便利さにすっかりなじんだ現代人は、手紙の真の魅力に触れないまま、「今どこ？」「何してる？」というやりとりを繰り返して一度の人生を消費するのである。

49 現代人は、手紙を書くことが苦手である。

50 『無名草子』によれば、他者との交際は、しょせんその人と直接対面しているときだけのものである。

51 『無名草子』では、この世で最も素晴らしいものについての結論は出されていない。

52 郵便配達の人も、パソコンで書かれた宛名の郵便物にうんざりしている。

A：本文の内容から明らかに正しい、または正しい内容が含まれている。

B：本文の内容から明らかに間違っている、または間違った内容が含まれている。

C：本文の内容からは、正しいか間違っているかは判断できない。

解答と解説

49 正解（C）

現代人がメールの便利さにすっかりなじんだことは事実であるが、それは「便利」ということが理由であって、手紙を書くことが苦手かどうかは判断できない。

50 正解（A）

「人との交際は、ただ顔を合わせているときだけの心の交情だ」とある。

51 正解（C）

『無名草子』には、「この世で最も素晴らしいと思うものを披露しあう場面」はあるが、めいめいが素晴らしいと思うものをあげたあと、議論がなされたのか、またそれについて結論が出されたかどうかは、まったく不明である。

52 正解（B）

パソコンなどによって「印字」された郵便物については、「昔の達筆の行書や草書の宛名に悩まされていた郵便配達の人は、むしろ歓迎という」とあり、まったく逆である。

GAB計数

40問
制限時間35分

図表にもとづく問題。図表の意味を正しく理解しているかどうかをみる。図表は7～8つが用意され、それぞれについて5～6問が出題される。解答は5つまたは10の選択肢から1つを選ぶ。どの図表についての問題かをすばやく判断するのがポイント。

出題パターン分析

図表やグラフについての出題とされるが、**グラフはせいぜい1つ**で、**他は表形式**。内容は会社の財務関連（資本金や売上、利益など）、製造業における生産高、国や地域における諸統計値など。図表は別にまとめられ、問題のみがずらりと並ぶ。問題は各図表に関するものがランダムに並べられている。

攻略テクニック▶表ごとにまとめて解く

出題されるのは、図表からそのまま読み取れる問題ばかりではない。計算が必要なものも多いし、先に求めた計算結果を利用する問題も出てくる。**計算結果を必ずメモしておく**ことだ。

また、**表ごとに問題をまとめて解く**ほうが効率はずっとよくなる。まずは、問題がどの表のものか、全体を見て先にチェックしておこう。表に簡単な略称をつけ、各問題を分類すればいい。問題番号順に最初からとりかかるよりも、結果としてそのほうが解答時間が短くなる。

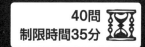

問題例

巻末の計数表を使って、次の問題を解き、正しい答えを1つ選びなさい。

1 **2XX5年から2XX9年までのＴ商社の売上の総計は百万円単位でいくらか。**

A：44,000　B：33,500　C：4,400　D：48,325　E：4,800

---

2 **丑工場が年間最大製造許容台数のカメラを製造した場合、材料費は百万円単位でいくらか。**

A：1,782　B：1,386　C：945　D：846　E：882

---

3 **１人あたりの入園料が一番高いのはどの公園か。**

A：R公園　B：M公園　C：H公園　D：U公園　E：K公園

正解　1→A　2→C　3→D

問題例の設問にしたがい、次ページからの問題を解いてください

問題

1 2XX0年の時価総額の合計と2XX1年のそれの比は、およそどのように示すことができるか。

A： 2：3　B： 96：76　C： 98：92
D： 105：155　E： 114：135

2 1人あたりの入園料が一番安いのはどの公園か。

A：R公園　B：M公園　C：H公園　D：U公園　E：K公園

3 2XX4年5月初めの原油価格を100とした場合、2XX4年6月末の原油価格はおよそいくらか。

A：104.5　B：107.9　C：108.1　D：113.9　E：116.3

4 前年度のテーブルとソファーの輸出販売額の合計は、1万円単位でおよそいくらか。

A：25,300　B：25,800　C：27,600　D：29,800　E：38,900

解答と解説

1 正解（E）

使う表▶⑦（時価総額）

2XX0年の時価総額合計（3800億円）の2XX1年のそれ（4500億円）に対する割合は、3800÷4500≒0.844。選択肢からこれに近い比を選ぶが、2XX0年のほうが少ないのでBとCは除外できる。

A 2÷3≒0.667　D 105÷155≒0.677　E 114÷135≒0.844

正解は「E： 114：135」。

2 正解（B）

使う表▶②（公園）

1人あたりの入園料は「年間入園料÷年間来園者数」。

R公園 65.8÷329＝0.2（200円）　M公園 21.75÷145＝0.15（150円）

H公園 84.78÷471＝0.18（180円）　U公園 38.4÷96＝0.4（400円）

K公園 22.32÷62＝0.36（360円）

したがって、正解は「B：M公園」。

3 正解（C）

使う表▶④（ガソリン）

5月初めの原油価格を100とした場合の6月末の原油価格は、

$$100\times(100\%+\underbrace{4.5\%}_{\text{5月・原油価格変動率}})\times(100\%+\underbrace{3.4\%}_{\text{6月・原油価格変動率}})=108.053$$

一番近い数値を選ぶ。正解は「C：108.1」。

4 正解（B）

使う表▶⑤（家具）

前年度の輸出販売額を求める計算式は「輸出販売額÷前年比」。

テーブル　9296÷93.3%≒9964（万円）

ソファー　18297÷115.7%≒15814（万円）

合計9964＋15814＝25778（万円）。一番近いのは「B：25,800」。

問題

5 2XX4年2月のレギュラーガソリン価格が、原油価格変動率と同じ割合で変動した場合、2XX4年3月初めにおけるレギュラーガソリン価格はおよそいくらか。

A：121.0　B：121.5　C：122.0　D：122.5　E：123.0
AB：131.0　AC：131.7　AD：132.4　AE：133.1　BC：133.8

6 以下の組み合わせの販売額の合計で、2XX3年の輸出販売額が国内販売額を超えるのはどれか。

A：テーブルと照明　B：ベッドとテーブル
C：照明とソファー　D：じゅうたんとベッド　E：該当なし

7 甲ガス会社と契約し、月間50m^3のガスを使用した場合、1か月のガス使用料金はいくらか。

A：7,250　B：7,450　C：7,650　D：7,850　E：8,050
AB：8,250　AC：8,450　AD：8,650　AE：8,850　BC：9,050

解答と解説

5 正解(B)

使う表▶④(ガソリン)

2XX4年2月の部分を見る。レギュラーガソリンの店頭価格に原油価格変動率を乗じて計算する。

120×(100%+1.3%)=121.56(円/L)

2月・原油価格変動率（1.3%の注記）

選択肢は小数第1位までで表されており、一番近いのが121.5円。したがって、正解は「B：121.5」。

6 正解(D)

使う表▶⑤(家具)

数値を代入して計算、比較する。単位は同じなので省略可。

A：テーブルと照明

8708+6866=15574(国内)>9296+3079=12375(輸出)

B：ベッドとテーブル

18825+8708=27533(国内)>14448+9296=23744(輸出)

C：照明とソファー

6866+22440=29306(国内)>3079+18297=21376(輸出)

D：じゅうたんとベッド

5097+18825=23922(国内)<9592+14448=24040(輸出)

したがって、正解は「D：じゅうたんとベッド」。

7 正解(AB)

使う表▶③(ガス)

1か月のガス使用料金の計算式は「基本料金+(単位料金×使用量)」。月間50m^3の使用料金は、表中の甲ガス会社の使用料金区分②の数値で計算する。

1250+(140×50)=8250(円)　　正解は「AB：8,250」。

問題

8 2XX4年6月のハイオクガソリン価格が、その月の原油価格変動率で上がった場合、2XX4年2月と7月のハイオクガソリン価格の差はおよそいくらか。

A：17.0　B：19.0　C：20.0　D：20.5　E：21.0

AB：21.5　AC：22.0　AD：22.5　AE：23.0　BC：24.0

9 2XX3年の輸出家具の販売額の23%がソファーと仮定した場合、輸出ソファーの販売額はおよそどれくらい減少するか（10万円未満を四捨五入して答えよ）。

A：3,500万円　B：3,510万円　C：4,670万円　D：4,680万円

E：5,540万円　AB：5,550万円　AC：6,560万円

AD：6,570万円　AE：6,580万円　BC：該当なし

10 2XX5年度、一番多くカメラを製造した工場は。

A：子工場　B：丑工場　C：寅工場　D：卯工場　E：辰工場

解答と解説

8　正解（E）

使う表▶④（ガソリン）

2XX4年2月と6月の数値を使う。

7月のハイオクガソリン価格は、

146×（100%＋3.4%）＝150.964（円/L）

（3.4%：6月・原油価格変動率）

2月との差　150.964－130＝20.964（円/L）

一番近い数値を選ぶ。正解は「E：21.0」。

9　正解（D）

使う表▶⑤（家具）

選択肢の数値から、概算では難しいので実際の数値で計算する。

輸出家具の販売額の23%は、59214×23%＝13619.22（万円）

表の輸出ソファーの販売額との差額は、18297－13619.22＝4677.78（万円）→10万円未満四捨五入→4680（万円）

したがって、正解は「D：4,680万円」。

10　正解（A）

使う表▶⑥（カメラ）

カメラの製造台数を求める計算式は「年間最大カメラ製造許容台数×2XX5年度工場稼働率」となる。

子工場　220×71%＝156.2（千台）

丑工場　150×85%＝127.5（千台）

寅工場　360×42%＝151.2（千台）

卯工場　90×93%＝83.7（千台）

辰工場　70×66%＝46.2（千台）

したがって、正解は「A：子工場」。

ここがポイント　許容台数の最も多い寅工場の製造台数を求め、次にこの製造台数を超える許容台数の子工場の製造台数を求めて比べる方法もある。他の3工場は計算不要。

問題

11 2XX3年のソファーの国内外の販売額は販売額全体のおよそ何%か。

A：0%　B：5%　C：10%　D：15%　E：20%
AB：25%　AC：30%　AD：35%　AE：40%　BC：45%

12 車での来園者の最も多い公園はどれか。

A：R公園　B：M公園　C：H公園　D：U公園　E：K公園

13 丑・寅・辰３工場の2XX5年度のカメラの合計製造台数は、全製造台数の約何%か。

A：40%　B：44%　C：48%　D：50%　E：54%
AB：58%　AC：60%　AD：64%　AE：68%　BC：70%

解答と解説

11 正解（AC）

使う表▶⑤（家具）

計算式は「ソファーの国内外の販売額÷販売額全体」。

ソファー国内外販売額　22440＋18297＝40737（万円）

販売額全体　70780＋59214＝129994（万円）

40737÷129994＝0.3133…　→約30%　正解は「AC：30%」。

ここがポイント　ソファーの販売額合計を約40000、全体販売額を約130000として概算してもよい。また、ソファーの販売割合が、国内、輸出ともおよそ30%であることから全体でも約30%と推測してもよい。

12 正解（A）

使う表▶②（公園）

車での来園者を求める式は「年間来園者数×車での来園者割合」。

R公園　329×40%＝131.6（万人）

M公園　145×61%＝88.45（万人）

H公園　471×22%＝103.62（万人）

U公園　96×36%＝34.56（万人）

K公園　62×75%＝46.5（万人）

したがって、正解は「A：R公園」。

ここがポイント　U公園とK公園は、来園者数が他の3つの公園より明らかに少ないため、計算を省略してもよい。計算は概算でもよい。

13 正解（AB）

使う表▶⑥（カメラ）

10の結果を利用する。工場ごとのカメラ製造台数を算出しているので、3工場のカメラ製造台数を合計する。

127.5（丑）＋151.2（寅）＋46.2（辰）＝324.9（千台）

全工場の製造台数は564.8千台。

324.9÷564.8＝0.5752…　→約58%。正解は「AB：58%」。

問題

14 2XX4年2月と3月のレギュラーガソリン価格が原油価格変動率で上昇した場合、2XX4年4月初めのレギュラーガソリン価格からみた差額はいくらか。

A：+4.6　B：+4.7　C：+5.2　D：+8.0　E：+14.6

AB：−4.6　AC：−4.7　AD：−5.2　AE：−8.0　BC：−14.6

15 乙ガス会社と契約し、1か月のガス料金が76,700円だった場合、1か月のガス使用量はおよそ何m^3か。

A：250　B：300　C：350　D：400　E：450

AB：500　AC：550　AD：600　AE：650　BC：700

16 2XX2年と2XX0年を比較すると、2XX2年が国債残高は1.65倍、時価総額合計額は1.1倍である。2XX2年における国債残高の時価総額全体に対する割合はいくらか。

A：80%　B：98%　C：105%　D：110%　E：115%

AB：120%　AC：125%　AD：130%　AE：135%　BC：140%

解答と解説

14 正解（B）

使う表▶④（ガソリン）

2月の価格120円/Lが原油価格変動率で上昇した場合の4月の価格

120×（100%＋1.3%）×（100%＋6.7%）＝129.70…（円/L）

（1.3%：2月・原油価格変動率　6.7%：3月・原油価格変動率）

4月のレギュラーガソリンを基準としてみると、

129.7－125＝4.7（円/L）

したがって、正解は「B：＋4.7」。

15 正解（AD）

使う表▶③（ガス）

まず、単位料金を一番高い「160円/m^3」と仮定し、使用量を概算。

（76700－800）÷160＝474.375（m^3）

次に、単位料金を一番安い「115円/m^3」と仮定し、使用量を概算。

（76700－8200）÷115＝595.652…（m^3）

したがって、使用量は400m^{3}超700m^{3}以下、単位料金は使用料金区分⑤の120円/m^3。月間使用量をX（m^3）とすると、

4700＋120×X＝76700　120X＝72000　X＝600（m^3）

したがって、正解は「AD：600」。

16 正解（AB）

使う表▶⑦（時価総額）

2XX0年の国債残高は3800×80%＝3040（億円）

2XX2年の国債残高は3040×1.65＝5016（億円）

2XX2年の時価総額は3800×1.1＝4180（億円）

国債残高の時価総額全体に対する割合は5016÷4180＝1.2

したがって、正解は「AB：120%」。

問題

17 2XX5年度の卯工場でのカメラの製造費用は、百万円単位でおよそいくらか。

A：18　B：32　C：324　D：586　E：820
AB：850　AC：4,500　AD：11,800　AE：12,600　BC：12,660

18 以下の組み合わせのうち、案内所が最も多く利用された公園の組み合わせはどれか。

A：R公園とM公園　B：M公園とK公園　C：H公園とR公園
D：K公園とU公園　E：R公園とK公園

19 2XX3年の照明の全販売額のうち、国内分はおよそどれだけか。

A：0%　B：10%　C：20%　D：30%　E：40%
AB：50%　AC：60%　AD：70%　AE：80%　BC：90%

解答と解説

17 正解（E）

使う表▶⑥（カメラ）

製造費用を求める式は「年間製造台数×1台あたり材料費＋人件費＋その他経費」。卯工場の製造台数は10で出ているので、

材料費　83700×9400＝786780000（円）
＝786.78（百万円）

人件費2,210万円、その他経費9,600千円をそれぞれ百万円単位にそろえると、22.1百万円と9.6百万円。これらを合計して818.48百万円。一番近い数値を選ぶと「E：820」。

18 正解（C）

使う表▶②（公園）

「年間来園者数×年間来園者の案内所利用割合」で求める。

R公園329×24.1%＝79.289（万人）、M公園145×29.6%＝42.92（万人）、H公園471×13.3%＝62.643（万人）、U公園96×32.7%＝31.392（万人）、K公園62×43.3%＝26.846（万人）

R公園＋M公園＝122.209万人、M公園＋K公園＝69.766万人、H公園＋R公園＝141.932万人、K公園＋U公園＝58.238万人、R公園＋K公園＝106.135万人　　正解は「C：H公園とR公園」。

19 正解（AD）

使う表▶⑤（家具）

照明全体の販売額のうち、国内分の割合を求める計算式は「国内の照明の販売額÷照明の全体販売額」。

全体販売額　6866（国内）＋3079（国外）＝9945（万円）

6866÷9945＝0.6903…　→約70%

したがって、正解は「AD：70%」。

問題

20 Ｔ商社の営業利益率が前年比で一番上昇したのはいつか。

A：2XX5－2XX6　B：2XX6－2XX7　C：2XX7－2XX8

D：2XX8－2XX9　E：答えられない

21 1か月のガス使用量が100m^3の場合、甲ガス会社契約と乙ガス会社契約で月間使用料金の差はいくらか。

A：50　B：250　C：450　D：500　E：550

22 子工場と辰工場のカメラ製造台数の差はどれくらいか。

A：50千　B：70千　C：90千　D：110千　E：150千

解答と解説

20 正解（B）

使う表▶①（T商社）

まず、営業利益率を計算し、次に前年比を考える。

2XX5年　$700 \div 7000 = 0.1$　　2XX6年　$720 \div 8000 = 0.09$

2XX7年　$1045 \div 9500 = 0.11$　2XX8年　$810 \div 9000 = 0.09$

2XX9年　$1050 \div 10500 = 0.1$

営業利益率が上昇しているのは2XX6年－2XX7年と2XX8年－2XX9年の2回。2XX6年、2XX8年とも利益率は0.09なので、利益率がより高くなった2XX6年－2XX7年のほうが上昇率が高いことがわかる。

したがって、正解は「**B：2XX6－2XX7**」。

21 正解（C）

使う表▶③（ガス）

甲・乙両ガス会社での月間使用料金を計算して差額を求める。表中の使用料金区分③の数値で計算。

甲ガス会社　$1650 + 135 \times 100 = 15150$（円）

乙ガス会社　$1700 + 130 \times 100 = 14700$（円）

$15150 - 14700 = 450$（円）

したがって、正解は「**C：450**」。

22 正解（D）

使う表▶⑥（カメラ）

10の結果を利用して、子工場と辰工場を比較すればよい。

子工場　156.2千台

辰工場　46.2千台

子工場と辰工場の製造台数の差　$156.2 - 46.2 = 110$（千台）

したがって、正解は「**D：110千**」。

問題

23 2XX6年のＴ商社の経常利益率が仮に前年と同じだった場合、2XX6年の経常利益はおよそ何百万円か。

A：560　B：580　C：600　D：620　E：640
AB：660　AC：680　AD：700　AE：720　BC：740

24 2XX4年の家具の国内販売額が、2XX2年から2XX3年と同じ割合で変動したと仮定したとき、国内販売額は1万円単位でおよそどれくらい変動するか。

A：－5,600　B：－8,000　C：－13,600　D：－76,400
E：－84,400　AB：5,600　AC：8,000　AD：13,600
AE：76,400　BC：84,400

25 2XX7年におけるＴ商社の営業利益と経常利益の差は１億円単位でいくらか。

A：0.72　B：0.81　C：1.40　D：2.09　E：6.48
AB：7.20　AC：8.10　AD：8.36　AE：8.91　BC：10.45

解答と解説

23 正解(E)

使う表▶①(T商社)

経常利益率は「経常利益÷売上高」、経常利益は「営業利益×営業利益に対する経常利益の割合」で計算。

2XX5年の経常利益　700×80%＝560(百万円)

経常利益率　560÷7000＝0.08→8%

2XX6年の経常利益　8000×8%＝640(百万円)

したがって、正解は「E：640」。

24 正解(AD)

使う表▶⑤(家具)

2XX4年に前年比と同じ割合で変動した場合の国内販売額は、

ベッド　18825×140.2%≒26393(万円)

テーブル　8708×104.7%≒9117(万円)

じゅうたん　5097×85.1%≒4338(万円)

ソファー　22440×132.5%＝29733(万円)

照明　6866×76.4%≒5246(万円)

その他　8844×108.6%≒9605(万円)　計84,432万円

これと2XX3年の国内販売額合計との差は、13,652万円

一番近い数値を選ぶ。正解は「AD：13,600」。

25 正解(D)

使う表▶①(T商社)

経常利益は「営業利益×営業利益に対する経常利益の割合」。

1045×80%＝836(百万円)　1045－836＝209(百万円)

1億円単位にするには100で割る。したがって、正解は「D：2.09」。

問題

26 森林密度の最も高い公園はどこか。

A：R公園　B：M公園　C：H公園　D：U公園　E：K公園

27 １Ｌで12km走行するハイオクガソリン仕様の乗用車が月間1,500km走行した場合、2XX4年の2月と6月でガソリン代金の差はいくらか。

A：2,000　B：2,200　C：2,400　D：2,600　E：2,800

28 Ｔ商社が2XX9年に経常利益を1,080百万円とするためには、売上高は百万円単位であといくら必要か（経常利益率は維持することとする）。

A：600　B：900　C：1,200　D：1,500　E：1,800

解答と解説

26 正解（E）

使う表▶②（公園）

森林密度を求める計算式は「森林面積÷（公園）面積」。単位が違うので単位をそろえる（$1km^2=1,000,000m^2$）。km^2にそろえたほうが計算が簡単。森林面積は小数第2位以下を切り捨て。

R公園　3.3÷5.1＝0.647…

M公園　1.5÷1.9＝0.789…

H公園　3.4÷4.6＝0.739…

U公園　0.4÷0.8＝0.5

K公園　2.2÷2.5＝0.88

したがって、正解は「E：K公園」。

ここがポイント　それぞれの単位をそのままで計算しても比較はできる。どちらが計算が簡単かで判断する。

27 正解（A）

使う表▶④（ガソリン）

1か月のガソリン消費量　1500÷12＝125（L）

2月　130×125＝16250（円）　6月　146×125＝18250（円）

18250－16250＝2000（円）　したがって、正解は「A：2,000」。

28 正解（D）

使う表▶①（T商社）

2XX9年の経常利益率を計算してから、必要となる増加額を求める。

2XX9年経常利益　1050×90%＝945（百万円）

経常利益率　945÷10500＝0.09→9%

1080÷9%＝12000（百万円）

12000－10500＝1500（百万円）

したがって、正解は「D：1,500」。

問題

29 2XX6年度に子工場で年間最大製造許容台数の80%のカメラを製造し、それらすべてを500,000万円で販売しようとするとき、1台あたりの販売単価は、およそいくらにすればよいか。

A：2,240　B：2,840　C：8,100　D：22,400　E：28,400

30 T市場において時価総額が前年比で最も多い増加率の年は何年から何年か。

A：2XX0－2XX1　B：2XX1－2XX2　C：2XX2－2XX3
D：2XX3－2XX4　E：2XX4－2XX5

31 2XX5年度、1台あたりのカメラ製造費用（人件費・その他経費を含む）が最も安かったのはどの工場か。

A：子工場　B：丑工場　C：寅工場　D：卯工場　E：辰工場

解答と解説

29 正解（E） 使う表▶⑥（カメラ）

カメラ1台あたりの販売単価は「全販売額÷製造台数」となる。製造台数は、年間最大製造許容台数の80％であるから、

5000000000÷(220000×0.8)＝28409.0…(円)

一番近い数値を選ぶ。正解は「E：28,400」。

30 正解（E） 使う表▶⑦（時価総額）

設問にT市場においてとあり、減少している2XX2年、2XX4年は計算を省略できる。

2XX0年～2XX1年　2000÷1500≒1.33

2XX2年～2XX3年　2500÷1600＝1.5625

2XX4年～2XX5年　1900÷1000＝1.9

したがって、正解は「E：2XX4－2XX5」。

31 正解（B） 使う表▶⑥（カメラ）

各工場の製造費用を求める計算式は、「年間製造台数×1台あたり材料費＋人件費＋その他経費」となる。年間製造台数に、**10**の結果を使って計算すると、子工場1,315,740,000円、丑工場845,460,000円、寅工場1,247,180,000円、卯工場818,480,000円、辰工場609,170,000円。これを製造台数で割る。

子工場　1315740000÷156200＝8423.43…(円)

丑工場　845460000÷127500＝6631.05…(円)

寅工場　1247180000÷151200＝8248.54…(円)

卯工場　818480000÷83700＝9778.73…(円)

辰工場　609170000÷46200＝13185.49…(円)

したがって、正解は「B：丑工場」。

問題

32 甲ガス会社の契約で１か月にガスを90m^{3}使用、乙ガス会社の契約で１か月にガスを60m^{3}使用した場合、月間使用料金の差はいくらか。

A：3,600　B：3,800　C：4,000　D：4,200　E：4,400

33 R公園の１m^{2}あたりの年間売上額（年間売店利用額＋年間入園料）はおよそいくらか。

A：230円　B：330円　C：430円　D：530円　E：630円

34 2XX3年と2XX5年の国債残高が等しいとしたとき、2XX3年の「国債残高の時価総額全体に対する割合」をXとして計算する式として正しいのはどれか。

A：$\dfrac{5600 \times 1.05}{4000}$　B：$\dfrac{4000}{5600 \times 1.05}$　C：$\dfrac{5600}{4000 \times 1.05}$

D：$\dfrac{4000 \times 1.05}{5600}$　E：$\dfrac{4000 \times 1.05}{5600 \times 0.75}$

解答と解説

32 正解（E）

使う表▶③（ガス）

甲・乙両ガス会社での月間使用料金を計算して差額を求める。表中の甲ガス会社の使用料金区分③、乙ガス会社の使用料金区分②の数値で計算する。

　甲ガス会社　1650＋135×90＝13800（円）

　乙ガス会社　1300＋135×60＝9400（円）

　13800－9400＝4400（円）

したがって、正解は「E：4,400」。

33 正解（B）

使う表▶②（公園）

R公園での1m^{2}あたりの年間売上額を求める計算式は、「（年間売店利用額＋年間入園料）÷面積」となる。

年間売店利用額と年間入園料の合計は、単位をそろえて、100.6＋65.8＝166.4（千万円）。これを面積5.1km^2＝5,100,000m^{2}で割ると、326.27…円。

一番近い数値を選ぶ。正解は「B：330円」。

34 正解（D）

使う表▶⑦（時価総額）

2XX5年の国債残高の時価総額全体に対する割合は105%。

2XX3年と2XX5年の国債残高が等しいことから、

2XX3年の国債残高の時価総額全体に対する割合をXとした計算式は、

5600×X＝4000×1.05

したがって、正解は「D：$\frac{4000 \times 1.05}{5600}$」。

問題

35 月ごとに原油価格変動率とレギュラーガソリン店頭価格変動率を比べた場合、原油価格変動率がレギュラーガソリン店頭価格変動率を最も大きく上回っている年/月はいつか。

A：2XX4/02　B：2XX4/03　C：2XX4/04　D：2XX4/05
E：2XX4/06

36 2XX5年の5つの市場で各市場1社あたりの時価総額が最も多いのはどれか。

A：T市場・2000社　B：O市場・750社　C：M市場・250社
D：J市場・480社　E：H市場・1500社

37 2XX9年にT商社で前年から下がった指標はどれか。

A：営業利益　B：営業利益率　C：経常利益　D：経常利益率
E：該当なし

解答と解説

35 正解（B）

使う表▶④（ガソリン）

レギュラーガソリン店頭価格のその月の変動率は「次月店頭価格（月初）÷その月の店頭価格（月初）」で求められる。

2月　122÷120≒101.67（%）およそ＋1.7%（原油は＋1.3%）
3月　125÷122≒102.46（%）およそ＋2.5%（原油は＋6.7%）
4月　133÷125＝106.4（%）＋6.4%（原油は＋9.0%）
5月　135÷133≒101.50（%）およそ＋1.5%（原油は＋4.5%）

6月は計算できないため、正解は「B：2XX4/03」。

36 正解（C）

使う表▶⑦（時価総額）

各市場1社あたりの時価総額は「時価総額合計額÷上場企業数」。

T市場　1900÷2000＝0.95億円
O市場　100÷750≒0.133億円
M市場　700÷250＝2.8億円
J市場　900÷480＝1.875億円
H市場　300÷1500＝0.2億円

したがって、正解は「C：M市場・250社」。

37 正解（D）

使う表▶①（T商社）

経常利益は「営業利益×営業利益に対する経常利益の割合」、営業利益率は20の結果を、経常利益率は表の式を使って求める。

営業利益	810（2XX8年）	1,050（2XX9年）	上昇
営業利益率	0.09（2XX8年）	0.1（2XX9年）	上昇
経常利益	891（2XX8年）	945（2XX9年）	上昇
経常利益率	0.099（2XX8年）	0.09（2XX9年）	下落

したがって、正解は「D：経常利益率」。

問題

38 月間ガス使用量1,000m^{3}以上の飲食店の場合、甲ガス会社の使用料金からみて、乙ガス会社の使用料金はどれくらい高くなるか（＋で解答）、低くなるか（－で解答）。

A：＋3,400　B：＋1,950　C：＋1,050　D：＋50　E：同じ

AB：－50　AC：－1,050　AD：－1,950　AE：－3,450

BC：該当なし

39 1人あたりの売店利用額が最も少なかった公園はどこか。

A：R公園　B：M公園　C：H公園　D：U公園　E：K公園

40 乙ガス会社の契約で、月間ガス使用量が300m^{3}から500m^{3}に増加した場合、使用料金はいくら増加するか。

A：21,500　B：22,500　C：23,500　D：24,500　E：25,500

解答と解説

38 正解（AE）

使う表▶③（ガス）

使用量が1,000m^3以上なので、両ガス会社ともに表中の使用料金区分⑥の数値で計算。単位料金が同額のため、基本料金の差が使用料金の差額となる。また、甲ガス会社を基準として計算するから、乙ガス会社の基本料金から甲ガス会社の基本料金を引く。

8200－11650＝－3450（円）　　正解は「**AE：－3,450**」。

39 正解（C）

使う表▶②（公園）

1人あたりの売店利用額を求める計算式は「年間売店利用額÷年間来園者数」となる。比較できればよいので単位はそのまま。

R公園　10.06÷329＝0.0305…　→305（円）
M公園　3.52÷145＝0.0242…　→242（円）
H公園　7.63÷471＝0.0161…　→161（円）
U公園　5.53÷96＝0.0576…　→576（円）
K公園　1.24÷62＝0.02　→200（円）

したがって、正解は「**C：H公園**」。

40 正解（D）

使う表▶③（ガス）

使用量が300m^3の場合を使用料金区分④により、使用量が500m^3の場合を使用料金区分⑤により計算し、それぞれの月間使用料金の差額を求める。

300m^3の場合　2700＋125×300＝40200（円）
500m^3の場合　4700＋120×500＝64700（円）
64700－40200＝24500（円）

したがって、正解は「**D：24,500**」。

IMAGES

IMAGESとは?

IMAGES（イメジス）とは、SHL社から出ている総合適性テストのことで、試験形式はペーパーテストだ。計数、言語、英語の3つからなる能力検査と、OPQという性格検査で構成されている。

出題数に対して制限時間が短いため、結果には差が出やすいといえる。テスト全体の制限時間は60分。能力検査は3つで30分、残りの30分で性格検査OPQに答えていく（OPQはP.278を参照）。能力検査の難易度は比較的低く、解き進めるスピードが勝負。おもに、応募者が多い企業を中心に採用されている。

出題形式

●計数

IMAGESの計数問題は、CABの暗算と同じで、四則計算である。出題数は全部で50問、解答時間は10分となっている。問題を解く際は、本書のP.14～P.23を参考にしてほしい。

●言語

IMAGESの言語問題は、長文を読み、設問が長文の趣旨に合っているかどうかを答える問題形式だ。出題数は全部で24問、解答時間は10分となっている。6つの長文につき、設問は3つから4つで問題により異なる。

とにかく制限時間が短いので、文章を読むスピードを上げることを意識する。長文を読み込んでから設問を読んでいたのでは、時間が足りなくなることが予想される。IMAGESの言語問題では、先に各設問を読み、だいたいの内容を頭に入れてから長文を読むことが必要だ。

各設問に対して、「筆者が一番訴えたいこと（趣旨）が述べられている」「本文に書かれているが、一番訴えたいことではない」「この文章の記述とは関係ない、あるいは矛盾することを述べている」の3択の中から選ぶ。本書では次ページに問題例を掲載した。参考にしてほしい。

●英語

IMAGESで出題される英語問題も、問題数に対して制限時間が短いため、スピードが求められる。長文は7つで、1つにつき2、3問が出される。設問の合計は20問。解答時間は10分とかなり短いのが特徴だ。

また、設問に2つのタイプがあることも特徴だ。正解となる語句を長文内から探せるタイプと、長文の趣旨を理解したうえで選択肢の記述がそれに合致するかどうかを判断すべきタイプがある。長文をざっと読んでから設問に取りかかって制限時間内に解き終わるほど英語の長文読解に慣れている人はその方法でよいが、英語が苦手だという人は、設問と選択肢の組み合わせを把握してから長文を読むほうが、時間を有効に使えるだろう。

本書ではP.245以降に問題例を9問掲載した。試験前にチャレンジしておこう。

問題

次の文章を読んで、設問がA、B、Cのいずれに当てはまるか答えなさい。

子育ての最終目標とは、何だろうか。たとえば、子どもをいい大学に入れること、安定した仕事に就かせることだろうか。いい人を見つけて結婚するのが望ましい、と考える人もいるかもしれない。人それぞれ思い浮かべることはあるだろうが、そこに共通しているのは、だれもが、我が子には幸せな人生を送ってほしいと願うものということだ。

フランスの思想家ルソーの代表的な言葉に、「子を不幸にする一番確実な方法は、いつでも、何でも手に入れられるようにしてやることだ」というのがある。少子化の影響もあってか、昨今は過保護・過干渉の親が増えているとも聞く。もちろん、親がサポートするのは「子どものために」という思いがあってこそ。

しかし、よかれと思ってすることはときとして、子どもが失敗したときに自らを省みたり考えたりする機会を奪うことにもなる。与えることと奪うことは表裏一体なのだ。こういった機会を奪われたまま成長するとどうなるか。大人になってからつまずいたときに、自分自身の力では起き上がれない人間になってしまうかもしれない。これでは本末転倒だ。

よく、失敗を経験した人は強いといわれる。たとえ小さい頃にうまくいかないことがあっても、いずれは自分の力で何かをつかみとれる人間になってほしいと思う。大人になると与えることばかりに目がいきがちだが、ときには立ち止まって、子どもの伸びしろを生かすかかわり方を考えるようにしたい。

長い視点に立ってみると、子どもが自分の力で生きていけるようにしてやること、つまり自立させることこそが親としての役目であり、すなわち子育ての最終目標なのではないかと思う。

1 親は、我が子には幸せな人生を送ってほしいと思うものだ。

2 長い目で見れば、子育てとは、子どもが自立できるように育てることが大切である。

3 失敗経験があると強い人間になれるのだから、子どもの頃からたくさん失敗しておいたほうがよい。

4 子どものためにサポートしてやるのが親の役目だから、失敗しないようにどんなことでも与えたほうがよい。

A：筆者が一番訴えたいこと（趣旨）が述べられている。
B：本文に書かれているが、一番訴えたいことではない。
C：この文章の記述とは関係ない、あるいは矛盾することを述べている。

解答と解説

1 正解（B）

本文の趣旨ではない。本文の導入として、親は「我が子には幸せな人生を送ってほしいと願うもの」と触れているが、筆者が一番訴えたいことではない。

2 正解（A）

本文の趣旨である。「大切だ」という表現はないが、「長い視点に立ってみると、子どもが自分の力で生きていけるようにしてやること、つまり自立させることこそが親としての役目であり、すなわち子育ての最終目標なのではないかと思う」といった記述から、筆者が最も訴えたいことと読み取れる。

3 正解（C）

確かに、筆者はたとえ話として「失敗を経験した人は強いといわれる」と述べているが、子どもの頃からたくさん失敗しておいたほうがよいということは述べていない。

4 正解（C）

筆者は、親はよかれと思って子どものためにサポートするものだが、どんなことでも与えたほうがよいとは述べていない。むしろ、与えることは失敗から学ぶ機会を奪う、ということを述べている。

問題

以下の英語の文章を読んで、設問に適する解答をＡ～Ｅの選択肢から選びなさい。

The word "*yogurt*" comes from Turkey and still holds its original Turkish name in all languages. Although no one knows for sure how long it has been around, most historians believe yogurt and other fermented milk products were produced for the first time in Central Asia somewhere between 9000 and 6000 B.C.

Yogurt is highly nutritious and is an excellent source of protein, calcium and potassium. It is made through the fermentation of milk. When fresh milk is left in a container with useful bacteria at a certain temperature, the bacteria ferments this milk.

While yogurt is usually sweet and eaten at breakfast or as a dessert in the Western world, it is a part of cooked dishes in some countries such as Turkey and Greece. Manufacturers are trying to develop new flavors and longer lasting yogurts, but there are also many people who make their own yogurt at home.

ferment＝experience a chemical change caused by the action of yeast or bacteria, often changing sugar to alcohol; fermentation (noun) is the process of it

Question 1 : Where is yogurt thought to have its origin?

A Europe.

B Central Asia.

C West Asia.

D Africa.

E Central America.

Question 2 : What are needed to produce yogurt?

A Protein, calcium and potassium.

B Protein, vitamins and minerals.

C Milk, protein and a certain temperature.

D Milk, bacteria and a certain temperature.

E Milk, bacteria and clean water.

Question 3 : Which of the following can be an example of yogurt eaten in some countries such as Turkey and Greece?

A Grilled meat with yogurt sauce.

B Frozen yogurt.

C Yogurt smoothies.

D Low-fat plain yogurt.

E Sweetened yogurt with fresh fruit.

解答と解説

Question 1 : 正解 (B)

〔設問和訳〕ヨーグルトの起源はどこにあると考えられているか。
設問文はWhereで始まっているので、場所を尋ねていると判断する。originの意味が「起源」とわかればヨーグルトの歴史について尋ねられていることがわかるので、第1段落のCentral Asia（中央アジア）を正解の手がかりにできる。したがって、**B**が正解。

Question 2：正解（D）

〔設問和訳〕ヨーグルトを製造するのに必要なものは何か。
ヨーグルトの製造については第2段落に述べられている。When fresh milk is left in a container with useful bacteria at a certain temperature, the bacteria ferments this milk.の1文が答えの手がかりである。したがって、**D**が正解。選択肢のＡやＢに出てくる単語も多くは第2段落にあるものだが、ヨーグルトが含む栄養分であって、製造に必要なものではない。各選択肢の訳は以下のとおり。

A「タンパク質、カルシウム、カリウム」
B「タンパク質、ビタミン、ミネラル」
C「牛乳、タンパク質、一定の温度」
D「牛乳、バクテリア、一定の温度」
E「牛乳、バクテリア、きれいな水」

Question 3：正解（A）

〔設問和訳〕次のうち、トルコやギリシャのような一部の国でのヨーグルトの食べ方の例といえるものはどれか。
ヨーグルトの食べ方についての内容なので、最後の段落に注目する。Turkey and Greece（トルコやギリシャ）というキーワードにも注意する。it is a part of cooked dishes in some countries such as

Turkey and Greeceとあり、cooked dishesとは「加熱調理された料理」を表すので、**A**が正解。選択肢のA以外は朝食やデザートとしてのヨーグルト。各選択肢の訳は以下のとおり。

A「肉のグリルに添えたヨーグルトソース」

B「フローズンヨーグルト」

C「飲むヨーグルト」

D「低脂肪無糖ヨーグルト」

E「生のフルーツを添えた加糖ヨーグルト」

〔全文和訳〕

「ヨーグルト」という単語はトルコに由来し、あらゆる言語で、そのもともとのトルコ語での呼び方が残っている。いつから存在するのかは確実にはわかっていないが、多くの歴史家はヨーグルトや他の発酵乳製品は紀元前9000～前6000年に中央アジアのどこかで初めて作られたと考えている。

ヨーグルトは栄養価が高く、タンパク質、カルシウム、カリウムなどの優れた供給源である。ヨーグルトは、牛乳の発酵によって作られる。新鮮な牛乳を有用なバクテリアとともに容器に入れて一定の温度にして置いておくと、バクテリアが牛乳を発酵させる。

西欧諸国では、ヨーグルトはふつう甘いもので朝食やデザートなどとして食べられるが、トルコやギリシャなどの一部の国々では料理の一部として使われる。製造業者が新しい味やより長持ちするヨーグルトの開発を試みている一方で、家庭でヨーグルトを自作する人々も多い。

発酵する＝イーストやバクテリアの活動によって化学変化が起こされることで、砂糖がアルコールに変わるなどの例がある。「発酵」とはその過程のこと

問題

以下の英語の文章を読んで、設問に適する解答をＡ～Ｅの選択肢から選びなさい。

In the early 1500s, everyone believed the Earth was the center of the universe; a belief based on Ptolemy's geocentric model of the universe. Then Nicolaus Copernicus proposed that it was the Sun which was at the middle of the universe and not the Earth. The astronomical model that Copernicus developed is called the heliocentric system, and it changed how people viewed the positioning of the Sun, Earth and other celestial objects in space.

Nicolaus Copernicus was born in 1473 in Poland. He was a canon and also worked as a physician, but he continued his education in his free time and became a well-known astronomer.

Copernicus had shared his heliocentric hypothesis with his friends, but his theory wasn't widely known until his book was published in 1543, the year of his death. Although Copernicus' model wasn't entirely correct, it became a strong foundation for future scientists to build on and form a better understanding of the universe.

canon＝a Christian priest

Question 1 : Find out which idea is correct as the Copernicus' heliocentric system.

A The Earth is round.

B The Earth is the center of the universe.

C The Sun rather than the Earth is the center of the universe.

D The universe is endless and expanding.

E Neither the Sun nor the Earth is the center of the universe.

Question 2 : Find out which of the following is correct as the job of Copernicus.

A A teacher.

B An architect.

C A doctor.

D A writer.

E A merchant.

Question 3 : Find out which of the following is NOT mentioned in the text.

A The geocentric model of the universe was proposed by Ptolemy.

B Copernicus was born in Poland in the 15th century.

C Copernicus' theory was not widely known while he was alive.

D Copernicus changed people's view of the universe.

E Copernicus' theory is correct and now believed as the most trustworthy one to understand the universe.

解答と解説

Question 1：正解（C）

〔設問和訳〕コペルニクスの地動説として正しいものを探せ。

第1段落のit was the Sun which was at the middle of the universe and not the Earthの部分で、地動説についての説明が述べられている。冒頭に、それ以前に信じられていたPtolemy（プトレマイオス）の天動説についての説明もあるので、混同しないように注意する。したがって、**C**が正解。Dのように通説としては正しいが、本文や設問の内容とは合わない選択肢にも注意が必要である。各選択肢の訳は以下のとおり。

A「地球は丸い」

B「地球は宇宙の中心である」

C「地球ではなく太陽が宇宙の中心である」

D「宇宙は終わりがなく、膨張している」

E「太陽も地球も宇宙の中心ではない」

Question 2：正解（C）

〔設問和訳〕コペルニクスの職業として正しいものを探せ。

コペルニクスの職業については第2段落で述べられている。He was a canon and also worked as a physicianの部分であるが、physicianは医師のことである。したがって、**C**が正解。このように、本文の表現を別の表現で言いかえたものが選択肢になっている場合も多いので、語彙力は常に強化をはかっておくとよい。

Question 3：正解（E）

〔設問和訳〕文章中で述べられていないものを探せ。

文章中で述べられていること・述べられていないことを判別する問題。このような設問では、本文内容をそのまま抜き書きしたような選択肢が多く含まれるが、否定語の有無で反対の意味になっている場合もあるので、注意が必要である。この設問もEは最後の段落のCopernicus' model wasn't entirely correctと合わない。また、現代の人々がそのまま信じているとは述べられていない。したがって、**E**が正解。各選択肢の訳は以下のとおり。

A「地球中心の宇宙モデルはプトレマイオスによって提唱された」
B「コペルニクスは15世紀にポーランドで生まれた」
C「コペルニクスの説は彼の存命中に広く知られることはなかった」
D「コペルニクスは人々の宇宙観を変えた」
E「コペルニクスの説は正しく、今や宇宙を理解する最も確かな説として信じられている」

〔全文和訳〕

1500年代初期、人々は、地球は宇宙の中心であるというプトレマイオスの地球中心の宇宙モデルを信じていた。その後、ニコラウス・コペルニクスが宇宙の中心は地球でなく太陽であるということを提唱した。コペルニクスが提唱した宇宙モデルは太陽中心説（地動説）と呼ばれ、太陽や地球、その他の宇宙の天体の位置づけについての人々の見方を変えた。

ニコラウス・コペルニクスは、ポーランドで1473年に生まれた。彼は教会の司教座聖堂参事会員であり、また医師としても働いたが、自由な時間に勉強を続け、著名な天文学者になった。

コペルニクスは地動説を友人たちには伝えたが、彼の没年である1543年に彼の本が出版されるまで、その説が広く知られることはなかった。コペルニクスの説は完全に正しいわけではなかったが、その後の科学者たちが宇宙についてのよりよい理解を構築し、形成するための確固とした基盤となったのである。

司教座聖堂参事会員＝司教座聖堂（カテドラル）に勤める司祭

問題

以下の英語の文章を読んで、設問に適する解答をＡ～Ｅの選択肢から選びなさい。

There are many different ways people celebrate New Year. Thailand has the most unusual way of celebrating, which is known as Songkran Festival. Every year, in the three-day period in April, people have water fights where they throw water upon others, using water guns and water containers.

Songkran originated from Burma, and is also observed in countries such as Cambodia and Laos. In Thailand, Songkran is celebrated as a national holiday from April 13 to 15 each year. It is a Buddhist festival and regarded as the kingdom's most important public holiday.

During Songkran, many Thais visit their local temple to pray and to wash their Buddha icons. Buddhist statues on house shrines are also cleaned. This cleansing ritual, which is to bring luck and prosperity, lead to people's throwing water onto each other and the water fights are now the most famous aspect of the Songkran.

If you're in Bangkok during Songkran Festival, you can see travelers and natives including children throwing water to practically everyone else. April is Thailand's hottest month, so being soaked should feel rather refreshing.

Question 1 : When is Songkran held in Thailand?

A On New Year's Day.

B In the middle of January.

C In the beginning of April.

D In the middle of April.

E At the end of the year.

Question 2 : If you visit Thailand during Songkran, what are you supposed to see?

A People who throw water on each other.

B People who wash everything in town.

C People who eat and dance everywhere all day.

D People who stop using water.

E People who parade through down the street.

Question 3 : Find out which of the following is NOT correct.

A Songkran is held for three days every year.

B The festival like Songkran can be seen in some other countries in Asia.

C Today's Songkran Festival originates from the custom of cleaning Buddhist statues with water.

D During Songkran, Buddhist temples are closed and people don't visit them.

E　The month in which Songkran is held is the hottest period of the year in Thailand.

解答と解説

Question 1：正解（D）

タイの風変わりな祭りである「ソンクラーン」について述べた文章である。多くの人が聞いたことのない題材であると思われるため、丁寧に読み進める必要がある。

〔設問和訳〕タイではいつソンクラーンが開催されるか。

疑問詞Whenで始まる設問なので、時期を問われていることを理解し、本文中で時期を表す語句を探す。第1段落のin the three-day period in Aprilから、4月であることがわかる。さらに、第2段落のApril 13 to 15で判断する。各選択肢の訳は以下のとおり。

A「元日」
B「1月中旬」
C「4月上旬」
D「4月中旬」
E「年末」

Question 2：正解（A）

〔設問和訳〕ソンクラーンの時期にタイへ行くと、何を見るだろうか。

文章の複数の箇所で「人々が水をかけ合う」ということが述べられ

ているので、そこさえとらえることができれば正解できる。water というキーワードにひっかかって、BやDを選ばないように注意する。各選択肢の訳は以下のとおり。

A「お互いに水をかけ合う人々」

B「町のあらゆるものを洗う人々」

C「一日中どこででも食べて踊る人々」

D「水を使うのをやめている人々」

E「通りをパレードして歩く人々」

Question 3：正解（D）

〔設問和訳〕次のうち正しくないものを探せ。

正解以外は本文のどこかに同じ内容の記述が含まれているので、一つひとつ照らし合わせる必要がある。Aは第1段落のEvery year, in the three-day period、Bは第2段落のis also observed in countries such as Cambodia and Laos、Cは第3段落、Eは第4段落最終文の内容と合っている。Dは第3段落のDuring Songkran, many Thais visit their local temple to prayと一致しない。したがって、**D**が正解。各選択肢の訳は以下のとおり。

A「ソンクラーンは毎年3日間開催される」

B「ソンクラーンのような祭りはいくつかのアジアの他の国でも見られる」

C「今日のソンクラーン祭りは仏像を水で洗い清める習慣が起源である」

D「ソンクラーンの間、仏教寺院は閉鎖され、人々が訪れない」

E「ソンクラーンが開催される月は、タイで1年のうち最も暑い時期である」

〔全文和訳〕

新年を祝うにはさまざまな様式がある。タイには、ソンクラーン祭りとして知られている最も風変わりな祝い方がある。毎年4月の3日間、人々は水鉄砲や水容器を使って相手に水をかける水かけ合戦を行う。

ソンクラーンはビルマが起源で、カンボジアやラオスなどの国でも見られる。タイでは、ソンクラーンは毎年4月13日から15日まで、国民の休日として祝われる。仏教の祭りであり、王国の最も大切な公休日と考えられている。

ソンクラーンの間、多くのタイ人は地元の寺院を訪れ、祈り、仏像を洗い清める。家の祭壇の仏像も洗う。この、洗うという儀式は幸運と繁栄をもたらすとされているが、これがひいては人々が水をかけ合うことになり、今や水かけ合戦がソンクラーンの最もよく知られた特徴となっているのである。

ソンクラーン祭りの期間にバンコクを訪れれば、旅行者や子どもを含む地元民が、実際だれかれかまわず水をかけ合っているのを見ることができる。4月はタイで最も暑い月なので、濡れてもむしろすっきりするのである。

C-GAB

C-GABとは?

C-GABとは、SHL社より2013年8月にリリースされたWebテストで、テストセンター方式のGABのことだ。知的能力テストの場合、受験者が会場に足を運び、パソコンの画面にしたがってテストを受ける(性格検査〈P.278を参照〉については、テストを申し込んだ際に自宅で受験する)。ただし、2021年にWeb会場が追加され、オンライン監視型によるWeb受験が可能となった。これにともない、名称もC-GAB plusと変更されているが、ここでは便宜的にC-GABと表記する。

従来のペーパーテストには言語理解や計数理解といった科目があったが、新たに英語理解が追加された。ここでは、C-GABでの出題問題を模した問題を取り上げる。

出題形式

●計数

出題数は全部で29問、解答時間は15分となっている。出題数、制限時間ともに、同社のWebテスト・玉手箱の計数(図表の読み取り)と同じだ。

注意しておきたいのが、C-GABでは電卓が使えないという点だ。したがって、短時間で効率的に解答していくことが求められる。なかには、計算式により求めた数値と選択肢の数値が必ずしも一致しない場合があるため、小数点以下の数値で概算する必要がある。次ページ以降の問題を解くときは、筆算に慣れておこう。

また、問題によっては「グラフ（表）からはわからない」などといった選択肢が含まれていることがある。与えられたグラフや表の情報だけでは判断できない問題が出題されることを念頭におき、臨機応変に解くことが必要だ。くれぐれも、解答に迷い時間をロスすることのないように注意してほしい。

●言語

出題数は全部で32問、解答時間は15分となっている。出題数、制限時間ともに、同社のWebテスト・玉手箱の言語（GAB形式）と同じだ。

GAB形式の言語問題については、本書のP.184以降を参照してほしい。

●英語

出題数は全部で24問、解答時間は10分となっている。出題数、制限時間ともに、同社のWebテスト・玉手箱の英語（IMAGES形式）と同じだ。これらのテストは出題数が8題で、長文1題につき3問出題される。C-GABと玉手箱の出題形式が似通っていることから推測すると、短い制限時間内に多数の英文を速読する能力が求められているといえる。

なお、IMAGES形式では、長文の内容についてA～Eの5つの選択肢から適切なものを選ぶ形式になる。制限時間が短いため、設問を先に読み、長文を読み進めていくことも必要だ。本書のP.270以降の問題を参考にしてほしい。

問題

グラフを見て次の問いに答えなさい。

【利用者数（月別）の増加率】（単位：%）

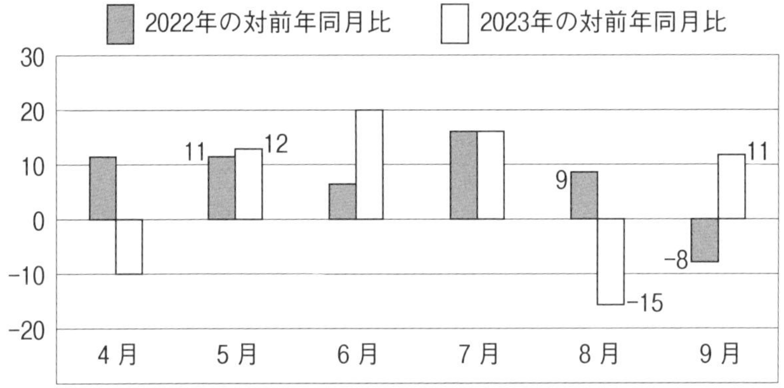

2023年の8月の利用者数をXとすると、前年同月の利用者数はおよそどのように表せるか。最も近いものを1つ選びなさい。

A　0.75X　　B　0.85X　　C　1.15X　　D　1.18X　　E　1.25X

解答と解説

正解（D）

グラフは対前年同月比を示している。
＋10%は前年より10%増加ということであり、仮に前年が100人であれば、今年は100×110%（1.1）＝110人。また、－10%は前年より10%減少ということであり、仮に前年が100人であれば、今年は100×90%（0.9）＝90人となる。
2023年8月のグラフを見ると、対前年同月比は－15%になっており、仮に前年を100人とすると、今年の数は、100×85%（0.85）＝85人

2023年8月の利用者数をXとして前年同月の利用者数を表すのだが、ひとまず、前年8月の利用者数をYとすると、

$Y \times 0.85 = X$

$Y = X/0.85$

$Y \fallingdotseq 1.176X \rightarrow 1.18X$（$100/85 \fallingdotseq 1.176$と計算してもよい）

問題

グラフを見て次の問いに答えなさい。

【2021年　原油輸入先】

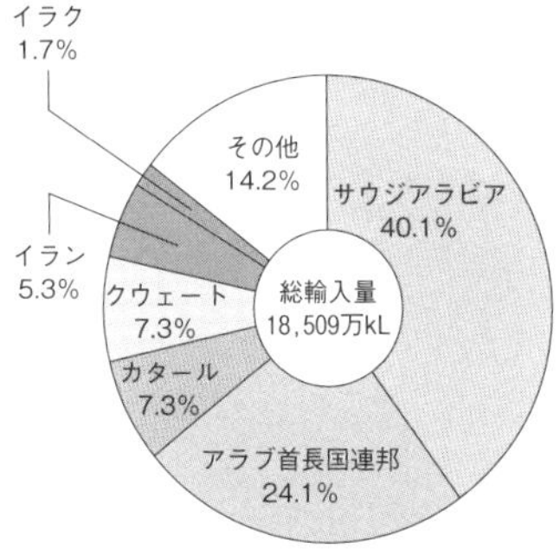

【2021年　原油輸入量の前年比】

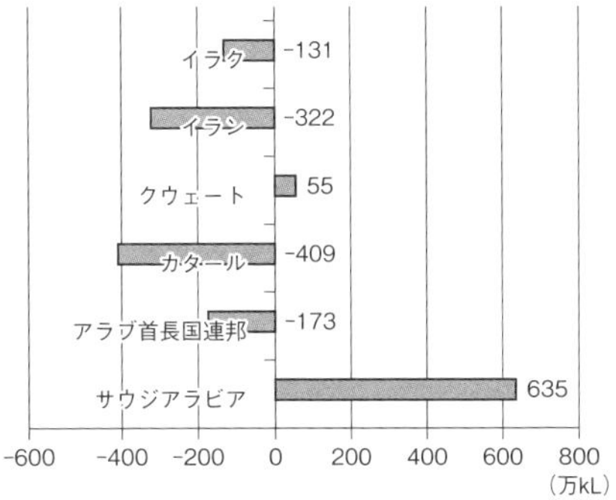

原油輸入量が前年との比において最も減少した国を1つ選びなさい。

A　アラブ首長国連邦　　B　カタール　　C　クウェート

D　イラン　　E　イラク

解答と解説

正解（E）

増加の2国はまず除外。アラブ首長国連邦も、減少量が少なく輸入量自体は多いため除外できる。残りの3国について計算する。

①2021年の輸入量　カタール：18509万kL×7.3%≒1351

イラン：18509万kL×5.3%≒980

イラク：18509万kL×1.7%≒314

②前年の輸入量　カタール：1351＋409＝1760

イラン：980＋322＝1302

イラク：314＋131＝445

③前年に対する比　カタール：1351÷1760≒0.767（76.7%）

イラン：980÷1302≒0.752（75.2%）

イラク：314÷445≒0.705（70.5%）

よって、イラクが最も減少した。

問題

グラフを見て次の問いに答えなさい。

【日本の人口推移】

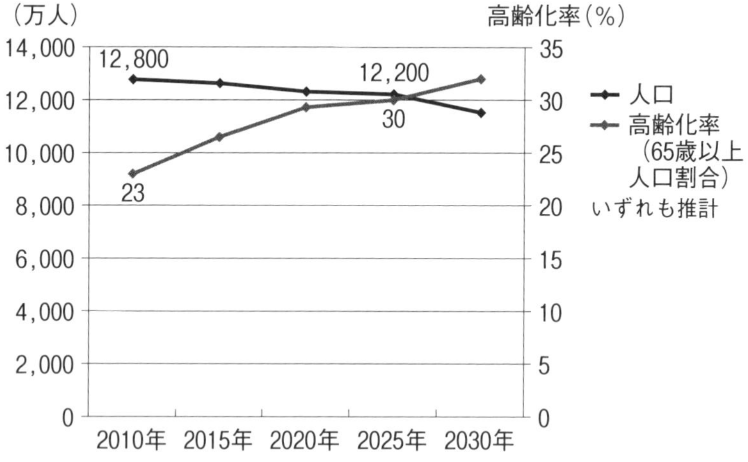

2025年の高齢者数は、2010年と比べてどう変化しているか。最も近いものを1つ選びなさい。

A　550万人減少　　B　350万人減少　　C　200万人増加

D　500万人増加　　E　700万人増加

解答と解説

正解（E）

本問のグラフの数値は左側に人口が、右側に高齢化率が示されており、高齢者数は人口×高齢化率で計算することができる。

2010年の日本の人口はおよそ12,800万人
高齢化率は23%であるから、概数で計算すると
　12,800万人×23%＝2944万人
2025年の日本の人口は12,200万人
高齢化率は30%であるから、
　12,200万人×30%＝3660万人
2025年の高齢者数から2010年の高齢者数を引くと、
　3660万人－2944万人＝716万人増加
よって、最も近いのは700万人増加である。

問題

表を見て次の問いに答えなさい。

【首都圏マンションの推移】

年	新規販売戸数(戸)	年末在庫数(戸)
2016	74,463	8,173
2017	61,021	10,763
2018	43,733	12,427
2019	36,376	7,389
2020	44,535	5,600
2021	44,499	6,166
2022	45,602	5,347

新規販売戸数に対する年末在庫数の率を、2018年から2022年の5年間において高い順に並べたものとして適切なものはどれか。1つ選びなさい。

A　2018年－2021年－2019年－2020年－2022年

B　2019年－2018年－2021年－2020年－2022年

C　2018年－2019年－2021年－2022年－2020年

D　2018年－2019年－2021年－2020年－2022年

E　2018年－2019年－2020年－2021年－2022年

解答と解説

正解（D）

新規販売戸数に対しての年末在庫数率は年末在庫数/新規販売戸数で計算できる。

2018年　12,427/43,733≒0.284　…1位

2019年　7,389/36,376≒0.203　…2位

2020年　5,600/44,535≒0.125　…4位

2021年　6,166/44,499≒0.138　…3位

2022年　5,347/45,602≒0.117　…5位

順序を答える問題のため、正確な計算は行わず、次の考えで時間を短縮する。

2018年	43,733	12,427
2019年	36,376	7,389
2020年	44,535	5,600
2021年	44,499	6,166
2022年	45,602	5,347

①2018年と2020～2022年の比較

販売戸数は4年とも近い数値だが、在庫数は2018年が他の年の2倍以上あり最も高い。

②2020年と2022年の比較

販売戸数は2022年が多く、在庫数は2022年が少ない（分母が大で分子が小）。よって、2020年の率>2022年の率とわかる。

③2020年と2021年の比較

販売戸数はほぼ同じ44,500戸、在庫数は2021年が約550戸多く、2021年>2020年である。

2019年も他の年より、販売戸数が少なく在庫数が多く、1位か2位になる。

よって、計算は2018年と2019年の比較を概算で行い、順位を決める。

2018年－2019年－2021年－2020年－2022年の順になる。

問題

グラフを見て次の問いに答えなさい。

【ＧＤＰ上位５か国の推移】

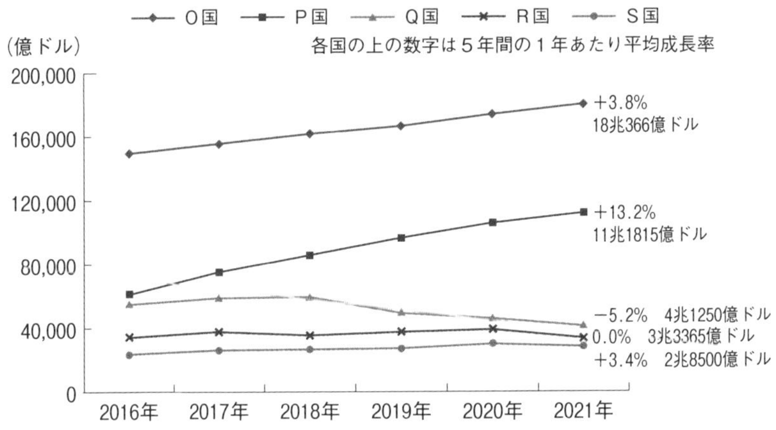

次の記述のうち、グラフを正しく説明しているものはいくつあるか。
以下の選択肢の中から1つ選びなさい。

①Q国の2020年のGDPは約6兆4546億ドルである。

②上位5か国のGDP合計で全世界のGDPの半分を超える。

③P国のGDPが2022年も同じ「5年間の1年あたり平均成長率」で成長したら、1兆4759億ドル増加することになる。

④2021年におけるS国のGDPはO国の約15.8%である。

A　0　　B　1つ　　C　2つ　　D　3つ　　E　4つ

解答と解説

正解 (C)

①グラフ中の−5.2%は「5年間の1年あたり平均成長率」なので、計算できない。

②全世界のGDPは示されておらず、計算できない。

③2022年もグラフに示されている+13.2%だけ増加すると考えるので、111,815×(1+0.132)≒126,574　増加額は、126,574−111,815=14,759　よって正しい。

④S国28,500÷O国180,366≒0.1580 よって、約15.8%で正しい。

問題

グラフを見て次の問いに答えなさい。

【塾の受講料収入と教材売上高】

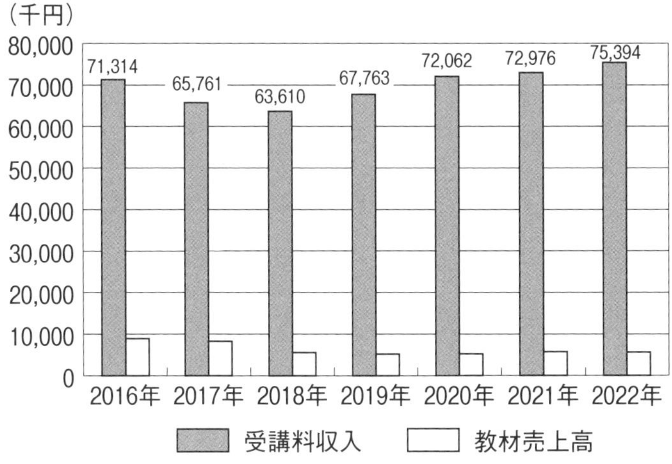

2019年の受講料収入を100としたときの指数として、正しい組み合わせはどれか。1つ選びなさい。

A　2016年・105　2018年・106

B　2016年・105　2018年・94

C　2017年・99　2022年・111

D　2017年・100　2022年・123

E　グラフからは計算できない

解答と解説

正解（B）

2019年の受講料収入を100とした場合の各年の指数は、
各年の受講料収入÷2019年の受講料収入×100
2016年の指数　71314千円÷67763千円×100≒105
2017年の指数　65761千円÷67763千円×100≒97
2018年の指数　63610千円÷67763千円×100≒94
2022年の指数　75394千円÷67763千円×100≒111
よって、2019年の受講料収入を100としたときの指数として正しいのは、2016年が105、2018年が94。

問題

グラフを見て次の問いに答えなさい。

【クレジットによる取扱高の前年比】　(%)

年	取扱高計	販売信用業務	百貨店、総合スーパー	その他の小売店	飲食店	旅館・ホテル	国外	消費者金融業務
2015	7.4	11.2	6.0	6.6	10.3	10.3	16.7	▲8.6
2016	5.3	8.7	2.9	7.7	4.4	4.4	2.0	▲11.0
2017	▲3.4	▲0.8	▲2.2	▲5.9	▲7.3	▲3.3	▲5.8	▲19.2
2018	1.4	6.4	4.8	5.9	▲0.5	0.1	4.9	▲34.6
2019	0.8	4.1	2.7	▲0.2	▲0.2	1.8	6.8	▲37.2
2020	6.9	7.4	7.2	0.7	6.3	4.8	15.1	▲1.2
2021	9.0	9.1	10.0	5.5	▲1.4	8.3	12.0	7.9
2022	9.8	10.1	9.6	10.7	5.7	10.0	8.6	2.3

2017年のみ前年比が減少しているが、販売信用業務において取扱高が最も減少した業務を1つ選びなさい。

A　消費者金融業務　　B　飲食店　　C　その他の小売店

D　国外　　E　表からはわからない

解答と解説

正解（E）

上記表は取扱高の前年比を表したものである。販売信用業務のうち最も前年比が減少しているのは、7.3%減の飲食店だが、それぞれの業務における取扱高の金額表示はない。したがって、この表からは最も取扱高が減少した業務を見つけることはできない。

問題

以下の英語の文章を読んで、設問に適する解答をA～Eの選択肢から選びなさい。

In autumn, many leaves change their colors from green to various colors such as red, yellow, orange, etc. This phenomenon is called autumn foliage or fall foliage, and can be seen in many parts of the world, usually around October in the Northern Hemisphere and April to May in the Southern Hemisphere.

A green leaf is green because of the presence of a pigment known as chlorophyll. During the growing season, the chlorophylls' green color dominates and masks out the colors of any other pigments that may be present, such as carotenoids. Carotenoids which can be found in corn and carrots produce yellow and orange colors, and they're present in the leaves all summer long.

Unlike carotenoids, anthocyanins which give leaves their red colors are not present in the growing season; they are actively produced towards the end of summer. Anthocyanins can be found in apples, cherries and strawberries.

In the end of summer, when the days start getting shorter, trees start preparing for winter by producing less chlorophyll. In autumn, the green starts to fade away, thus revealing the red and yellow colors.

Question 1 : When and where can autumn foliage usually be seen?

A　In autumn only in Japan.

B　In autumn in the area which has four seasons.

C　Around October all over the world.

D　Around October in the north part of the world and around April to May in the Southern part of the world.

E　Around April to May in the north part of the world and Around October in south part of the world.

Question 2 : What colors are carotenoids linked to?

A　Green and yellow.

B　Yellow and orange.

C　Red and yellow.

D　Only green.

E　Only red.

Question 3 : Why do green leaves start to change into red and yellow in autumn?

A　Because trees start to prepare for new life coming up in winter.

B　Because trees can get less sunlight and lose energy to live longer.

C　Because trees such as apple trees or cherry trees have to bear their fruits.

D　Because chlorophyll is produced less and anthocyanins are produced more.

E　Because anthocyanins are produced less and chlorophyll is produced more.

解答と解説

Question 1：正解（D）

〔設問和訳〕紅葉はいつ、どこで見られるか。

第1段落に「ふつうは北半球で10月ごろ、南半球では4月から5月にかけて見られる」という内容が述べられている。したがって、Dが正解。訳は「世界の北側では10月ごろ、南側では4月から5月ごろ」。北半球と南半球で時期が異なる点を読み取ること。各選択肢の訳は以下のとおり。

A「秋に日本でだけ」

B「秋に四季のある地域で」

C「10月ごろ世界中で」

E「世界の北側では4月から5月ごろ、南側では10月ごろ」

Question 2：正解（B）

〔設問和訳〕カロチノイドはどんな色と関係があるか。

第2段落にCarotenoids which can be found in corn and carrots produce yellow and orange colors「カロチノイドはトウモロコシやニンジンに見られる黄色やオレンジ色を発する色素」とある。したがって、Bが正解。Dのgreenはchlorophyll「クロロフィル」、Cのred and yellowのうちyellowはカロチノイドと関係があるが、redはアントシアニンと関係がある。

Question 3：正解（D）

〔設問和訳〕秋に葉が緑色から赤や黄色に変わるのはなぜか。

第3段落に、葉を赤くするアントシアニンは夏の終わりにさかんに生み出されると述べられている。また、第4段落にtrees start preparing for winter by producing less chlorophyll「木々はクロロフィルを生み出す量を減らし、冬支度に入る」とある。したがって、Dが正解。訳は「クロロフィルがより少なく、アントシアニンがより多く生み出されるため」。各選択肢の訳は以下のとおり。

A「木が冬にやってくる新しい生命のための準備をし始めるため」

B「木が得られる日光が少なくなり、長く生きるエネルギーを失うため」

C「リンゴやサクラのような木が果実を実らせる必要があるため」

E「アントシアニンがより少なく、クロロフィルがより多く生み出されるため」

〔全文和訳〕

秋には多くの葉が緑から赤、黄色、オレンジなどさまざまな色へと変化する。この現象は紅葉と呼ばれ、世界の多くの場所で見られる。ふつうは北半球で10月ごろ、南半球では4月から5月にかけてである。

葉が緑色をしているのは、クロロフィルという色素の存在による。生育期の間は、クロロフィルの緑色の影響が色濃く出て、他に存在する可能性のあるカロチノイドなどの色素を覆い隠す。カロチノイドはトウモロコシやニンジンに見られる黄色やオレンジ色を発する色素で、夏の間中、葉に存在している。

カロチノイドとは違い、葉を赤くするアントシアニンは、生育期には存在しておらず、夏の終わりに向けてさかんに生み出される。アントシアニンはリンゴやサクランボ、イチゴに見ることができる。

夏の終わりの日が短くなり始めるころになると、木々はクロロフィルを生み出す量を減らし、冬支度に入る。秋には緑色が消え始め、したがって赤や黄色が現れてくるのである。

問題

以下の英語の文章を読んで、設問に適する解答をA～Eの選択肢から選びなさい。

The Chinese zodiac or oriental zodiac is a system created to count years. It relates each year to an animal according to a 12-year cycle and remains popular in several East Asian countries including China, Vietnam, Korea and Japan.

The zodiac traditionally begins with the sign of the Rat. Do you know why? There are many stories about the order of the twelve animals. In Japan, it is said to come from a Buddhist legend. Buddha called all the animals of the world to honor him, but only twelve appeared, and each was given a year in the order of its arrival as a reward for faithfulness. The legend also says that the rat hitched a ride on the ox's back, and when they arrived, it hopped off and presented itself first, before ox did.

There are many variations to the story. For instance, in a Chinese version, it was the Emperor who invited the animals, and the reason for calling the animals could have been a meeting or a banquet.

Many people believe that they can tell a lot about a person by what zodiac year they were born in, which is very similar to the idea of the western zodiac.

Question 1 : In oriental zodiac what is related to each year?

A　12 countries

B　12 animals

C　12 stories

D　12 stars

E　12 persons

Question 2 : In a Japanese story why is the rat believed to have come first of the animals?

A　Buddha called animals, and the rat finished last.

B　Buddha called animals, and only the rat appeared.

C　Buddha called animals, and the rat finished first by taking a ride on the ox.

D　Buddha called animals, and the rat showed faithfulness the most.

E　Buddha called animals, and the rat helped the ox's arrival.

Question 3 : Which of the following is not mentioned about oriental zodiac?

A　It is a system that was created to count years.

B　It is popular in several East Asian countries.

C　The order of the animals differ from county to country.

D　In a Chinese story the Emperor invited animals to a banquet.

E　It can be related when we talk about our personality.

解答と解説

Question 1：正解（B）

〔設問和訳〕東洋の干支ではそれぞれの年は何に関連づけられているか。

第1段落にIt relates each year to an animal according to a 12-year cycle「それぞれの年は動物に関連づけられて12年周期になっており」とある。したがって、**B**が正解。

Question 2：正解（C）

〔設問和訳〕日本の説話では、ねずみが動物の中で最初にくるのはなぜだと信じられているか。

第2段落の最後の文で、ねずみが牛の背中に乗ってやってきて、到着のときに飛び降りて牛より先に到着してみせたということが述べられている。各選択肢の訳は以下のとおり。

A「仏陀が動物たちを呼び、ねずみが最後にやってきた」

B「仏陀が動物たちを呼び、ねずみだけがやってきた」

C「仏陀が動物たちを呼び、ねずみが牛に乗ってやってきて一番乗りした」

D「仏陀が動物たちを呼び、ねずみが最も忠誠心を示した」

E「仏陀が動物たちを呼び、ねずみが牛の到着を手助けした」

したがって、**C**が正解。

Question 3：正解（C）

〔設問和訳〕東洋の干支について、述べられていないものは次のどれか。

Cの「動物の順序は国ごとに異なる」は、述べられていない。したがって、Cが正解。動物の順序についての説はさまざまなものがある、ということが述べられているが、混同しないようにしよう。

各選択肢の訳は以下のとおり。

A「年を数えるために創られた方式である」

B「東アジアのいくつかの国で広まっている」

D「中国の説話では皇帝が動物たちを宴会に招待した」

E「私たちが人の性格について話すときに関連づけられる」

〔全文和訳〕

東洋の干支は年を数えるためにつくられた方式である。それぞれの年は動物に関連づけられて12年周期になっており、中国やベトナム、韓国、日本などの東アジアの国々で広まっている。

干支は伝統的にねずみから始まる。なぜだかわかるだろうか。12の動物の順序についてはいろいろな説があるが、日本では仏教説話に由来している。仏陀は世界のあらゆる動物を呼び集めて自分を褒め称えさせようとしたが、やってきたのは12の動物だけであった。そしてその12の動物は忠誠心に対する褒美としてそれぞれ1年を与えられたが、それは到着順であったという。説話ではまた、牛の背中に乗ってやってきたねずみが、到着のときに飛び降りて牛より先に一番乗りしたともいわれている。

説話には多くのバリエーションがある。たとえば、中国の場合、動物たちを招いたのは皇帝で、呼んだ理由は会合や宴会だったということである。

生まれた年の干支によってその人について多くのことがいえると信じている人は多い。これは西洋占星術と非常に似ている点である。

性格検査OPQ

OPQとは？

OPQは、CAB・GAB、IMAGESなどに共通するパーソナリティ診断用の性格検査。具体的な設問に回答させ、その回答から個人の性格を統計的・客観的につかむことを目的としている。多角的・多面的な視点で個人のパーソナリティを理解しようというもので、知的能力テストと異なり、正解を要求しない。なお、パーソナリティとしては、行動力や几帳面さなどがあるが、このような特徴を尺度と呼び、OPQでは30の尺度が使われる。

なお、OPQ単体での実施も可能となっており、CABやGABなどを実施しない企業の採用試験でOPQに出くわす可能性も考えられる。

出題形式

4つの質問文を1セットとし、全部で68セットが出題される。標準回答時間は約30分。マークシート方式で回答する。

1セットの質問文の中から、「自分に最も近い文」を1つ選んで「YES」欄にマーク、「自分に最もあてはまらない文」を1つ選んで「NO」欄にマークする。つまり、1セットにつき、マークを2つ入れることになる。　※テストセンター・Webテストはパソコン上で、約20分で回答。

模擬問題

ここでは、OPQでの出題問題を模した問題を23問掲載した。

【設問】

4つの質問文の中から、「自分に最も近い文」を1つだけ選び、「YES」に○をつけなさい。また、「自分に最もあてはまらない文」を1つだけ選び、「NO」に○をつけなさい。

(1)		YES	NO
A	負けず嫌いなほうだ	A	A
B	事前に計画を立てるのが好き	B	B
C	論理的に考えるのが得意	C	C
D	交際範囲は広いほうだと思う	D	D

(2)		YES	NO
A	数字を扱うのが好きだ	A	A
B	相手の話の欠点や矛盾点に気づくほうだ	B	B
C	新しいことを好む	C	C
D	精神的にタフなほうだ	D	D

(3)		YES	NO
A	自分のやり方にこだわりがある	A	A
B	他人がどうみているか気にならない	B	B
C	絵や音楽に興味がある	C	C
D	感情を表に出さないほうだ	D	D

(4)		YES	NO
A	人前でのスピーチが苦にならない	A	A
B	楽観的なほうだ	B	B
C	保守的だと思う	C	C
D	時間には正確なほうだ	D	D

(5)		YES	NO
A	人に指示して仕事をまとめるのが得意	A	A
B	体を鍛えている	B	B
C	数字に強いほうだ	C	C
D	どんなことでも負けたくない	D	D

(6)		YES	NO
A	人前での説明が得意だ	A	A
B	創意工夫をするのが楽しい	B	B
C	計画の欠点や矛盾点にすぐに気づく	C	C
D	冗談を言って楽しませるのが好き	D	D

(7)		YES	NO
A	正確かどうか気になる	A	A
B	アドバイスをすることが好き	B	B
C	うまくリラックスができる	C	C
D	安定志向だと思う	D	D

(8)		YES	NO
A	初めての人とでも気軽に話せる	A	A
B	いつでも落ち着いている	B	B
C	ものごとがスムーズにいくか心配するほうだ	C	C
D	休日は外出することが多い	D	D

(9)

		YES	NO
A	チームの先頭に立つのが好き	A	A
B	気持ちの切り替えがうまい	B	B
C	パソコンが好き	C	C
D	目標に向かって努力するほうだ	D	D

(10)

		YES	NO
A	控えめである	A	A
B	人の面倒をみることが苦にならない	B	B
C	トラブルが起きても悲観的にならない	C	C
D	事前の準備をきちんとする	D	D

(11)

		YES	NO
A	グループのまとめ役になりたい	A	A
B	絵画が好き	B	B
C	相談をしながら進めるのが好き	C	C
D	友人と壁をつくらず話せる	D	D

(12)

		YES	NO
A	自分の成果を自慢しない	A	A
B	締め切りを守るほうだ	B	B
C	すばやい状況判断ができる	C	C
D	独創的な案を出すことが多い	D	D

(13)

		YES	NO
A	怒っても感情を顔に出さない	A	A
B	統計データの扱いに慣れている	B	B
C	説得力があるほうだ	C	C
D	約束はきちんと守るほうだ	D	D

(14)

		YES	NO
A	困難なことにも立ち向かえる	A	A
B	人の意見に耳を傾けられる	B	B
C	古い価値観を大切にする	C	C
D	何ごとも自分の基準をもっている	D	D

(15)

		YES	NO
A	手先を使う作業が好き	A	A
B	人の相談をよく受ける	B	B
C	未経験のことに挑戦するのが好き	C	C
D	外で体を動かすことを好む	D	D

(16)

		YES	NO
A	人に指示を与えて動かすことが得意	A	A
B	競争するのが好き	B	B
C	細かいところにも注意を払う	C	C
D	人の行動パターンを予測できる	D	D

(17)

		YES	NO
A	緊張してあれこれ心配するほうだ	A	A
B	批判されても気にしないほうだ	B	B
C	自分に協力してくれる人が多いほうだ	C	C
D	決断力は大事だ	D	D

(18)

		YES	NO
A	複雑な問題を解くのが得意	A	A
B	交渉には自信がある	B	B
C	何ごとも中途半端は嫌いだ	C	C
D	感情を抑えられる	D	D

(19)

		YES	NO
A	前もって計画を立てる	A	A
B	人前で堂々とスピーチができる	B	B
C	人のことを分析することが多い	C	C
D	変化を好む	D	D

(20)

		YES	NO
A	絵や音楽への関心が強い	A	A
B	チームのリーダーになることが多い	B	B
C	悲観的になることは少ない	C	C
D	まわりに批判されても自分の考えを主張する	D	D

(21)

		YES	NO
A	個人で決めるより話し合ってものを決める	A	A
B	抽象的な考え方ができる	B	B
C	冗談を言って人を楽しませる	C	C
D	困難なことでも達成しようと努力する	D	D

(22)

		YES	NO
A	大勢の人の前で話すことに自信がある	A	A
B	怒りは顔に出さない	B	B
C	物事がうまく進むかどうか心配する	C	C
D	問題を数値的にとらえる	D	D

(23)

		YES	NO
A	負けず嫌いである	A	A
B	成果を自慢しない	B	B
C	楽観的である	C	C
D	後輩への面倒みがいい	D	D

模擬問題の解説

それぞれの質問文に対応する尺度は以下のとおりである。性格の特性はこれらの尺度を基準にして評価され、実際の面接試験において参考にされる。なお、尺度の詳しい説明は、P.286を参照のこと。

（1）A：競争性　B：計画性　C：概念性　D：友好性

（2）A：データへの関心　B：批判的　C：変化志向
D：精神的タフさ

（3）A：独自性　B：精神的タフさ　C：美的価値への関心
D：抑制力

（4）A：社会性　B：楽観的　C：オーソドックス　D：几帳面

（5）A：指導力　B：行動力　C：データへの関心　D：競争性

（6）A：社会性　B：創造的　C：批判的　D：外向性

（7）A：緻密　B：面倒み　C：余裕　D：オーソドックス

（8）A：外向性　B：余裕　C：心配性　D：行動力

（9）A：指導力　B：余裕　C：具体的事物への関心
D：上昇志向

（10）A：謙虚さ　B：面倒み　C：楽観的　D：計画性

（11）A：指導力　B：美的価値への関心　C：協議性　D：友好性

（12）A：謙虚さ　B：几帳面　C：決断力　D：創造的

(13) A：抑制力　B：データへの関心　C：説得力　D：几帳面

(14) A：上昇志向　B：協議性　C：オーソドックス　D：独自性

(15) A：具体的事物への関心　B：面倒み　C：変化志向

D：行動力

(16) A：指導力　B：競争性　C：緻密　D：人間への関心

(17) A：心配性　B：精神的タフさ　C：友好性　D：決断力

(18) A：概念性　B：説得力　C：几帳面　D：抑制力

(19) A：計画性　B：社会性　C：人間への関心　D：変化志向

(20) A：美的価値への関心　B：指導力　C：楽観的

D：精神的タフさ

(21) A：協議性　B：概念性　C：外向性　D：上昇志向

(22) A：社会性　B：抑制力　C：心配性　D：データへの関心

(23) A：競争性　B：謙虚さ　C：楽観的　D：面倒み

OPQの尺度

　このテストでは、30の尺度で性格をみている。質問に「YES」と回答するとその尺度が高くなり、「NO」と回答すると低くなる。しかし、尺度が高いからといって採用側が求める基準をクリアしているかといえば、そうではない。尺度によっては、低いほうがよい場合もある。

　自分が就職したい企業の研究をして「採用側の求める尺度は何か？」を事前にリサーチしておくことも重要だ。

　それぞれの尺度とその内容を、以下にまとめた。

尺度	内容
説得力	人を説得することを好む
指導力	人を指導することを好む
独自性	他人の影響を受けず、自分で考え行動する
外向性	外向的で社交的
友好性	友達が多く、大勢の人といることを好む
社会性	世慣れていて、人前でも気後れしない
謙虚さ	人に対して謙虚にふるまい、誰とでも同じようにつきあう
協議性	人に相談し意見を聞きながらものごとを進める
面倒み	思いやりがあり、人の面倒をみることを好む
具体的事物への関心	事実にそって考える、物を直したりすることを好む
データへの関心	データにそって考える

美的価値への関心	美的感覚がある、芸術的なことを楽しむ
人間への関心	人の行動の動機や背景を分析する
オーソドックス	すでにある価値観を大切にし、やり慣れた方法でものごとを行う
変化志向	変化を求め、変化を受け入れる
概念性	知識欲があり、理論的に考える
創造的	新しい工夫を加えることを好む
計画性	先を考えてものごとを予想し、ものごとを計画的に行う
緻密	正確に順序立てて行う
几帳面	几帳面に最後までものごとをやり遂げる
余裕	常にリラックスして、ストレスに強い
心配性	ものごとがうまく進まないと不安に感じ、大事な約束や行動の前には緊張する
精神的タフさ	人が自分をどう考えようと気にしない
抑制力	感情を表に出さない
楽観的	ものごとを楽観的に考える
批判的	批判的にものごとを考え、ものごとの欠点に気づく
行動力	運動を好み、すばやい行動をとる
競争性	負けず嫌いである
上昇志向	昇進することを重視し、野心的な目標に向かって努力する
決断力	決断が早い

●著者紹介／日本キャリアサポートセンター
髙橋二美夫

長年の就職指導のノウハウを生かし、学生の就職活動を様々な場面でサポートするプログラムを提供。特にSPI試験対策講座は全国の学校で実施されており、毎年多くの学生をサポートしている。模擬試験（SPI模擬試験・一般常識模擬試験・GAB模擬試験等）は数多くの種類を常備し、8万人を超える学生が利用。また、エントリーシート対策、面接対策などの就職支援プログラムも充実しており、幅広いキャリア教育に取り組む。就職試験対策出版物（SPI・テストセンター・一般常識・CAB・GAB等）も多数刊行し、定評がある。

本文デザイン／堅田和子
編集協力／ワードクロス・野村太希
企画編集／成美堂出版編集部

本書に関する正誤等の最新情報は、下記のURLをご覧ください。
https://www.seibidoshuppan.co.jp/support/

上記アドレスに掲載されていない箇所で、正誤についてお気づきの場合は、書名・発行日・質問事項・氏名・住所・FAX番号を明記のうえ、下記宛に**封書**でお願いします。
〒140-0013　東京都品川区南大井3-26-5　3F
株式会社ワードクロス

※**電話でのお問い合わせはお受けできません。**
※本書の正誤に関するご質問以外にはお答えできません。また、受験指導等は行っておりません。
※内容によってはご質問をいただいてから回答をさしあげるまでお時間をいただくこともございます。
※ご質問の受付期限は、2025年4月末までとさせていただきます。ご了承ください。

最新最強のCAB･GAB超速解法 '26年版

2024年５月20日発行

著　者　髙《たか》橋《はし》二《ふ》美《み》夫《お》
発行者　深見公子
発行所　成美堂出版
〒162-8445　東京都新宿区新小川町1-7
電話(03)5206-8151　FAX(03)5206-8159
印　刷　株式会社フクイン

ISBN978-4-415-23830-2
落丁･乱丁などの不良本はお取り替えします
定価は表紙に表示してあります